北京外国语大学中文学科建设六十年回忆录

坚实的步履

主编　吕才

策划、审订　魏崇新

商務印書館

2011年 · 北京

图书在版编目(CIP)数据

坚实的步履/吕才主编. —北京：商务印书馆，2011
ISBN 978-7-100-08514-4

Ⅰ.①坚… Ⅱ.①吕… Ⅲ.①北京外国语大学—中文—学科—教育建设—纪念文集 Ⅳ.①G642.3-53

中国版本图书馆CIP数据核字(2011)第170421号

坚实的步履

主编　吕才

策划、审订　魏崇新

商　务　印　书　馆　出　版
（北京王府井大街36号　邮政编码　100710）
商　务　印　书　馆　发　行
三河市尚艺印装有限公司印刷
ISBN 978-7-100-08514-4

2011年9月第1版　开本 787×960　1/16
2011年9月北京第1次印刷　印张 16 7/8　插页 8

定价：38.00元

编委会成员

主　任　吕　才　魏崇新

主　编　吕　才

副主编　吴丽君　丁安琪　苗　雨　于晓洁

编　委　吕　才　张学增　陈小龙　徐晓峰
赵立忠　苗　雨　于晓洁　王　迪
王　雯　陈洁璞　严由晔　刘小艳

中国语言文学学院院训

“见贤思齐，和而不同”，语出《论语》。《论语·里仁》：“见贤思齐焉，见不贤而内省也。”《论语·子路》：“君子和而不同，小人同而不和。”

“见贤思齐”为学习的态度和目标。择善而从，自强不息，博学慎思，笃实躬行，努力成为德才兼备的优秀人才。“和而不同”为立身处事的原则和精神。重个性，重友谊，不盲从，既能与不同性格、不同意见的人和谐相处，又不失自身的独立品格；既善于吸收世界先进文化和思想，又能培养自尊自信的精神，保持和弘扬中华民族的优秀文化。

辛勤耕耘育天下英才
继往开来传中华文明

[illegible]
二〇一一年七月二十四日

建于2008年的中国语言文学学院新教学楼

建于1997年的国际交流学院（后改名为“中国语言文学学院”）教学楼

建于1992 年的原国际交流学院教学楼

学院主办出版的学术刊物：《国际汉学》、《人文丛刊》、《国际汉语教育》

2007年12月，礼聘国学大师任继愈先生为中国语言文学学院名誉院长。从左至右：郝平校长（现为教育部副部长）、任继愈先生、杨学义书记，西北大学名誉校长、清华大学人文社会科学学院教授张岂之先生

2009年12月，礼聘汤一介先生为中国语言文学学院名誉院长，图为郝平校长（现为教育部副部长）为汤一介先生颁发名誉院长证书

2008年12月11日下午2点，中央政治局委员、国务委员刘延东，教育部部长周济，国家汉办许琳主任等观摩我院汉语培训中心王祖嫘老师讲授的汉语示范课

2010年7月，马来西亚纳吉布总理夫人来我校参加其公子阿斯曼的汉语培训结业典礼

与欧盟合作，承办中国—欧盟青年经理汉语培训项目

与公安部合作的东盟“执法联络员汉语培训项目”结业

中日汉语汉文化研究生国际论坛

中国学生毕业照

留学生毕业照

外国留学生中文歌曲卡拉OK大赛

序

春秋代序，春华秋实。自20世纪50年代初迄今，北京外国语大学的中文学科建设历经了60个春秋，已届甲子之年。

60年来，北外的中文学科伴着新中国的建设而成长，随着北外学科建设的发展而壮大。北外的中文教学最初仅从事单纯的留学生教学与外语专业学生中文素质教育，今天已发展成为集中外学生教学为一体的教学单位，形成了从本科到博士的完整人才培养体系。北外的中文学科建设适应国家建设的需要而与时俱进，办学层次不断提高，办学规模不断扩大，逐步形成了自己鲜明的办学特色，探索出了外语院校中文学科建设的新途径，为中国的教育事业做出了自己特有的贡献。

20世纪50年代初，我们在中国大学中率先开展留学生教学，揭开了中国留学生教育的新一页；80年代初，我们是国内第一批招收对外汉语本科生的高校之一，开启了对外汉语教学专业人才培养的新时代；90年代初，我们培养了首批日本留学生本科学历生；21世纪初，我们在外国语言文学一级学科之下设立了比较文学与跨文化研究博士点，在外语院校培养了一批比较文学与跨文化研究专业人才。我们也是国内高校中首批具有汉语国际教育专业硕士学位授权点单位之一……这些成绩的取得，留下了北外中文学科建设者奋进的足迹。

学科建设的发展，使中文学院的教学与学术研究逐渐形成了自己的优势与特色。在对外汉语教学、比较文学、中国古代文学、海外汉学、中外文化交流史研究方面取得了一批优秀成果，形成了对外汉语教学与比较文学两个学科生长点。为了加强学科建设与学术研究，中文学院先后聘请了国学大师任继愈先生、汤一介先生为名誉院长，提升了学院的办学层次，扩大了学院的影响。

今日的北外中文学院，形成了多层次、多元化、国际化的办学格局。中外学生同院学习，中外文化自然交流，搭建了一个多元文化交融的国际化平台，在国内中文学科的建设中独树一帜。北外中文学院秉承“见贤思齐，和而不同”的院训，自觉承担“将中国介绍给世界”的历史使命，坚守“倡导文化自觉，弘扬华夏文明，汇通中西新知，提升人文精神”的办学理念，不断把中文学科的建设推向前进。

欣逢北京外国语大学校庆70周年，回顾中文学科60年的发展历史，感奋良多。往事如烟，记忆犹新，雪泥鸿爪，印迹犹存，展望未来，憧憬无限。整理学术成果，梳理历史资料，裒辑成册，名之为《学术的年轮》、《坚实的步履》，继往开来，以志纪念。是为序。

中国语言文学学院院长 魏崇新

2011年6月

目录Contents

第一编　一甲传承　铸就辉煌

第三编 岁月如歌 青春无悔

第一编

一甲传承　铸就辉煌

北外中文学科建设60年

魏崇新

魏崇新，男，江苏丰县人。复旦大学文学博士，教授，九三学社社员。现为北京外国语大学中文学院院长，比较文学与跨文化专业博士生导师。曾获北京市优秀教师、北京市先进工作者称号。北京市第十一届政协委员，北京市海淀区第八届政协委员。主要专业研究方向为中国古代文学、比较文学。在各级学术刊物上发表学术论文六十余篇。主要学术专著有:《市井新声》、《狂狷人格》、《说不尽的潘金莲》、《二十世纪中国文学史观》(第一作者)、《中国古代禁毁小说漫话》(合著)、《卓立特行》、《比较文学视域中的中国古典文学》。另有《三国演义导读》、《明清小说观止》(主编)、《中国文学史话·明代卷》(主编)等部著作。

中文学科的发展历程

北京外国语大学中文教学的历史应追溯到20世纪50年代北京俄语学院的汉语组与北京外国语学院的国文组。1959年北京俄语学院与北京外国语学院合并组建成新的北京外国语学院，汉语组与国文组合并为中国语文教研室。为适应外国留学生教学的需要，1980年成立外国留学生汉语进修部。1984年中国语文教研室与留学生汉语进修部合并为汉语部，此为北外中文学科建设的新起点。1985年汉语部开始招收第一届对外汉语本科生，这是北外中文学科建设的第一个转折点。1991年汉语部改建为中文系。1994年中文系更名为中文学院。1992年成立了以招收日本本科留学生为主的国际交流学院。为了整合学校的中文教学资源，加强留学生教学的一体化管理，1998年中文学院与国际交流学院合并组建为新的国际交流学院，此为北外中文学科建设的第二个转折点。合并后国际交流学院无论在师资力量还是在办学规模方面都得到整合与加强。2006年国际交流学院更名为"中国语言文学学院"，标志着中文学科建设名正言顺地回归中国语言文学的学科本体。

中文学院的学科建设有几个标志性的时间：1951年，北京外国语大学的前身北京俄文专修学校设立汉语组，开始招收留学生，这是中文学科建设与留学生招生的起始；1959年，成立中国语文教研室，负责全院各外语专业的中文公共课程，面向中国学生的中文教学进一步开展；1985年，经教育部批准，开始招收四年制"对外汉语教学"专业的本科生，培养对外汉语师资和从事中外文化交流的应用型人才，开始了培养中文专业人才的新时代；1998年设立第一个硕士点——语言学及应用语言学；2004增设四年制"汉语言文学"本科专业；2005年在外国语言文学一级学科下增设了比较文学与跨文化研究博士点；2007年增设汉语国际教育硕士专业学位点；2008年比较文学与跨文化研究专业被评为北京市重点学科；2010年获得中国语言文学一级学科硕士授权点。这几个发展阶段标志着北外中文学科建设的不断深入，办学层次与办学质量的不断提升。

中文学院目前设有中国语言文学和对外汉语两个四年制本科专业；设有语

言学及应用语言学、汉语国际教育专业硕士、比较文学与世界文学、汉语言文字学、中国古代文学等硕士点；设有比较文学与跨文化研究博士点，该博士点为北京市重点学科。现有专职教师 80 人，在校学生 1700 余人，其中中国学生近 500 人，外国留学生 1200 余人。

中文学院的研究机构有国际汉语教学信息中心、比较文学与比较文化研究中心，创办的学术刊物有《国际汉语教育》、《人文丛刊》等。多年来，学院建立了科研课题制度、科研奖励制度、研究生科研基金，每年召开教师学术研讨会、研究生学术研讨会、中日研究生论坛，以及各种学术报告会及系列学术讲座，推动了全院科研的发展，产生一批优秀科研成果。

学院具有广泛的国际交流与合作舞台，目前已与美国、德国、意大利、比利时、法国、丹麦、日本、韩国、马来西亚、泰国等国家的 20 多所大学，以及欧盟、东盟等国际组织的相关机构建立了密切的合作关系。

60 年的发展，中文学科依托北京外国语大学语种多、国际合作广泛、国际交流便利的天然优势，以特色办学，靠质量发展。从单纯的大学公共汉语教研室发展为集中国学生教学与留学生教学为一体的教学单位，形成了以对外汉语教学为主体，以对外汉语教学研究、比较文学与跨文化研究为主导学科的办学特色。形成了从本科到硕士生、博士生教育的完整教学层次与人才培养体系。北京外国语大学在全国外语院校中文学科建设方面走出了一条适应时代需求、具有自己特色的道路，走在全国外语院校中文学科建设的前列。

办学理念与办学特色

改革开放以来，根据我国高等教育的发展趋势和社会需要，依据学校的办学方针和学院的办学实践，我们不断探索外语院校中文学科建设的特点，围绕外语院校的中文学科建设、北外的中文学科如何发展自己的学科优势等问题，不断努力探索，逐步形成了自己的办学理念与办学特色。

一、办学理念

根据人才培养目标，我们确立了自己的办学理念：以中国语言文学一级学科为基础，依托北京外国语大学的外语优势与丰富的国际交流资源，发挥学院对外汉语教学与比较文学的优长，培养高素质、复合型、应用型中文专业人才。

北京外国语大学是国内大学中最早进行对外汉语教学的学校，在对外汉语教学方面具有优良的传统和丰富的经验，中文学院在中文人才培养方面充分发挥在对外汉语教学方面的优长，同时充分利用北京外国语大学的优质外语资源，致力于培养既具有良好的外语应用能力又具有比较扎实的中国语言文学知识的复合型人才。多年的实践证明，这样的人才具有较大的适应性与发展潜能，在国内外人才市场上也具有很大的竞争力。

其次，确立了自己的学科定位与发展方向：以中文本科教学为中心，以提升北外外语人才的中国语言文学文化素质为服务目标，以科研为动力，以师资队伍与学术梯队建设为龙头，以比较文学与跨文化研究、语言学与应用语言学为学科建设重点，整合北京外国语大学中文学科与外语学科资源，加强学科建设，提升学术水平，创建具有北外特色的中文学科。

外语院校的中文学科不同于综合性大学与师范类大学的中文学科，必须开拓自己的生存空间，探索自己的办学道路，找准自己的学科定位，确立自己的办学特色，才能使自己的中文学科具有可持续发展的潜能。在全国外语类院校中，北京外国语大学的中文学科建立较早，在办学经验、师资队伍、学生培养方面积累了比较丰富的经验。经过科学论证与实践探索，中文学院逐步确立了自己的学科发展方向，明确了自己的学科定位。

学院充分整合、利用北京外国语大学中文学科与外语学科的优质资源，本科教学以培养双专业、复合型、应用型人才为目标，重点建设对外汉语专业，积极培植汉语言文学专业，逐步拓展本科专业的发展空间。学科建设以比较文学与跨文化研究、语言学与应用语言学为龙头，带动全院教学、科研、师资建设的发展。经过多年的努力，学院已获得中国语言文学一级学科硕士点，在全国率先设立了外国语言文学一级学科之下的比较文学与跨文化研究博士点，并于2008年将此博士点建设成为北京市重点学科。

为了探索外语院校中文学科建设的新途径，2006年11月，北京外国语大学中国语言文学学院发起组织召开了“首届全国外语类院校中文学科建设研讨会”，全国各外语院校的中文学科负责人与管理者参加了会议，中文学院名誉院长国学大师任继愈先生参加了会议并作了主题发言，大家就外语院校中文学科建设的若干问题进行了热烈研讨。会议取得圆满成功，产生了很大的影响，推动了外语院校中文学科建设的发展。

在新时期新形势下，中文学院不断强化自己的学科理念与办学特色，将中文学科的发展与北外的学科发展及战略目标紧密相连。北京外国语大学将“把中国介绍给世界”作为自己的新使命，在完成这一使命的过程中，中文学院肩负着重要任务，把提高外语人才的中国语言文学文化素质，向海外传播中国文化作为自己义不容辞的责任，将“倡导文化自觉，弘扬中华文明，会通中西新知，提升人文精神”作为自己新的历史使命，努力为北外的学科建设与人才培养作出自己的贡献。

二、办学特色

（一）逐步完善外语院校中文学科人才培养模式

在办学实践中，中文学院一直努力探索外语院校中文人才培养的新模式，将本科人才培养模式定位为双专业、复合型、应用型人才，并在教学实践中不断将这一人才培养模式加以完善，使其更适合中国社会建设的需要。

双专业指的是培养的人才既具有良好的外语水平，又具有比较扎实的中国语言文学文化知识结构。汉语言文学专业与对外汉语专业都重视学生的“双语”

运用能力，把学生的外语水平作为特色项目重点建设，着力培养学生的汉语言应用能力与英语应用能力，使学生能熟练地运用两种语言进行交流、写作、教学。两个专业都采用“专业+外语”的教学模式，并根据各自的特点设计了课程体系。学生顺利毕业后可以获得中国语言文学一级学科的学士学位，同时也可以获得北京外国语大学授予的英语专业证书。

复合型人才兼具中文与外语两种能力，具有跨学科、跨专业的特点。对外汉语专业培养的是从事对外汉语教学与研究及跨文化交流的专业人才；汉语言文学专业培养的是具有扎实的汉语言文学专业知识，能够胜任对外汉语教学，以及涉外新闻、文秘、中外文化交流等工作的专业人才。两个专业具有共同的特点，既要求具有比较扎实的中外文学、文化知识，又要求具有较高的外语水平，努力培养能够会通中外文学、文化的跨文化交流人才。

应用型人才意在强调学生的实践能力以及对所学外国语言、中文专业知识的运用能力，培养的学生能将自己所学知识应用于社会工作与实践，适应社会多元化的需要，具有较大的发展潜能。

由于人才培养模式的定位准确，因此人才培养成效显著，学生的专业英语四级通过率达100%，专业英语八级通过率达90%以上。学生就业率高，一次性就业率达98%，受到用人单位的好评。其中30%的毕业生考取全国重点大学的研究生，8%的毕业生出国深造。

（二）努力创建复合型人才培养课程体系

要完成人才培养目标，实现培养模式的要求，就必须有一套与之相适应的人才培养课程体系。为此，中文学院在不断进行教学改革的基础上，创建了一套符合复合型人才培养目标的课程体系。

学院现有对外汉语和汉语言文学两个本科专业，根据培养复合型人才的要求及专业特点设置课程，课程主要分为中文专业课程与英语课程两大板块，每一板块各有自己的系列课程，两大板块的课时分布有一定的比例，中文课程占

55%，英语课程占45%，课程内容及授课形式皆根据培养目标而设定。

学院在课程体系建设方面力求创新，主要体现在下列方面：（1）充分利用国内外优质师资资源，邀请国内外知名学者开设特色系列学术讲座课程。已经开办的系列课程有："比较文学讲座系列"、"对外汉语讲座系列"、"海外汉学讲座系列"，受到学生的欢迎与好评。（2）根据课程建设需要，设立学院课程建设项目，探索课程建设新途径。如学院设立了"全国对外汉语教学课程设置调研"的项目，组织骨干教师参加，对全国主要设立对外汉语专业院校的课程设置进行调查研究，然后写出研究论文，在此基础上对本院对外汉语专业的课程进行科学调整，取得了显著效果。

（三）广泛吸纳国内外优质师资资源

人才培养目标的实现，课程体系的贯彻落实，需要有一支高水平高素质的专业教师队伍完成。在加强本院教师队伍建设的同时，我们还广泛吸纳国内外优质师资力量，利用北京高级专业人才集中的地理优势，利用北京外国语大学的广泛国际联系，利用中国海外汉学中心的海外汉学家资源，聘请国内外专家做我院的客座教授，邀请他们来我院讲学或开设系列讲座。如聘请了著名国学家、中国国家图书馆名誉馆长任继愈先生、北京大学著名教授汤一介先生担任名誉院长，聘请北京大学著名教授、中国比较文学学会会长乐黛云教授、中国国家图书馆馆长詹福瑞教授、北京大学中文系主任温儒敏教授、首都师范大学黄天树教授等为客座教授，指导学院的学科建设，到学院为学生开设讲座。同时学院还借助中国海外汉学中心的优势，邀请俄罗斯科学院院士、著名汉学家李福清教授，德国波恩大学汉学系主任、著名汉学家顾彬教授、美国俄亥俄州州立大学吴伟克教授，法国巴黎大学于连教授等来学院开设学术讲座，受到学生的欢迎。这种做法一方面扩展了学院的师资资源，提升了学院的教学水平；另一方面也拓宽了学院的课程体系，开阔了学生的学术眼界。

（四）精心营造中外学生互动的国际化学习环境

中文学院具有一个国际化的学习环境，学院的学生有来自全国各地和港澳的中国学生，也有来自世界40多个国家的外国留学生。中外学生同院学习，享有同样的师资资源，自由交流，互相学习语言，交谈生活，了解对方的文化习俗。中外文化在这里进行着潜移默化、润物无声的融合。学院努力为中外学生提供相互学习、交流的条件，中外学生可以自由地听课，学院举办的文艺活动、体育活动、文化节等中外学生共同参与。这一切锻炼了中国学生的语言交际能力以及国际交往能力，拓展了学生的国际化视野。

（五）不断创造多样化的学生实践活动机会

培养应用型人才，应尽可能地为其提供各种各样的社会实践活动，增加其将所学知识运用到社会生活中去的机会，增强其工作与交际的能力，为将来走向社会打下基础。为了加强学生的实践能力，除了教学计划中的毕业实习、学校组织的假期社会调查之外，学院想方设法为学生创造多元化的社会实践活动机会。如选拔学生参加接待外宾的活动，组织学生参加学院举办的各种学术会议及会务服务活动，组织学生参加北京市举办的大型国际活动，鼓励学生参加各种各样的志愿者活动等。2007年4月，学院组织60余名同学参加“孔子学院总部揭牌仪式”的志愿者工作，出席揭牌仪式的有国务委员陈至立、教育部长周济、国务院副秘书长项兆伦等，还有来自澳大利亚、墨西哥、委内瑞拉、肯尼亚等60多个国家的驻华使节及孔子学院代表。我院志愿者负责出席仪式的国内领导、驻华大使等与会嘉宾的接待工作，同学们按照外事礼仪的要求，展现出了优秀的素质、良好的语言交际能力以及高度的组织纪律性，圆满地完成了任务，受到国家汉办领导及与会嘉宾的高度赞扬。2008年北京奥运会期间，学院的大多数学生都作为奥运志愿者参加了奥运服务，得到了锻炼。2008年12月召开的世界汉语大会、孔子学院大会、孔子学院院长大会，我院有46名本科生研究生被选为志愿者，他们高素质的表现受到国家汉办及与会者的称赞。此外，学院还组织学生参加世界汉语大会等大型国际会议的会务工作，使学生受到很好的锻炼。

师资队伍与学科建设

搞好教学，培养高素质人才，师资队伍是关键。没有一支优秀的师资队伍，就不会有好的教学质量，培养高素质的人才也等于纸上谈兵。中文学院一向重视师资队伍建设，重视师资人才的培养与引进，经过多年的努力，在师资队伍建设方面取得了一定的成绩。

学院拥有一支在职称、学历、年龄结构方面较为合理的教师队伍。现有专职教师 80 人，其中具有高级职称的教师占教师总数的 46%，具有博士学位的教师占教师总数的 36%。学院有多名教师获得各级荣誉称号或奖项。如鲁宝元教授获全国对外汉语教学优秀教师称号，吴丽君教授获 1998 年全国对外汉语教师优秀教学成果三等奖，魏崇新教授 2004 年获“北京市优秀教师”称号，2005 年获“北京市先进工作者”称号。近 20 名教师获北京外国语大学基础课优秀教师“陈梅洁奖”。

在师资队伍建设方面，学院主要采取了以下措施：

一、制定师资培养计划，提高教师学历与专业水平

1. 鼓励青年骨干教师在职攻读硕士、博士学位，提高教师的学历层次与专业知识水平。近年来，学院每年选送 2—3 名青年教师在国内或到国外攻读博士学位。

2. 有计划地派遣教师到国外进修学习、任教，增强教师的专业素养与教育教学实践能力。目前学院每年派遣 20 名左右的教师到海外进修、任教。

二、引进高学历师资，充实学院师资力量

近年来学院不断加大引进人才的力度，面向国内外公开招聘师资，并制定了招聘引进人才的程序，增加了招聘引进人才的透明度，保证了招聘引进人才的质量。近年来，学院从国内外招聘引进教师10余名，大大加强了学院的教师力量。

三、搭建学科建设平台，优化师资队伍组合

在学院的工作中，教学是主体，科研是动力，学科建设是龙头。学院制定了中长期发展规划，围绕学科建设规划，为全体教师搭建起一个发挥教学与科研能力的平台。在此基础上组建学术梯队，使每位教师都有明确的学科意识与自我发展方向，有自己的学术研究目标，并借此起到凝聚学术力量、凝聚人心的作用，使学院的学科建设与师资资源进行优化组合，产生良性循环。

学院以比较文学与跨文化研究、语言学与应用语言学为学科重点建设学科，在这两个学科点上聚合了学院教师的主体力量。目前比较文学与跨文化研究学科点有10多名教师，主要集中于海外汉学、中外文学关系方面的教材编写、学术研究；语言学与应用语言学学科点则有40多名教师，主要集中于对外汉语教学、汉语本体研究、汉外语言对比研究方面的教材编写、学术研究。这样有效地整合了学院有限的师资与学术资源，产生了很好的效果，推动了学院工作的全面发展。

四、强化科研意识，提升教师学术水平

教学与科研是高等学校办学的两翼，缺一不可，教学、科研的相互促进，有利于提高学院的办学层次、办学质量，有利于提升教师的学术水平。学院十分注重教师的科学研究，始终坚持教学、科研两手抓，不断强化教师的科研意识，鼓励教师积极从事与自己专业及教学有关的科学研究工作，申请各级科研项目。同时制定了一系列科研制度与工作条例，如设立学院科研项目，建立学

院科研奖励机制，制定学术著作出版基金，出版学院学术刊物等，为教师从事科研工作提供了便利条件。

为了提升学院的学术水平，营造良好的学术环境，为教师提供学术园地，学院创办学术刊物《人文丛刊》、《汉日语言比较论集》、《国际汉语教学动态与研究》等学术刊物。

近几年来，学院教师在科研方面取得了可喜的成绩，获得国家科研项目2项，教育部科研项目3项，国家汉办项目6项；出版学术专著23部，教材6部，发表学术论文400余篇。科研成果在全校名列前茅，并获得2007年度学校先进科研集体二等奖，获2008年度学校先进科研集体三等奖。

今后的努力方向

经过全体师生员工的共同努力，中文学院的各项建设有了很大的发展，但学院的建设并非一片坦途，前进途中仍然存在着一些问题。由于学院教学类型复杂，教学层次多样，教学任务繁重，师资队伍建设还不能完全满足学院教学科研的需要，学科建设还存在薄弱之处，学院的整体科研水平尚有待提高等。

面对这些问题，学院领导班子作了认真的讨论与研究，认为要用科学发展观指导学院建设，根据时代发展要求，不断总结学院的办学经验，紧密结合学校、学院的办学实际，抓重点，出特色，创优势，保质量，通过不懈努力，在今后的若干年内实现学院建设的跨越式发展。主要措施如下：

一、聚精力，强化师资队伍建设

近年来，学院虽然在师资队伍建设方面作出了成绩，但随着学院本科生、研究生教学量的增大，随着留学生招生规模的扩大，随着全校中文公共课程需要的增长，随着孔子学院建设以及国际交流所带来的外派教师需要量的增多，中文学院所承担的教学任务越来越繁重，教师总量上一直处于缺编的状态，教师的教学工作量增加，教学压力增大。教师的主要精力忙于备课上课，难以将更多的精力用于课程建设、教学研究与学术研究。为了保证教师有相对充裕的时间从事学科建设、学术研究，学院将努力采取有效方法减轻教师的工作量，努力提升教师的教学水平与科研水平。

由于历史遗留的原因，学院师资水平参差不齐，部分教师的学术水平有待提高。今后学院将想方设法为他们创造条件，提高他们的学历与学术水平。同时为了加强学科建设，学院将积极引进高层次专业人才，尤其是具有高职称的学科带头人。我们要进一步加大师资培养力度，提高教师素质，鼓励青年教师在职攻读博士学位，并在政策上给予支持，调动中青年教师的学习热情，以使本院的师资队伍建设更上一层楼。

二、勤谋划，打造本科专业品牌

中文学院目前有对外汉语、汉语言文学两个本科专业，前者是国内高校中最早设立的专业。但目前国内众多高校都设有这两个专业，竞争性很大。在这种形势下，我们的本科专业应该如何办好，办出特色，在国内同类专业中形成很强的竞争优势并走在前列，这是我们今后努力的方向。在未来的几年里，我们将集中精力建设好这两个专业。我们将贯彻精英教育的理念，控制招生数量，提高教学质量；认真总结办学经验，虚心向国内外同行学习，立足北外，放眼全国，胸怀世界。在师资配备、课程设置、教学实践、人才培养等方面精心谋划，争取将这两个本科专业打造成学院的品牌专业。

三、勇创新，建造优势特色学科

在创建特色学科方面，中文学院具有自己明确的目标与追求。经过多年的探索与实践，学院制定了自己长远的学科发展规划，将学科建设的重点放在比较文学与跨文化研究、语言学与应用语言学两个学科上，并以此整合北外各院系与中文学院的优质教学、学术资源，从而带动全院教学、科研、师资建设、学科建设的发展，创建自己的特色学科。

经过几年的努力，比较文学与跨文化研究学科已建设起了良好的学术梯队，建设了博士点，成为北京市重点学科。而以对外汉语教学为中心的语言学与应用语言学的学科建设尚有待进一步加强，目前虽然有从事教学的一批教师，在国内对外汉语教学界有一定的特色与影响，但在教材编写、学术研究、学科带头人制度建设、学位点建设方面与国内一些名校相比还存在着差距，尤其是缺少在国内有影响力的学科带头人。有鉴于此，学院今后将语言学与应用语言学尤其是对外汉语专业作为建设的重点，为此制定了学院“对外汉语学科建设发展规划”，从教学管理、教材编写、学术研究、人才引进等方面制定了比较切实可行的论证与规划，目前此规划正在进一步充实完善并逐步落实。

我们的学科建设目标是：在今后五年间，以申请中国语言文学一级学科博士点为中心，加强学术梯队建设，加大科学研究投入，引进相关专业的学科带头人，努力将北外的中文学科建设水平提高到一个新阶段，为北外的学科建设作出自己的贡献。

“路漫漫其修远兮，吾将上下而求索。”我们将树立忧患意识，抓住改革开放以来中国教育迅速发展的大好机遇，不懈努力，团结奋斗，以特色办学，靠质量发展，创建具有北外特色的领先全国外语院校的中文学科。

培育学院精神　传承共同理想

吕　才

吕才，男，吉林梨树人，中共党员，北京外国语大学法语系毕业。现任北京外国语大学中文学院党总支部书记、副院长、副教授。曾任北外法语系党总支部副书记，中国驻刚果（金）农业援助项目总部翻译，中国驻意大利大使馆教育处主持、二等秘书，北京外国语大学组织部部长兼统战部部长、北京外国语大学国际交流学院党总支部书记、副院长，比利时布鲁塞尔孔子学院中方院长等职。主要研究方向为法国语言文学、高等教育管理、中国近现代史等。主要作品与专著作有北京市获奖作品、党员教育电视片《根》，《北京外国语大学组织史》，《法汉新译语汇编》，《弱国外长陆徵祥》等，参与《北京外国语大学志》（1941—2001）、《北京外国语大学中文学院年鉴》（2008—2010）的编写，发表论文30余篇。

中国语言文学学院（以下简称“中文学院”）是一个以培养高素质、复合型、应用型中文专业人才为目标的教学科研单位，具有熔中国学生培养和外国学生培养于一炉的育人模式。

在1982年以前，学院没有单独的党组织，教师党员先后编入校机关有关部门的党支部，隶属于教务处党总支，后隶属于公共课党总支。1982年成立汉语教研室党支部，吴凌高兼任党支部书记；1987年成立汉语部直属党支部，何建章任书记；1994年6月，更名为中文系（后为中文学院）直属党支部，李毅生等任书记，同时成立国际交流学院直属党支部，李炜等任书记；1998年12月两院合并后，成立国际交流学院党总支，续三义、吕才先后任书记。国际交流学院党总支，下属4个党支部：中文学院教工党支部、国际交流学院教工党支部、留学生服务中心党支部和临时学生党支部。

学院自1985年起，正式招收中国学生本科生，四年一届，每届一个班，学生实行双专业培养，中文专业课集中安排在本部进行，外语专业课则根据学生的选择，分别安排在英语、日语、德语等院系插班学习，其中党员或团员，分别编入德语系的学生党支部和团总支，学院不单设学生党支部和其他社团组织；从1991年实行本科隔年招生，1999年开始招收三年制研究生后（在校生增至2个班，40余人），学院成立了学生党支部，先后由高育花、侯红玉兼任党支部书记，并负责学生工作；从2001年起实行每年招生；2002年10月，学院正式成立了中国学生工作室，聘赵立忠老师任工作室主任和专职辅导员，同时单独组建了学生党支部，杨莉同学任党支部书记；2003年成立了学院的第一个团总支和学生会，简称“团学联”，张晓青任团总支书记，刘佳晶任学生会主席。

2007年1月，国际交流学院更名为中国语言文学学院，张晓慧、吕才先后任党总支部书记。2008年开始成立研究生党支部（2010年2月增加到3个），2011年6月增设了海外汉学中心联合党支部。截至2011年6月，学院党总支共有4个教工党支部（中文系教工党支部、对外汉语系教工党支部、汉语培训中心教工党支部和海外汉学中心党支部）、4个学生党支部（1个本科生党支部和

3个研究生党支部）；党员165名，其中教工党员49名，占教工总数的62%；学生党员116名，占中国学生总数的14.6%。

中文学院的党建和大学生的思想政治工作，经历了从无到有、从小到大的发展过程。尽管起步较晚，但党的工作始终能够紧密围绕学校、学院的中心工作和根本任务来开展，坚持与时俱进，高起点推进。近些年来，中文学院党总支在学校党政领导的大力支持下，坚持“把中国介绍给世界”作为自己的新使命，主动适应国家语言战略的新需求，抢抓机遇，加快发展，与学院行政一起率领全院教职员工奋发努力，使学院的办学规模、教学质量和办学效益都有了较为明显的提升。同时在多元文化交织的特殊背景中，学院始终坚持正确的办学理念，积极培育“见贤思齐，和而不同”的学院精神，倡导文化自觉，传承共同理想，提升人文素质，努力营造一种有利于事业发展和人才成长的良好氛围，促进学院各项工作的健康发展。

一、发挥引领作用，坚持用科学理论武装头脑

学院根据学校党委的部署，组织和开展了多种形式的党员学习教育活动。2000年下半年，用近4个月的时间，在党内和党员领导干部中，开展了以“讲学习、讲政治、讲正气”为主要内容的党性党风教育活动；2004年，用一个学期的时间，开展了学习“三个代表”重要思想的教育活动，并组织40名党员、入党积极分子和民主党派代表赴西柏坡开展以“寻找力量之源”为主题的党日活动；2005年开展了为期半年的保持共产党员先进性教育活动，并组织38名党员和师生代表，到河南林县开展以“寻访创业之路，感受红旗渠精神”为主题的党日活动；2006年开展了纪念改革开放30年的教育活动，同时组织81名党员和入党积极分子，参观中国小康村代表——韩村河村，并同村党支部副书记进行了座谈。

从2009年3月起，学院根据学校党委的统一部署和本院的实际，用了一个

学期的时间，认真组织全体党员和领导干部深入学习实践科学发展观。党总支多次召开工作会议，讨论制订实施方案，并确定了“求科学发展、办特色学院”的活动载体。为提高本次学习实践活动的针对性和实效性，学院在做好思想动员和组织好广大党员干部认真读书的同时，还通过召开党员组织生活会、本科生代表座谈会、研究生代表座谈会、“问计诸葛亮”教工座谈会、网上问卷调查等多种方式，广泛听取各基层单位和广大师生员工的意见和建议，汇总梳理后，又以书面的形式报告给党总支各委员和党政联席会各成员。据此，学院先后召开了党总支扩大会和领导班子专题民主生活会，回顾总结中文学院近些年的发展经验，查找目前存在的突出问题，并展开解放思想的大讨论，为厘清发展思路、形成发展共识，作了充分思想准备。在此基础上，学院制定了整改方案，同时修订了学院中长期发展规划，并通过分解落实、“回头看”等措施，把各项工作做好做实。

为了使广大同学关注时事、了解形势，进而增强自己的社会责任感和爱国情怀，学院先后在同学中组织了“两会观察”、“我看西藏”和“学习实践科学发展观”的主题征文活动。“两会观察”征集到32篇文章，“我看西藏”征集到28篇，“学习实践科学发展观”征集到58篇。在此基础上，组织了一次主题辩论赛，两次学习交流会，并把一些有代表性的体会文章发表在院刊《麟台》和学院网站的学习专栏上。为配合此次学习实践活动，学院党总支还于5月24日组织41名教工党员和群众代表、学生党员和入党积极分子代表，赴革命圣地延安寻访母校旧址，开展“圣地伟业，精神家园”的主题党日活动。

2010年初，《中国教育中长期发展纲要》发表以后，学院党总支，能够结合本单位的实际情况，及时在全体教工大会上传达和宣讲有关文件和会议精神，并配合学院行政领导，及时制定了本单位的事业发展“十二五”规划和中长期发展规划。2010年10月，为庆祝新中国成立60周年，组织30余名师生党员、入党积极分子及民主党派代表，赴河北省乐亭县李大钊故居和纪念馆参观，开展缅怀革命先烈、坚定理想信仰教育。为庆祝中国共产党成立90周年和建校70周年，学院党总支组织40余名教工党员和学生党员代表观看大型舞蹈史诗

《延安记忆》。

为了营造有利于教学相长和学生全面发展的舆论环境，中文学院于2003年通过征集，决定把“见贤思齐，和而不同”作为院训。7年多来，学院围绕院训，点滴渗透，巧做教书育人文章，努力营造爱国、爱校、爱岗、爱专业的舆论氛围。学院提倡学术自由，鼓励畅所欲言。教师学术研讨会每年举办一次，中国研究生论坛从2003年起连续举办了七届；中日研究生论坛从2008年起连续举办了四届，本科生“思齐论坛”从2006年起一直活跃在同学之中。为鼓励同学们进行研究性学习，学院决定从2009年起设立研究生优秀论文奖。

二、与时俱进，在培养国际化中文专业人才上下工夫

为适应国家实施的汉语国际推广战略，特别是国际汉语教育事业迅猛发展的新形势，中文学院能够与时俱进，及时对中文人才的培养目标和培养模式进行了重大调整，在培养既具有国际视野又具有扎实中文功底和较高外语水平的中文人才上狠下工夫。其主要做法是：

1. **实行双专业和双文凭**。为了实现预定的培养目标，学院从本科学生入学之日起，就明确要求他们要“两个专业一起修，两个文凭一起拿”。学校规定，中文系学生的专业课只有修满规定的学分、成绩合格，英语统一考试须通过专业四级考试以上方能取得专业学位。在课时的安排上，中文专业课的课时量约占50%，外语课占50%以上。

2. **强化基础训练**。2008年，为进一步完善对外汉语教学、汉语言文学两个本科专业的课程体系，学院调整和强化了基础课程，增设了选修课程，同时建立和完善了教学评估检查制度；为提高本科生的中文写作水平，并为毕业论文的撰写打好基础，中文系从2009年起实行本科学年论文制度，写作时间为“二下三上”；鼓励专业课教师在搞好语言文化课程建设的同时，有机地融入学科的思想渗透，为学生的成长成才奠定更加坚实的基础。

3. **实行新生专业导师制**。为帮助大一学生尽快适应专业学习和大学生活，学院决定从2009年起为每个新生配备一名专业指导教师。为此，中文系专门为他们设计了调查问卷，内容包括每个学生的基本情况、个人的爱好、兴趣特长、发展方向、进校后在专业学习方面遇到的问题、希望得到的帮助等，学院针对他们的具体情况，聘请18位具有副教授职称和具有博士学位的讲师分别担任他们的指导教师。在导师制的实施方面，学院规定每位导师每学期至少要和指导的学生有3次不同形式的思想交流。这一举全院之力的重大措施，无论在专业指导方面，还是思想培育方面，均能让每个同学从中受益，因而受到了同学们的欢迎。

4. **搭建本科生学术平台**。为鼓励同学们进行研究性学习，学院积极推动本科生学术平台——“思齐论坛”活动，使其真正成为传播知识、提高能力、丰富课外生活的新园地。由于上述努力，中文学院的本科教学质量不断提高。2008年4月，教育部本科教学质量评估专家组一行到中文学院听取汇报，并通过听课和座谈等形式，对学院工作进行全面评估。专家组在反馈中，高度评价了中文学院的本科教学工作，并给出了“优秀”的好成绩。

5. **突出技能导向，创新研究生培养模式**。为适应国家汉语推广战略的需要和把中国介绍给世界的新使命，学院于年增设了汉语国际教育硕士专业学位，并根据国家汉办的要求成规模地招生。在研究生培养方面，学院能够更新观念，在实施专业学位设置方案的同时，结合自身优势精心打造一批核心课程和特色课程，同时增加海外汉语课堂教学实践指导课、中华才艺课等，以增强学生的海外汉语教学能力、文化传播能力和跨文化交际能力。

根据培养方案，该方向相当多的研究生，将被安排在国内外进行一年的专业实习。为了加强管理，学院成立了汉语国际教育专业硕士研究生教学管理部，先后聘请专业教师刘芳芳、陈小明为主任。管理部成立后做了大量的工作，还专门为长期在海外进行专业实习的同学开辟了博客空间——“斑斓时光”。此栏目在生动展示同学们在海外工作和生活情况的同时，也通过《校园简讯》、《学院活动边走边记》等板块，及时给他们提供了学校、学院的最新信息，不仅加强了与他们的联络，而且给予了及时的指导和帮助，受到了同学们的普遍欢迎。

为总结研究生培养海外环节的工作，学院于2009年9月18日召开了第二次研究生海外实习汇报会，国家汉办志愿者中心主任薛华领、助理处长方旭，学校有关部处和中文学院领导、研究生导师等应邀出席，国际汉语教育专业全体硕士研究生以及部分留学生100余人参会。汇报会上，被派往美国、法国、意大利、匈牙利、波兰、日本等六国八地的9名同学，分别以“自信、使命、责任、活力、奋斗、乐观、冷静、感动”等为关键词，图文并茂地汇报了他们海外实习的心得体会，得到了国家汉办志愿者中心领导和与会师生的一致好评。

2009年7月3日，以暨南大学副校长贾益民为组长的全国汉语国际教育硕士专业学位教育指导委员会专家组，兄弟院校观摩组莅临北外检查指导工作。他们通过听取中文学院院长魏崇新的主题汇报、观摩王继红老师和刘芳芳老师的课堂教学、召开任课教师座谈会及在读研究生座谈会等形式进行实地考察，留下了十分深刻的印象。教指委专家组在正式反馈中指出：北外在汉语国际教育硕士专业教育方面，办学理念明确，优势突出，特色鲜明，构建了富有北外特色并行之有效的培养模式，尤其是“多语种国别化汉语师资”的核心培养理念独树一帜；学院师资及学科配置全面，教学梯队合理，在具体教学过程中注重创新课程体系，突出技能导向，形成了比较成熟的教学训练模式；学院成功构建了多层次教学实习体系和切实有效的保障体系。本次检查，我校以97.6%的好成绩名列第三。

三、坚持以人为本，认真做好大学生思想政治工作

学院党政领导十分重视大学生的思想政治工作，经常过问和了解他们的学习、思想和生活情况。学生献血、军训等重大活动，学院都要组织慰问；对家庭生活困难的同学，学院注意在作好心理调节的同时，在勤工俭学和给留学生辅导汉语等方面给予特殊照顾；对重大节庆和敏感事件期间的稳定工作，能够

提前作出安排，并对落实情况进行检查；对个别有严重心理障碍的学生，学院能够做到情况清楚、沟通及时，并同有关家长和学校职能部门保持着联系。学院设中国学生工作室，具体负责中国学生事务，同时还聘请了一批有博士学位的任课教师担任一、二年级的班主任。辅导员赵立忠老师对学生工作兢兢业业，十分投入，经常把中午、晚上，甚至周末和节假日的时间，都用在了学生们的身上。

2008 年 5 月 12 日，汶川发生特大地震时，学院有 23 名同学来自地震受灾区，其中 8 名同学的家庭遭受了不同程度的经济损失。为了表达对他们的关心，学院中国学生工作室、党支部、团学联、研究生会联名向灾区同学发了一封慰问信，同时发起了爱心捐赠活动，使这些来自地震灾区的同学们切身感受到中文学院大家庭的温暖。此外，全院师生还以各种方式为灾区募捐了 42437 元的钱款，其中特殊党费 21890 元，教工捐款 12600 元，留学生 7947 元。2011 年 3 月 11 日，日本宫城县东部海域发生 9.0 级强烈地震后，学院师生率先发起了为救助日本灾区的捐赠活动，共筹集善款 49264.27 元人民币，并通过深圳壹基金公益基金会转送日本有关方面。

在心理健康方面，学院成立了大学生心理咨询部，每个班级配备了心理咨询员。心理咨询部自成立以来，除日常咨询服务外，重点开展了一系列大的活动：如“5·12”汶川地震后，心理咨询部协同各班心理委员，通过特别关注、间接调查、直接询问、及时沟通、捐款慰问等方式来稳定受灾地区同学们的情绪，协助老师及时帮助他们走出心理阴影；开展以“感动·感激·感悟”为主题的首都大学生心理健康征文活动；开展“全国大学生心理健康教育工作论坛”会议精神学习周等活动。

2009 年 6 月 16 日，中文学院 2005 级毕业班陈艳同学，因突发性疾病做了开胸手术，这对临近毕业的她，无论身体、心理，还是生活都遇到了前所未有的困难。陈艳同学患病后，学院领导、老师和同学们给了她最多的关心和帮助，多次安排同学陪她去医院检查身体，术前耐心开导，术后精心陪护；当学院领导得知她出院后无处安置时，就想办法帮她解决临时住宿问题。为帮她渡过难关，在同学的倡议下，全院师生又在短短的几天里为她募集了13400元的捐款。当学院领导和老师代表全院师生前往宿舍看望，并把全院师生的爱心捐款交到她手上时，陈艳同学热泪盈眶，一再感谢学院领导、老师和同学们的亲切关怀。陈艳的母亲激动地说："学院领导和同学们对陈艳这样无微不至，是我没有想到的，我真的感到北外好，中文学院好！"

四、搭建实践平台，让学生在广泛的社会参与中发挥作用、经受锻炼

为让学生们有机会去见识更广阔的天地，使他们在广泛的社会参与中发挥作用，经受锻炼，学院以"三个一"（创办一本刊物，搭建一个舞台，拓展一个平台）为主线，为他们搭建了多样化的实践平台。

1. 创办院刊《麟台》

为进一步发挥中文系学生的专长，给他们提供一个展示自我、相互交流、共同促进的平台，学院于2003年创办了本院的第一个综合性刊物《麟台》，至今已出版了5期。这份思想品位高、内容丰富、印制精美的刊物，除思想把关由党总支书记负责外，其他工作均由学生自己完成。为了让更多的同学得到锻炼，《麟台》成立了阵容庞大的编辑部，主编、执行主编、栏目责任编辑和编辑、审校、美编等，共吸收了20多名同学参加。《麟台》由"思想者"、"蘅芷清芬"、"似水流年"、"四方乡土"、"学院在线"等板块组成，从不同的侧面展示了师生们的思想和生活，真正成为全院师生畅想的园地、创造的乐土和交流的平台。

2. 举办中国文化节

为弘扬中国文化，彰显学院特色，促进中外学生之间的交流，学院经常举

办中国文化节，如今已成功举办了四次，每次一个主题。2003 年 5 月举办的首届中国文化节，在北外掀起了一股“中文热”，在千人礼堂举行的闭幕文艺晚会现场，连走廊和二层看台都挤满了人。中文学院文化节，特色鲜明，主题突出，中外学生共同参与，融中外文化于一体，既宣传了中国文化，又促进了中外文化之间的交流。

3. 搭建多样化的实践平台

学院党政领导十分重视培养学生的实践能力，尽最大努力和一切可能，为同学们创造更多的实习和实践机会。具体做法有：(1) 鼓励同学广泛开展社会实践活动。学院大力支持同学们利用寒暑假开展社会调查，参加由学校学生处和团委组织的京郊外语支教服务项目，赴河北平山、湖南等地进行社会实践、参加 2009 年“北京之春”台湾大学生北外研习营等活动；支持高年级同学在不影响学习的情况下到新华社、人民日报社、商务部、外研社、新浪网、人才网等单位实习。另外，学院于 2009 年在国内建立了 3 个专业实习基地，安排部分学生进行专业实习。(2) 有计划地组织学生参与留学生的课外辅导和部分课堂教学。学院借助中外学生同炉共炭的便利条件，每年均有计划、有组织地安排表现优秀的同学参与部分课堂教学、留学生课外辅导、按性别结成长期“语伴”等活动，让他们切身体验书本学习和实际运用的不同，进而从中找到自己的不足和努力方向。(3) 组织学生参加大型国际会议的服务工作。从 2005 年起，学院连续 5 年 6 次向国家汉办派出 300 多名志愿者，为世界孔子学院大会、世界汉语大会以及孔子学院总部揭牌仪式服务。每次赴会前，学院都要专门进行外事礼仪培训并提出纪律要求。代表学校参加大会服务的同学，表现十分出色，给来自世界各地的代表们留下深刻的印象，多次得到国家汉办领导的表扬。2010 年 5 月 29 日至 30 日，学院承担了国家汉办孔子学院中方院长选拔考试的服务工作。学院选派了 44 名学生作为此次考务的志愿者，党总支书记吕才任总协调人。参加此次选拔考试的考官，层级很高，包括国家汉办副主任赵国成、前驻英使馆公使衔参赞李旺荣，还包括北外校长陈雨露等多位高校领导；208名考生，来自全国93所高校。同学们着装整齐、主动热情和一丝不苟的工作态度，给考官和考生留下了极深的印象，也为学校、学院赢得了赞誉。国家汉办副主任赵国成在答谢宴会上赞扬说："本次孔子学院中方院长选拔考试是有史以来规模最大的一次，也是组织得最好的一次。"（4）担任北京奥运会和残奥会的志愿者、参加国庆60周年阅兵式游行队伍的演练和表演。2008年，学院围绕着2008年北京奥运会开展了一系列宣传奥运和服务奥运的活动，并派出了144名同学担任在奥运会和残奥会的志愿者。他们分别在奥运村、残奥村、主新闻中心、NPC服务中心主服务台、顺义水上公园、鸟巢体育场、奥体中心等20多个场馆的10多个业务口，为奥组委国际联络部（IOC、NOC）、美洲办公室、兴奋剂检测、安全检查、122交管局等提供语言服务，为国际政要（基辛格夫妇等）、奥组委官员（萨马兰奇等）、运动员、记者、观察员、非注册媒体等担任陪同、翻译或助理。由于表现突出，134名学生分别获得北京奥组委、北京教育系统和北京外国语大学的奖励和表彰，中文学院获得北京外国语大学奥运工作先进集体称号。2009年7月，学院2008级40名同学利用整个暑假的时间参加国庆60周年阅兵式奥运方队的排练和"十一"表演，中文学院为此获北京外国语大学国庆60周年系列活动优秀组织奖。（5）派赴海外孔子学院和校际交流院校担任汉语教师志愿者。据统计，学院从2007年起，先后向北外承办的海外17所孔子学院和近20所校际交流院校派出了60余名研究生进行为期一年的专业实习，派往的国家包括美国、澳大利亚、德国、法国、意大利、瑞典、匈牙利、波兰、保加利亚、俄罗斯、拉脱维亚、阿联酋、日本、韩国、泰国、马来西亚等。同学们在海外勤奋工作，为汉语国际推广作出了积极贡献。

五、根据青年学生的特点，开展丰富多彩的课外活动

学院十分重视搞好学生社团建设和学生骨干培养，在充分调动和发挥他们

积极性和创造性的同时，既给予精神鼓励，也给予经费支持。近些年，学院每年用于支持学生社团活动，如创办刊物、组织学术活动、参加各种竞赛、演出等方面的支出，近3万元。学院团总支和学生会组织健全，在同学当中能起带头作用，把学生的课余生活搞得有声有色，丰富多彩。比如2009年，学院团总支开展的“思齐论坛”、学习科学发展观的专题辩论赛、“同心圆”暨纪念“五四”运动90周年主题团日晚会等，学生会组织的国际文化节、大学生涉外礼仪竞赛、求职模拟面试、考研就业经验交流会、迎新晚会、“金色年华”新年晚会、“诗心荟萃”诗歌朗诵会、“冬日暖阳”向灾区人民捐衣物献爱心活动等，都取得了很大的成功，有些已成为学院的品牌。

学院篮球队、足球队、排球队、乒乓球队、朗诵队、舞蹈队、辩论队等，在学校的各类比赛中不断创造着纪录：学院足球队连续获得2008年和2009年北外杯足球赛冠军；女子篮球队是2007—2009年北外杯篮球赛的三连冠。乒乓球队获北外2010年冠军。在2008年校运会闭幕式上，70名中国女生为全校师生表演了由汉舞、唐舞和西域舞组成的大型古典舞蹈。这组由同学自编自演的大型操场舞，场面宏大，编排整齐，服饰艳丽，舞姿优美，赢得了全场师生的热烈掌声和一致好评；2007—2009年6月，由42名学生和22名教师组成的64人合唱队，在学校举办的“歌唱青春·歌唱祖国”合唱大赛上，展现出他们崭新的精神风貌和较高的演唱水准，并以总分97.2的成绩荣获第三名。

由于多年的努力，学院的党建和思想政治工作取得了很大的成绩，也赢得了许多荣誉。2001年和2006年，学院党总支获“北京外国语大学先进党组织”称号；2008年10月，中文学院获北京外国语大学“2008年奥运工作先进集体”称号；2009年10月，学院获北京外国语大学国庆60周年系列活动优秀组织奖；2008年和2009年，学院团总支连续两年被评为“北京外国语大学红旗团总支”；许多班集体、团支部多次被评为北京市和学校的先进集体。由于学生的专业基础牢，人文素质好，近些年来一直保持了较高的就业率。

表 1　中文学院 2001—2010 年获各类集体荣誉一览表

序号	时间	获奖名称
1	2001 年 7 月	学院党总支获北京外国语大学先进基层党组织称号
2	2006 年 4 月	学院获校运会精神文明奖
3	2006 年 7 月	学院党总支获北京外国语大学先进基层党组织称号
4	2007 年 4 月	学院获外研杯运动会学生组团体总分第六名
5	2007 年 3 月	学院女篮获北外杯“三对三”篮球赛冠军
6	2007 年 6 月	学院教工合唱团获“唱响红色经典、共建和谐北外”歌咏比赛三等奖
7	2007 年 9 月	学院女篮获北外杯篮球赛冠军
8	2007 年 12 月	学院获全校科研先进集体二等奖
9	2008 年 4 月	男足获 2008“北外杯”足球赛冠军
10	2008 年 5 月	学院团总支获北外“红旗团总支”称号
11	2008 年 7 月	“比较文学与跨文化研究”被评为北京市重点学科
12	2008 年 10 月	学院获北京外国语大学奥运工作先进集体
13	2008 年 12	学院获全校科研先进集体三等奖
14	2009 年 6 月	师生合唱团获北外“歌唱青春、歌唱祖国”歌咏比赛三等奖
15	2009 年 10 月	学院北京外国语大学国庆 60 周年系列活动优秀组织奖
16	2009 年 3 月	06 级 2 班团支部获共青团北京市委授予的“首都高校先锋杯”优秀团支部称号
17	2009 年 4 月	男足获 2009“北外杯”足球赛冠军
18	2009 年 5 月	学院团总支获北外“红旗团总支”称号
19	2009 年 6 月	教工代表队获北外 2009 羽毛球大赛季军
20	2010 年 10 月	女篮获“北外杯”篮球赛冠军，创造了该项赛事的五连冠；男篮获季军
21	2010 年 12 月	学院获北京外国语大学财务管理先进单位
22	2010 年 3 月	08 级 1 班获北京市共青团授予的“五四红旗团支部”称号
23	2010 年 6 月	院工会被评为北京外国语大学先进工会
24	2011 年 4 月	北外杯乒乓球赛冠军

表2 中文学院2001—2010年一次性就业情况统计表

年份	本科生		研究生		博士生	
	毕业人数	就业率（%）	毕业人数	就业率（%）	毕业人数	就业率（%）
2001年	20	100	—	—	—	—
2002年	—	—	—	—	—	—
2003年	21	100	—	—	—	—
2004年	—	—	13	100	—	—
2005年	48	100	14	100	—	—
2006年	47	97.87	12	100	—	—
2007年	49	98	17	82.30	—	—
2008年	44	100	21	95.24	—	—
2009年	72	100	36	94.44	—	—
2010年	45	100	35	100	1	100

2011年4月26日

对外汉语系外国留学生本科教学与管理

吴丽君

吴丽君，女，辽宁省沈阳市人，中共党员，博士，教授。北京外国语大学中国语言文学学院《国际汉语教育》杂志主编，世界汉语教学学会会员，中国对外汉语教学学会会员，世界汉语教育史研究会理事。1999年4月至2000年4月赴日本大东文化大学从事汉语教学工作。研究方向为对外汉语教学理论及应用、汉语语用学、世界汉语教育史。主要学术成果为：专著《日本学生汉语习得偏误研究》、《汉语常用句式的语用研究》，对外汉语教材《新编汉语报刊阅读教材》初级本、中级本，对外汉语工具书《汉语水平考试备考词汇手册》等。在国内外学术期刊上发表学术论文30余篇。1996年、2000年两度获得北外基础阶段外语教学优秀奖——陈梅洁奖，1998年获得国家汉办首届全国对外汉语教学优秀教学三等奖。

一、概述

为培养适应现代国际社会需要的、具备良好综合素质的汉语复合型人才，1992年经中国教育部批准，中国语言文学学院开始招收四年制本科留学生。多年来，中文学院以“培养通晓汉语、熟悉中国社会文化的优秀人才”为目标，经过长期的探索与实践，逐步形成了较为成熟的本科留学生教学模式与课程体系，在校留学生的数量与教学质量均取得了很大的进展。中文学院对外汉语系负责本科留学生的日常教学及学生管理工作。20年来，先后培养了18届2000余名毕业生。他们大多数活跃在中外经济、文化交流领域。

对外汉语系针对留学生学习的实际情况与就业需求，设定了科学规范的课程体系，不断优化教学模式，努力打造留学生的汉语精品课程，如在汉语言专业的框架下，开设了汉语本体、文学文化、经贸、汉英双语、汉语教育5个专业方向。本科留学生在大四阶段还将进行毕业论文写作、论文答辩以及毕业实习。留学生们在教师的指导下，通过独立的思考用汉语撰写一篇毕业论文，从而加强留学生的观察能力及解决问题的能力，全面提升汉语听说读写的综合水平。大四阶段对外汉语系通常要安排本科留学生进行为期一周的毕业实习，留学生在教师的带领下深入到中国各地的工厂企业、学校单位，通过参观座谈及对市民发放调查问卷等形式，初步了解中国的国情与民情，将书本知识与社会实践有机结合起来。

对外汉语系与日本、韩国、马来西亚、泰国等国的大学建立了密切的学术交流与合作关系。日本NPO国际后援会每年4月份选派日本高中毕业生来对外汉语系学习，该项目迄今为止已经合作了20年；马来西亚政府与马来西亚玛拉集团现派出100余名奖学金生就读于对外汉语系；此外与日本关西大学的“3 + 1”项目、韩国釜山外国语大学的“2 + 2”项目，韩国右松大学的“2 + 2”项目，日本ISI国际汉语机构项目也都在顺利开展。从2010年春季学期开始，对外汉语系为日本关西大学举行远程国际汉语文化讲座，深受日本关西大学师生的欢迎。

目前，汉语正随着经济全球化、文化多元化而逐步走向世界，“让世界了解中国，让中国走向世界”已成为一项重要的使命。作为国际化、高水平大学的一个重要标志，本科留学生教育起到了重要的作用。对外汉语系全体教职员工将在学校、学院的领导下，开拓创新、迎接挑战，进一步提高教师的业务能力与科研水平，全面提升教学质量，实现本科留学生教学规模的跨越式发展。

二、教学与教学管理

多年来，经过不断探索，对外汉语系实行双轨一条龙管理模式：学生管理与教师管理并行。学生管理体系为：班长—班主任—系主任；教师管理体系为：教师—课程组长—教研室主任—系主任。建立健全了包括教学总体设计、课程设置、测试和评估等一系列教学管理制度，并创建了对外汉语系教学督导听课制度。定期组织集体备课活动，认真讨论教学重点、难点，交流教学法，明确教学要求、内容和进度，及时解决教学中存在的问题。此外每学期至少举办两场教师公开课及外聘教师讲评会，以利于教师之间交流教学经验、切磋教学方法。近年来，对外汉语系不断完善本科留学生入学考试、升级考试和毕业考试的试题库，建立了学生信息、学习成绩的信息化平台，并正在筹划对入学考试以及学生的日常考勤进行网络化管理。

为满足不同层次学生的要求，对外汉语系不断加强课程建设，增设不同程度、不同专业方向的选修课。目前本科留学生的必修课程有汉语综合技能课程、专项技能课程、人文知识课程、经贸知识课程、英语课程；此外还开设有中国民乐欣赏、书法、太极拳、中国画、中国民族舞蹈等兴趣班。从 2010 年秋季学期开始，对外汉语系创建了教学督导制度，由富有教学经验的老师负责指导本系年轻教师的教学工作，并在每学期初对外聘教师进行岗前培训。为进一步提升教学效果，完善教学管理，对外汉语系开创了本科留学生网页，及时发布各种信息、报道丰富多彩的留学生活动，并及时收集有关教学和学生活动的建议。

除课堂教学以外，语言实践和社会实践也是汉语教学的重要组成部分。通过语言实践活动可以将课本的知识活学活用，进一步提高学生的语言综合运用能力，同时也有助于留学生了解中国的文化与社会。具体来说，在本科留学生的管理方面有以下几项举措：

1. 针对留学生语言能力参差不齐、适应环境较慢的问题，设立留学生班主任制度，即每位教师负责联系 1—2 个班级的留学生。每位班主任老师平均每个月找学生谈一次话，了解学生的学习和生活情况，帮助学生分析、解决遇到的困难和问题。

2. 积极鼓励学生参加全国、北京市以及学校学院的各类竞赛，配备专门的老师负责全程指导。目前对外汉语系有两名留学生获得“北京市汉语之星”的殊荣，有一名留学生获得北京市外国留学生烹饪大赛一等奖，有一名留学生获得北京市留学生辩论大赛的“最佳辩手”的称号，有两名留学生入围北京市留学生辩论大赛的前八强。对外汉语系多次组织学生参加中央电视台、北京电视台、北京广播电台国际频道组织的留学生活动，积极拓展中文学院留学生的文化视野。

3. 积极鼓励学生参加慈善活动，促进民间层面的中国与其他国家的友好关系。目前对外汉语系有固定的慈善募捐团队，定期组织对外汉语系的留学生向河北希望小学捐款、捐助书籍和衣物。中文学院无偿为本科留学生的慈善活动提供贮藏衣物以及书籍的仓库。

4. 定期举办朗诵比赛、演讲比赛、征文比赛等丰富多彩的校园文化活动，组织学生在北京市内参观，如游览长城、故宫等北京市内的名胜古迹，观看中国功夫、剪纸、捏泥人等民俗表演，让留学生亲自体验中华文化，激发学习的兴趣与热情。此外，还通过汉语角、本科留学生论坛、经贸专业的留学生经济论坛、环保论坛、HSK 考试经验报告会等，为留学生搭建学习交流的平台。

5. 开设本科留学生求职与应聘模拟课堂，进行就职技巧的培训与指导。近几年，对外汉语系先后组织学生前往杭州娃哈哈集团、山东青岛啤酒集团、山东张裕葡萄酒公司、北京联想集团、北京京日食品公司（日本独资）、北京市污水处理厂、北京顺风集团、可口可乐公司等进行实习。

三、科研项目与科研课题

对外汉语系 2000 年至 2005 年期间设有学历一部和学历二部两个部门，2005 年开始合并为对外汉语系。对外汉语系成立后，根据教学的需要组织编写了大量的教材和 HSK 汉语水平考试的习题集。据不完全统计，2001—2010 年期间对外汉语系的教师共编写教材类 7 种、17 册，各类汉语水平考试习题集 36 种、45 册。除了编写教材以外，对外汉语系的教师还编著了两部汉日词典、出版 7 部专著，发表论文以及文章 208 篇。此外，对外汉语系还建立了本科留学生入学考试、升级考试及毕业考试的试题库。试题库参考 HSK 汉语水平测试的试题的题型，并根据最新 HSK 考试的难易程度和题型的变化随时调整。

对外汉语系非常重视汉语语料库的建设。近年来，对外汉语系每年都有春秋两个学期的毕业生毕业，每年都有 100 余名毕业生要撰写毕业论文。为此，对外汉语系用了一年多的时间，把本科留学生撰写的论文初稿全部存入电脑，为汉语语料库的建设提供了丰富的第一手资料，教师可以根据学生的语法、词汇的错误进行偏误分析，从而更有针对性地开展对外汉语教学。

四、国际交流与合作

1. 马来西亚政府教育部、玛拉集团的汉语师资培训项目

为了培养优秀的汉语教师，推动马来西亚汉语教育事业的发展，加强中国与马来西亚之间的友谊、交流与合作，马来西亚政府教育部、马来西亚玛拉集

团先后与我校合作建立了汉语师资培训项目。2007年5月21日马来西亚教育部代表马来西亚政府与我校签订汉语师资培训协议，由马来西亚政府选派优秀的马来西亚高中毕业生赴北外学习。通过一年的预科阶段教育以及四年本科阶段的学历教育，将其培养成为具有较高汉语水平，通晓中马两国社会与文化的优秀汉语教师。马来西亚政府奖学金生进入北外以来，受到了学校、学院领导的高度重视。迄今为止已有2008级、2009级、2010级三批119名马来政府奖学金生完成了预备阶段的课程，顺利进入中文学院对外汉语系本科阶段学习。中文学院以培养未来最优秀的马来西亚汉语教师为目标，以马来留学生学有所成、学有所用为宗旨，全面制订培养计划和教学方案。中文学院各级领导定期召开马来西亚政府汉语师资班教学管理研讨会，亲自部署马来学生的教学管理以及相关工作。对外汉语系每学期要召开马来学生学习生活座谈会和期末总结会，倾听学生们的建议和反馈。

2. 日本国际交流后援会香坂班项目

1992年，日本已故著名汉语教育家香坂顺一先生与北京外国语大学签定了4年制日本本科留学生培养合作协议。该项目由特定非营利活动（NPO）法人国际交流后援会招收日本高中毕业生，送往北外中文学院对外汉语系进行培养，学生学习期满并达到相关成绩要求后可以授予北京外国语大学学士学位。香坂班的学生可以从零起点开始学习汉语，对外汉语系根据香坂班的学生特点安排懂日语或英语的老师给他们上课。考虑日本的学年制度，香坂班的学生可以按照日本的惯例4月份入学、1月份毕业，以免影响学生在日本就业或考研等事宜。对外汉语系与日本常驻北京的NPO理事及学生家长组成的家长会保持密切联系，及时与家长沟通交流学生的情况。为进一步加深与中文学院之间的关系并了解学校和学生的情况，日本留学生家长会每年举办一次家长总会，向家长汇报学生的学习、出勤、生活等情况。

3. 韩国釜山外国语大学项目

2005 年 5 月，北京外国语大学与韩国釜山外国语大学签订、实施双学位共同教育协议。釜山外大每期推荐 16 名德智体综合发展的学生参与双学位制项目。第一、第二学年在釜山外大学习，第三、第四学年在北外学习。入学时间为每年九月，外派学生在北外就读期间教育权和管理权属于北外。该项目迄今为止已经合作了 6 年，通过北外与韩国釜山外大努力的努力，为韩国釜山外国语大学培养输送了一批优秀的汉语专业的学生。

4. 韩国又松大学项目

2004 年 2 月北京外国语大学与韩国又松大学签订了合作培养汉语专业本科生协议书。又松大学的四年制汉语专业的本科学生，前两年在韩国又松大学学习，以后进入北京外国语大学学习。毕业合格后可同时取得两校的毕业证书及学位。又松大学的留学生经过在北外的严格汉语训练，毕业时在汉语听说读写等方面均取得了很大进步，毕业时绝大多数学生可以取得 HSK6 级以上的证书，成为可以担任中韩语翻译的合格人才。

5. 日本 ISI 国际学院项目

1998 年 6 月中国北京外国语大学与日本 ISI 国际学院签订了合作协议书，协议书规定自 1999 年 4 月起，国际学院每年选送 3 — 4 个班，60 — 80 名学生到北外学习汉英语言专业和汉英语言（国际）专业。学生学习期满并通过北京外国语大学的毕业考试，颁发北京外国语大学毕业证书。在双方的共同努力下，ISI 汉英双语项目的毕业生不仅通晓汉语，也通晓英语，成为能熟练运用日语、汉语、英语进行交流的优秀人才。

6. 日本关西大学“3+1”培养项目

2009 年，北京外国语大学与日本关西大学签订合作培养协议，每年 3 月由关西大学选派二年级的汉语专业的本科生送往北京外国语大学，在北外学习时间为一年，关西大学与北外实行学分互相认可制度。2010 年 3 月，关西大学向北外输送了第一批 10 名汉语专业的本科日本留学生，2011 年 3 月关西大学向北外输送了 27 名汉语专业的本科日本留学生。此外，2010 年初开始，关西大学与中文学院合作开设“留学北京”系列汉语口语讲座，由对外汉语系的老师远程视频授课。该讲座内容由对外汉语系老师自编，并将结集刊印并刻录光盘。

近十年的中文学院留学生非学历教育

丁安琪

丁安琪，河南范县人，在读博士，副教授。1996 年毕业于天津南开大学汉语言文化学院。现任北京外国语大学中文学院副院长、汉语国际推广多语种基地副主任。2000 年 5 月至 2001 年 4 月任教于韩国三星人力开发院；2005 年以国家汉办公派教师身份赴德国纽伦堡—埃尔兰根大学汉学系工作，2006 年 5 月—2007 年 7 月转任德国纽伦堡孔子学院中方院长。主要从事对外汉语教学与研究工作，曾发表《汉语作为第二语言学习者研究》、《汉语作为第二语言学习者实证研究》(第一作者)、《国际汉语教学与推广研究》等著作；《走遍中国》、《经理人汉语》(副主编)、《体验汉语(泰国高中版)》等多部对外汉语教材，并在《语言教学与研究》、《世界汉语教学》、《汉语学习》等杂志发表学术论文数十篇。

2001—2010 年是中文学院非学历教育从量到质都经历着巨大变化的 10 年。

10 年间，非学历留学生长期班的规模从每学期 300 人左右发展到 2010 年的每学期 600 人左右，短期班人数也不断增加。教学部门也由 2001 年的一个部门分化成进修部和项目部两个部门。学生人数的增加也带动了外聘教师数量的增加，至 2010 年，中文学院对外汉语外聘教师已经发展到每学期 60 人左右，最多曾达到每学期 80 人左右。为了对人数众多的外聘教师进行管理，2008 年成立了专门负责外聘教师管理的兼职教师培训部。

非学历留学生教育在学生数量增加的同时也注重采取各种措施，千方百计提高教学质量。在 2001—2010 年 10 年间，各部门都取得了较大的成绩。下面我们将按照部门的不同，分别介绍进修部、项目部、短期班教学及兼职教师部在 10 年间取得的成就。

一、进修部

进修部是非学历教育的大本营。为了提高教学质量，进修部在入学测试、课程设置、实践活动、教学研讨、教学管理等方面采取了一系列措施：

1. 研发了留学生入学分班考试题。根据汉语教学的特点，分设了汉语口语表达水平测试与书面语及汉字水平测试，并于 2008 年将其中的汉字水平测试题目转换为随机出题式的机考模式。

2. 将课程设置规范化。根据学生水平的不同，将原有课程体系细化为 11 个不同层级，并固定了每个层级所使用的教材；将选修课设置配合必修课的调整做了系统性调整，听、说、读、写等常规类课型都设立了适合各个层级的选修课，并增设了系列中国文化知识类的课程，使整个选修课系统成为一个完善的体系。

3. 开发了系列语言实践活动，其中比较大型的活动有每学期一次的外出语言考察，有平谷雕窝语言实践、怀柔红螺寺语言实践、天津语言考察、承德师专联谊活动、承德医学院联谊活动、上海世博会参观、安徽健走节语言实践、山东健走节语言实践等。这些语言考察与实践活动每次参加人数少则一百多人，多时可达两三百人。除了大型系列语言实践活动外，进修部还开展了“课外汉语课堂”的活动，分班或分级组织学生参加各类课外活动，每个学期都会组织几十次，如访问中国家庭、参观老舍茶馆等活动，帮助学生了解中国，练习汉语，体验中国文化。

4. 以提高教学效果为目的，组织了各类教学研讨活动，如教师与教材编者的交流座谈会、语法教学研讨会、教学理念研讨会等，其中邀请北大教授马真先生及刘颂浩老师所作的学术讲座对教师提高教学能力影响深远。

5. 在教学管理方面采取了一系列改革措施，如制订了《留学生手册》，细化了留学生的管理；制定《教师手册》，建立教师听课卡、班主任工作卡制度，定期举办公开课制度；录制教师教学实况并进行分析；改革了留学生开学典礼及结业仪式，使该类活动以各种讲话为主的模式，转变为以学生为中心的盛会。此外，还针对留学生口语水平与汉字水平不一致的情况，创设了跨级选课制度，使学生能根据自己的口笔语的实际水平进入相应层级的班级听课。

6. 有意识地举办或参加了一些能够扩大北外影响的活动，并取得了一定的成效。10 年间，为了扩大北外对外汉语教学的影响，进修部组织学生多次参加了由北京市或全国各部门组织的各类活动，如由北京人民广播电台主办的“我的汉语生活”全球汉语故事大赛；北京市教委主办的北京市留学生“汉语之星”大赛；北京市“陶艺创作体验赛”；国家汉办组织的“千名外国汉语教师奖学金生开学典礼”；北京市外国留学生中国菜烹饪比赛等。其中进修部“长城汉语班”多次代表国家汉办为全球各地的孔子学院院长及教师培训做教学示范课，其教学模式已被命名为长城汉语教学六大模式中的“北外模式”。

二、项目部

随着非学历留学生教育规模的不断扩大与层次的不断提高，进修部已经不适合承担具有特殊任务的项目，特别是2000年学院承担中欧青年经理培训项目之后，学院专门设立了欧盟项目部，此后学院又承担了许多新的高端汉语培训项目，2002年欧盟项目部正式更名为特殊项目部，专门从事具有特色的高端专门项目的教学。2001—2010年间，项目部共承担了10个特殊项目共计54期的培训任务。

1. 美国宾州大学华顿—珞德学院MBA培训项目：每年6—8月，项目部为美国宾夕法尼亚大学华顿—珞德学院MBA学员进行为期10周的汉语强化培训项目，以帮助学生全面提高汉语语言知识、言语技能等，增强其对中国国情和社会文化的了解，使其能够运用汉语进行商贸领域的交流活动。该项目学员层次高，语言水平高，对教师、教材、教法的要求都有独特之处。2001—2010年间，项目部共为该项目培训10期学员。

2. 德意志学术交流中心商务汉语培训项目：每年8月至次年7月，项目部为德国德意志学术交流中心进行为期一年的商务汉语培训。这是一个高端汉语培训项目，学员均已获得经济、法律、工程、建筑等专业学位的德国专业人士。2001—2010年间，项目部共为该项目培训9期学员。

3. 汉日同声传译班：每年9月至次年7月，日本冲绳县人才育成财团语学中心都会选送已经获得HSK8级或同等学力的日本留学生来北外进行日汉、汉日口笔译训练，为冲绳县培养高水平的汉日、日汉口笔译人才。该项目为国内唯一的以日本学生为主要对象的汉日同声传译培训班，始设于1997年，结束于2009年。2001—2009年间，共培养8期学员。

4. 中国公安部执法联络员培训项目：该项目设立于2006年，每年9月至次年7月，项目部为中国公安部培养来自东盟十国（老挝、柬埔寨、缅甸、泰国、越南、马来西亚、新加坡、文莱、菲律宾、印尼）及韩国、土耳其、厄瓜多尔、吉尔吉斯斯坦等国的警察、法官、移民局官员等执法联络员。这是受中国公安部委托的在国内唯一的执法联络员长期培训项目，其中部分学员具有中高级职务。截至2010年，项目部共培养5期执法联络员。大部分学员学成归国后正在从事与中国的警务司法方面的合作，发挥了积极的桥梁作用。

5. 马来西亚汉语师资培训项目（含马来教育部预科教育和玛拉集团师资培训两个项目）：两个项目均设立于 2007 年，每年 9 月至次年 7 月，来自马来西亚政府教育部及玛拉集团选派的马来西亚高中毕业生将来项目部进行为期 10 个月的强化汉语师资培训。该项目为目前国内最大的马来西亚汉语师资培训项目，受到马来教育部的高度重视。截至 2010 年，两个项目共培训 6 期学员，为我校学历教育输送了大批学生。

6. 意大利罗马大学汉语培训项目：该项目设立于 2003 年，每年 3—5 月，来自罗马智慧大学本科三年级的学生及部分研究生会参加为期三个月的短期强化培训。该项目按照罗马大学的要求设置课程，罗马大学承认其在北外学习期间的学分。目前该项目规模越来越大，由第一期的 20 多人已经发展到每期 100 多人。截至 2010 年，该项目共培训 8 期学员。

7. 欧盟科技人才培训项目：该项目于 2009—2010 年间共举办两期，由欧盟总部挑选来自欧盟国家的从事社会学、物理学、化学、生物学等方面的高端人才，进行为期 6 个月的汉语强化培训，为接下来的中欧合作研究打下语言基础。该项目是目前国内唯一的欧盟科技类人才培训项目，拥有自己独特的教学方式、专门的教学计划和学习资料，并聘请中欧两方面的教育专家指导教学。

8. 中国—欧盟青年经理培训项目：该项目于 1999—2003 年间共举办 5 期，每期 11 个月。该项目的主要目的是发展中国与欧洲国家的经济合作，帮助欧洲企业的青年经理了解中国社会生活、商务文化和企业组织，并增加他们与中国企业的沟通可能性，为今后与中国的经贸交流创造条件。经过 6 个月的生活汉语、商务汉语培训后，学员们能掌握基本的汉语语言知识、言语技能、了解中国国情和社会文化，顺利完成在公司进行的实习工作。该项目自设立以来共培训了来自 15 个欧盟成员国的 160 余名青年经理。目前很多毕业学员在从事中欧经贸交流工作。

9. 中欧法律汉语培训项目：2003 年 1—3 月，项目时间 10 周。作为 9 个月的法律培训项目的一部分，中欧法律汉语培训项目为来自欧盟的律师、检察官等在中国的法律实践进行了专业语言和专业背景知识的准备。该项目学员通过接触、了解并不同程度地掌握法律汉语词汇和表达方式，了解中国的法律基本情况、接触法律热点话题、进行简单案例分析，为他们在中国的法律业务实习打下了良好的汉语基础。

项目部在承接各类专门项目教学的同时，在教研方面取得了重大的成绩：

教材方面：自欧盟部成立以来，已经为各项目编写了各类专用教材，其中《经理人汉语》系列教材已正式出版并在国内各大高校的使用中获得好评，《警务汉语》是目前国内唯一的该类汉语教材。

评估方面：项目部先于国家汉办研发了商务汉语水平考试试题，并建立了商务汉语考试题库。在正常教学中设立了双向评估体系，将形成性评价与过程评价运用到对学生的评估中去。

教学方面：由于各项目均有自己独特的要求，因此在长期为各项目服务的过程中，项目部形成了为每个项目量身定做课程体系的传统，摸索出了一套适合特殊项目教学使用的教学模式。其中德意志学术中心学生实习后重新返回北外接受“回炉教育”的模式受到学生特别好评。

三、短期班教学

短期班教学是我院汉语教学的重要组成部分，据不完全统计，2001—2010年间我院共承担了来自14个国家和地区、48个组织机构的129团次的教学工作。其中比较重要的有美国的路易维尔大学、夏威夷大学，日本的名古屋外国语大学、神户大学、大东文化大学、关西大学，韩国的汉阳大学、釜山外国语大学、首尔大学、韩国外国语大学，意大利的罗马三大、圣心米兰大学，俄罗斯的莫斯科大学、人民友谊大学，奥地利的萨尔斯堡大学，英国的兰卡斯特大学，德国的海德堡大学等。

四、兼职教师培训部

随着留学生教学的不断发展，中文学院兼职对外汉语教师的队伍也不断扩大。为了加强对兼职教师的管理及培训，2008 年正式设立了兼职教师培训部。兼职教师培训部的主要工作职责为：招聘兼职教师，建立兼职教师档案库，对兼职教师进行岗前及在岗培训；协助系部主任对兼职教师进行管理，对兼职教师进行考核。

自成立以来，兼职教师培训部采取了一系列的措施提高兼职教师教学质量，加强对兼职教师的管理，如：举办各类讲座，句型教学交流研讨会；举办公开课，观摩示范录像；设立教师接待日；与兼职教师签署工作协议等。

留学生教学从这里起步

——为中文学院60年华诞而作

殷桐生 徐彦文 施宝义 张天信 尹世忠

殷桐生，江苏人，中共党员。1959年毕业于北京外国语大学，后留校任教至今。教授、博士生导师。主要从事德语、德国外交、德国经济的教学和科研工作。曾任校教务处副处长、德语系主任、高校外语专业教学指导委员会副主任委员。发表论著70余篇（部），由其执笔的《全国高校德语专业教学调研报告》获1994年北京市第三届哲学社会科学优秀成果二等奖；《施罗德的“新中派”经济政策》获2002年哲学社会科学创新成果一等奖；《德国经济与“德国病”》被美国 Chinese Culture 评为“2003年优秀华文”；《德国政府要使更多雇员成为“小资本家”政策的剖析》被评为2010年中国经济改革与发展优秀学术成果一等奖。曾获民主德国总统威廉·皮克奖，1999年获北京市爱国立功标兵称号，2000年获北京市先进工作者称号，2003年获北京市首届名师奖。

当代的世界，呈现在人们面前的是一个政治经济交织、东西文化合璧的恢弘天地，千流奔突，却有着突出的亮点，中国就可以说是这些亮点中璀璨。

再看中华大地，她有着5000年以上的历史，既有着灿烂的过去，也有着近百年的耻辱。今天她终于插上改革和开放的翅膀，飞出历史的大漠，冲出迷信的洞窟，用真理之光，托住神州的落日，复燃了华夏的辉煌。她卓越与矛盾同在，大醇与小疵一色，无论是从宏观还是从微观来观照，还是从纵横来审视，要真正读懂她，都非一日一晨之功。

写出这两点是要说，中国成了世界的亮点，中国成了世界学习和研究的对象。而这恰恰反映在北外的中国语言文学学院这个时代的缩影里。

今日之中国语言文学学院已是一个集中国学生教育与留学生教育于一体的教学研究单位，设有中文系、对外汉语系、汉语培训中心3个教学单位，以及比较文学与比较文化研究中心、国际汉语教学信息中心2个研究机构，拥有比较文学与比较文化博士点和4个硕士点，在校学生1600余人，其中中国学生450余人，留学生1100余人。这一切都是在60年内发生的。

回首往事寻找走过的足迹，我们既感到往事如烟淹没了众多的记忆，又感到一切的一切恍如昨日，历历在目。它让我们感到骄傲、自豪、欢乐和宽慰。中国语言文学学院留学生教学的30年就是一部从小到大、从少到多、从低到高、从弱到强的发展史。

记得那是在1980年，学校领导根据改革开放的大局，决定成立留学生部，招收外国来华学习汉语的留学生。我们几个被委托来筹办此事，并决定于1981年正式招生。

创业是光荣的，也是艰巨的。刚接手此事，我们既感到兴奋，又感到棘手，百事待举，何事为首，恰似一部二十四史，不知从何读起。经过出外取经，多次研讨，我们终于决定，从办学思想和师资队伍这两个关键地方入手。

一、办学指导思想

1. 培养目标

留学生部是在我国改革开放的大背景下成立的，目的是培养能够从事中外文化，特别是能从事经济交流的外国汉语人才，因此必须把汉语同中国文化相结合，同中国经济相结合，突出交际，突出实践。

2. 学制

我们根据国外的需求开设了长班和短班。长班（1—2年，包括1—3个公司班），1981年招收了49名留学生，1982年32名，1983年35名，1984年46名；短班（时间不等），1981年招收121名，1982年118名，1983年142名，1984年150名。他们主要来自日本、朝鲜、泰国、柬埔寨、意大利、美国、英国、罗马尼亚和瑞典。

3. 外语教学

在语言的品格上，我们明确提出是外语教学，不是母语教学，是第二语言习得。要把汉语作为外语来教，自然是一个新生事物，因此一定要走自己的路，要按照我校教授外语的长期成功经验，建立一套全新的将汉语作为外语的教学体系。其特点是：

既要学好载体又要学好被载体　汉语作为外语来学，汉语就是载体，这是必须通过全方位的大量实践训练来掌握的，绝不同于将汉语作为母语来学习；另一方面是被载体，被载体应该是什么？这是颇费思量的问题。我们非常清楚，被载体必须紧密服从于培养目标，然而我们却苦于没有合适的教材，因此不得不暂时借用他校的教材，但坚持两点：一、独立开设外贸口语、报刊等课程；二、立即自己编写目标导向的教材：1981年就编写了《汉语口语》、《听力与阅读》、《翻译课教材》和《外贸口语教材》，其中的《汉语口语》和《听力与阅读》于1982年正式出版。

多设课 设必修和选修课，每周设18—24节课，以加大语言熟巧的训练。如当时的长班每周设6—10节汉语课（包括报刊阅读），6—8节口语课（包括外贸口语），4节听力课，2节翻译课，2节写作课，2—4节选修课（包括汉语成语、汉语语音、书法、古典诗词和中国文化）。

建立全新的练习体系 全面采用我校经过多年实践、行之有效的练习形式和体系，突出听说，突出交际。

强调在语言实践中学习语法，再加以系统归纳。

4. 充分利用良好的语言环境，学习中国的国情和文化

外国留学生不是在本国学习汉语，而是在中国学习。这里有着良好的语言和人文环境，因此我们把课外进一步提高他们的语言交际能力和学习中国国情和文化列入教学计划，有目的、有针对性地进行。

提高语言的交际和实践能力 组织留学生参观、家访，与中国人交朋友，给他们创造与不同阶层的大众进行会话的机会和条件，并要求他们每次参观、家访之后在课堂进行汇报。例如我们前后曾两次组织他们参观监狱和工读学校，使他们的心灵受到震撼，在课堂汇报时，气氛活跃，效果空前；我们也定期组织他们看电影，以提高汉语听力。

有针对性地扩大他们的知识面 特别是文化、语言、艺术方面的知识。我们定期为他们开设讲座，先后邀请了周有光、吕叔湘、王力、周而复、冰心、马蜂、康英、侯仁之、侯宝林、黄宗洛、吕中、兰荫海、齐志翔、马国光、王姬、马玉涛、耿莲凤、张振富、蒋大为、方明、杨丽萍、德德玛、熊卿才、韩芝萍、文章、江山、银杏吉斯、刘珊等学者和演员来主持讲座（大多配备翻译）。这不仅大大提高了学生们学习汉语的积极性，也明显提高了他们的文化知识水平。

组织一些精彩的文艺演出 这样既丰富了他们的业余生活，也使他们更多

地了解中国的文化。其中中央民族歌舞团、战友文工团、总政歌舞团、总政军乐团和中国京剧团的演出都取得了较好的效果。

开阔视野，领略中国的风土人情 我们组织他们到全国各地旅游，了解中国人民的勤劳、善良和好客的优良传统，欣赏中国的大好河山。当一些从未见过地平线的青年人在内蒙大草原上观日出时，情不自禁地在草地上满场打滚，完全陶醉于大自然的绮丽风光之中，这种美好的感觉将会伴随他们度过一生。

二、建设一支高水平的师资队伍

一个学校、一个系要想办好、办出色、取得高质量，关键是师资。这一点我们从办学的一开始就十分明确，并且不断地提醒自己。

当时的情况是，学校有个汉语教研室，并拥有高水平的汉语师资，但大多是从事中国学生的公共汉语课教学的，没有教外国学生的经验，更没有把汉语作为外语教学的经验。我们从中聘请了几位，如郝炳昕和姜林森等。

从其他单位调进一批有经验的汉语教师，如程裕祯、徐志春等；聘请一批年轻有为的汉语教师，如张晓慧等。

1981 年我们聘请了 6 位教师，1982 年 9 位，1983 年 4 位，1984 年 3 位。到 1984 年留学生部已经拥有 25 名汉语教师（包括一名资料员），师资队伍初具规模。

然而教学的实践又一次证明，几乎所有的教师都缺乏把汉语作为外语教授的经验。因此我们便把对他们的外语教学法培训列为重中之重。

经过几十个春秋，这些教师几乎都成了教学骨干和学术带头人。程裕祯和张晓慧还先后担任了学院的院长。

三、应对突发事件带给我们的经验和教训

一个培养外国留学生的学校就好比是一个小世界，国与国之间的矛盾，民

族与民族之间的隔阂，意识形态上的对立都会在这里得到反映。对此我们有过难以忘怀的经历。

1982年在我校学习的人数最多的两个国家留学生之间因某一突发事件发生冲突，本来是两人之间的事情，竟然像滚雪球似的愈滚愈大，几乎席卷了整个留学生队伍，最终发展到要上街游行的地步，给留学生部的教学和管理带来了很大的困难。这是我们事先没有预料到的。

事件发生后，第一时间我们召开会议，冷静、细致地分析了形势，决定多管齐下，全面展开工作：

1. 报告并请示。首先向校外事处、校领导报告，接着向上级领导机构报告并请示。根据他们的指示我们又向当事国的使馆作了报告，并希望它们能抓紧做好疏导工作，缓和事态的发展。

2. 选派教师下班做深入细致的思想工作，从易到难，先做其他各国留学生的工作，力争他们不再介入此事，并进一步做好双方的劝和工作。这一招效果非常明显，滚大了的雪球逐步开始消融。

3. 做好双方带头人的工作。事实说明，留学生之间一旦发生此类事件，肯定都有领头人，而且不易被说服。于是，我们就不厌其烦地约谈，并及时向使馆反馈，请使馆出面做工作。

4. 做好当事人的工作。一是详细听取并核实事情的全部经过，二是批评他们夸大事情的真相，煽起本国留学生情绪的严重后果，三是说服其中的一人向对方道歉。

经过这样深入细致地工作，在有关领导的直接指示下，在两国使馆的配合下，这一场风波终于平息，我们也如释重负。

留学生部的工作是繁重辛苦的，但我们都深感其意义，因此颇有点苦中寻乐、苦中作乐之感。经过初期的惨淡经营，留学生部终于一天天地成长壮大起来，成了今天中国语言文学学院的一个主要组成部分。

功在当代，利在千秋

——忆国际交流学院的创建

金满生

金满生，男，北京市人，中共党员。1977年毕业于北京外国语大学日语系，随后到东京外国语大学留学两年。1979年起担任北京外国语大学日语系教师，1992年调到国际交流学院（现中文学院）工作。主要教授汉日、日汉口译及同声传译课程。1992年9月—1994年6月任国际交流学院副院长，1994年6月—1996年9月任国际交流学院院长。有丰富的中日会议同声传译经验，主要著作有《中国语虚词类义语用例辞典》、《汉日小词典》、《实用汉日词典》和《新汉日小词典》等。

1988年香坂顺一先生从日本大东文化大学退休，鉴于先生为本校作出的贡献，大东文化大学挽留他继续担任理事及顾问，但不再授课及做具体工作。

闲不住的香坂先生开始思考退休后的生活。根据先生几十年的人生经历及经验，他预见到中日关系还要经历许多风风雨雨。而如何经受这些风雨的考验，使两国人民世世代代友好下去，成为先生思考的课题。先生回想起自己年轻时留学中国的经历，认为让年轻人到中国来留学，使他们了解中国，进而理解中国是一个好办法。由于早在1981年，在廖承志院长的倡导下，大东文化大学就与我校建立了友好交流关系，香坂先生对于我校的情况又非常了解，于是在1990年访问我校时，商讨共同建立一所接收日本高中毕业生来华留学的机构。

当时，我校领导也正在考虑如何扩大留学生的招生问题，因此，香坂先生的想法与我校领导的考虑不谋而合，很快就达成了共识。香坂先生根据日本的实际情况，希望这些学生的学制能与日本接轨，即4月入学，学制以4年为宜。我校很快给国家教委起草了一份报告。谁知，国家教委（今教育部）的批复：同意其他条件，但学制应为5年。国家教委有关领导认为汉语很难，4年学习达不到本科毕业的水平。但香坂先生认为5年时间过长，很难招到学生。为此，香坂先生及我校领导与国家教委有关领导之间开始了长达2年的沟通。1991年，香坂先生6次访华，与国家教委的多个部门多次交换意见。我校的校长、书记也多次到国家教委去说明情况。

在与国家教委沟通的同时，1991年11月我校与香坂先生任理事长的“日本亚洲奖学财团”签订了交流协议。根据协议，日本亚洲奖学财团每年为北外选送100名留学生。同年12月香坂先生启动招生工作。但协议签订后不久，香坂先生与“亚洲奖学财团”发生矛盾，香坂先生退出“奖学财团”，成立了“国际交流事业团”。这与后来我校成立“国际交流学院”多少有些关系。香坂先生就是要培养具有国际视角、能够进行国际交流的人才。所以，当时学生的专业名称是：汉语言专业（国际交流方向）。

然而，国家教委却迟迟不同意我校的培养方案，一直到1992年的3月中旬依然没有消息。那些天，香坂先生每天晚上都给我打电话询问进展，先生说，如果4月份学生不能开学，他就有可能被起诉，成为诈骗犯。

“山重水复疑无路，柳暗花明又一村。”1992年3月下旬，当香坂先生几近绝望的时候，国家教委终于有条件地批准了我校的报告，同意将学制定为4年。但因为是4月入学，比正常开学晚了将近两个月，因此，第一个暑假要用于补课，补足课时。

我从1984年10月至1986年3月作为交换教师在大东文化大学任教，其间，香坂先生是大东的校长，有过许多交往。因此，香坂先生每次来京都是与我联系，我为先生安排日程及担任翻译。所以，我参与了这件事情的全过程，包括香坂先生与国家教委的多次会谈。也许是因为这些原因，校领导决定由我负责香坂班的管理工作。

1992年4月的一天，王福祥校长先领着我到国际交流合作处的办公室，对许震民处长说“香坂先生招的学生要来了，这个班的事情由金满生负责，你们处出一个人，老金点到谁就给谁，不许打折扣”。然后又领我来到教务处，对刘光准处长说了与上面相同的话。

经过几天的考虑及与两位处长交换意见，最终从国际交流合作处挑选了马玉萍，从教务处挑选了王宁军。马玉萍有日语基础，又有外事工作的经验。王宁军与刘光准处长一起从始至终参与了香坂班课程设置的设计，对教务工作非常熟悉，且文笔很好。

根据我校与香坂先生之间签订的协议，由香坂先生选送的学生要单独编班，因此，没有将这些学生编入负责留学生教学的留学生进修部，而是成立了“日本本科留学生办公室”，并任命我为国际交流合作处副处长兼日本本科留学生办公室主任，全面负责日本本科学生的教学及管理工作。

从办公室成立到学生入学，其间只有一周的时间。在这一周时间里要准备宿舍、教室、教师等等。宿舍比较好办，已经在西院7号楼预留了一部分房间。教室就不那么好解决了，经过多方协调，最后在原日研楼解决了两间，在德语楼解决了一间，最后还有一个班的教室没有着落，只好在7号楼4层临时将就。教师更是来自四面八方，有日语系的老师、有留学生进修部的老师、有来自校机关的老师等。

我们的办公室就设在7号楼服务台后面的房间里，那里原来是淋浴间，后来将淋浴间改到了留学生7号楼的后面，办公室从此成为库房。

第一批学生共74人，1992年4月19日在香坂先生的带领下来到了北京。那天下午，王福祥校长亲自率领6辆大轿车到机场迎接，队伍浩浩荡荡。4月24日上午，在西阶梯教室举行了第一届学生的开学典礼，国家教委有关司、处的领导出席了开学典礼。

学生招来了，课也开起来了，问题也随之而来。这些学生年龄偏小，大多数只有18岁，第一次离开父母、离开自己的国家，独立生活、自制能力很差，因此，管理起来异常困难，与以往来进修的留学生无法同日而语。为了接近学生、了解学生，和他们交朋友，最初的几个月，我几乎每天晚上都要到学生宿舍去，找一两个同学聊天、拉家常，经常是十一二点才回家。很快，我熟悉了所有的学生，和学生建立了很好的互信关系。至今，这批学生已经毕业15年了，仍有许多学生与我保持着联系。我记得，1992年10月，我们组织学生家长团来校参观，有40多名学生的家长来校访问，从机场到达饭店后，在餐厅用餐时，家长团的团长突然对我说，请金老师猜一猜谁是哪个学生的家长。然后，团长选了4对夫妇让我猜，我根据长相、表情等很快说出他们孩子的名字，无一差错，家长报以热烈的掌声。团长说，把孩子交给金老师，我们放心。

但是，最困难的还不是学生的管理，而是师资问题。由于我们没有自己的师资队伍，不要说教学质量，就是维持正常的教学都非常困难。为了一个教师的安排，经常要和几个部门反复协调。教师是学校的灵魂，没有了灵魂，学校也就不复存在了。对于这种“魂不附体”的状况，香坂先生也是看在眼里，急在心上。为此，先生专程来华与我校领导协商解决办法。

我校领导经过几次研究，在1992年9月决定成立一个新的教学机构，配备专职教师，负责全校留学生的教学工作。这就是1992年10月宣布成立的国际交流学院。为便于协调各部门的工作，校党委决定由穆大英副校长兼任国际交流学院院长，由我任副院长，李炜任直属党支部书记。教师主要由中文系调配，不足部分由校内相关部门有大学本科中文专业学历的干部中调配及校外调入。来自中文系的教师有：章无忌、赤梅、关博兰、钱增瑶、张习东、吴丽君、田秀芳、张和平、李炜等。由校内各部门先后调入的有：齐白桦、李新、郑杰等。陆续由校外调入及招聘的有：卢燕丽、缪小放、朱传璐、潘素勤、吕军、黎敏、吕滇雯、王薇、何一薇等。为充实办公室的力量，刘蓉于1992年10月调入国际交流学院。

国际交流学院成立后，留学生办公室划归国际交流学院管理，赵立忠、刘晓纯、苗春梅、李建华、王建民也同时调入国际交流学院。由于种种原因，校领导的最初的设想没有完全实现，非学历留学生的教学依然留在了中文学院。

国际交流学院初期的课程设置是严格按照国家教委的指示设计的，除政治课以外，包括英语课、体育课在内都与中国学生相同。除此之外，为了适应学生回国就业的需要，还为学生开设了日本国内大学开设的基础教育课。从日本各大学聘请知名学者来讲学、授课。因此，日本学生的课时大大超过了中国学生。

除课堂教学外，为了培养学生正确的人生观、世界观，正确对待历史，我们组织日本学生参观了“抗日战争纪念馆”、“圆明园”等。有的学生自费去“731纪念馆”、“南京大屠杀纪念馆”参观。其中有一位学生在参观“731纪念馆”之后，写了一篇观后感，刊登在《人民日报》海外版上。

1992年12月，现在被称为“白楼”的西院留学生宿舍楼落成，香坂班的学生全部入住白楼。国际交流学院、中文学院同时迁入旁边的三层小白楼。一两层为国际交流学院的教室、办公室及留学生办公室，三层是中文学院的办公室。教室分布在原日研楼、德语楼、现国商楼一层及小白楼的一层。至此，国际交流学院从软硬件两方面都可以说是初具规模。

国际交流学院并非从此走上了平坦的道路，正如她的诞生一样，她的成长也充满了艰难曲折。从1992年10月成立至1998年底与中文学院合并，再到2007年更名为中文学院，国际交流学院一共存在了16个年头，给我留下了无尽的回忆。

香坂班至今依然存在，但规模已大不如前，最少时一年只招收了 6 名学生。但 20 年来，国际交流学院培养了数百名日本本科留学生。这些毕业生大都工作在与中国有关的工作岗位上，其中不少人在中国已生活多年。

自 1992 年以来，中日关系出现了多次反复，教科书问题、历史认识问题、靖国神社的问题、钓鱼岛的问题等等，证明了香坂先生的先见之明。每当遇到这些问题的时候，国际交流学院的大多数毕业生即使不能完全站在中国一边，至少不会做伤害中国的事情，这从学生们对中国的感情中可见一斑。现在他们把“来中国”叫做“回中国”，每次同学聚会最后都要齐唱“大中国”这首歌。前几年，有个同学在网上发了一个通知，某周六晚 6 点在天安门金水桥集合，竟然有十几名同学从香港、日本、中国国内聚集而来。

中日两国是一衣带水的邻邦，这是无法改变的事实。我们不可能像孟母那样择邻而处，唯一能做的事情就是搞好与日本的睦邻友好关系，成为好邻居。中日两国是合则两利、斗则俱伤的关系。要建立睦邻友好关系，相互理解是不可缺少的，而语言是相互理解的桥梁。创建国际交流学院是香坂顺一先生及北外的领导做的一件功在当代、利在千秋的大好事。

日本汉语教学研究
——香坂顺一先生的汉语教学理念及实践一瞥

续三义

续三义，北京外国语学院亚非语系日语专业毕业，留校任教。先后两次赴日留学，获东京外国语大学文学硕士学位。曾任亚非语系日语教研组副组长，协助筹建日语系；参与筹备建立北京日本学研究中心。先后任讲师、副教授、教授。先后任北京外国语学院院长办公室副主任、主任、院长助理兼总务处长、校长助理、校长助理兼国际交流学院院长、新的国家交流学院党总支书记兼副院长。亦曾任日本大东文化大学客座教授、台湾政治大学客座教授、日本创造学园大学教授，现任东洋大学教授。曾任中外语言文化比较学会副会长、北京市语言学会理事、监事长、中国对外汉语教学学会理事，现为中日对比语言学研究协会理事、日本日中对照语言学会常务理事、日本中国语学会会员、日本中国语教育学会会员。

香坂顺一（こうさかじゅんいち，1915—2003）先生是日本著名的汉语言学家。1938年前往台湾，任台湾高等商业学校助教授。其间前往广州，在岭南大学（现中山大学）留学。在战后日本民主主义运动勃兴之际，开始通过汉语教学推进与中国的友好交流。是战后日本最早编纂现代中国语词典的学者之一。20世纪60年代初，他就应邀前来中国访问。在70年代初，他作为北京大学最早的日本客座教授来到北京。在北京大学长达4年的讲学和研究，使他接触到广大的中国民众，了解了中国的社会，他对汉语的精湛研究又增进了他对博大精深的中国文化的无限憧憬。他在大阪一直主持汉语学习研究会——愚公会，1981年组织实施了“中国语能力检定考试”，为在日本推广汉语立下了汗马功劳。他主持编纂了大量的汉语教材及课外学习书，编纂了《现代中国语词典》（光生馆）等辞书，在大东文化大学组织了《中国语大辞典》（角川出版社）的编撰，历时十数年，终于使这部迄今为止最大的近、现代汉语辞典问世。在他的努力下，1980年他所任教的日本大东文化大学和北京外国语学院签订了交流协定，开启了日本大学与中国大陆大学交流合作的先河，当然这也是“文革”后中国大学与国外大学建立交流关系的先河。1992年，他又与北京外国语学院合作，实现了他的理想——在北京外国语学院设立为培养日本学生学习汉语的专门机构——国际交流学院。在他生命的最后20多年里，他将全力投入了对日本人的汉语教学之中。而他在对日本人的汉语教学中所做的这几件大事，都可以说是开启日本汉语教学先河的壮举。本文试图通过对香坂顺一先生生命最后二十几年中所从事的两件大事——大东文化大学与北京外国语学院缔结交流协定、在北京外国语学院建立国际交流学院——进行简单的回顾，以表达对这位为了日本的汉语教育、为了培养了解中国的日本“贤明子孙”而付出最后心血的前辈的缅怀。

一、大东文化大学与北京外国语学院缔结交流协定

（一）交流协定的签订

早在 1980 年 3 月，中国“文化大革命”结束不久，拨乱反正，改革开放还刚刚起步之际，香坂先生就怀着要与刚刚踏上新征程的中国进行交流的愿望，来到了中国。在医院探望当时任对外友好协会会长的廖承志先生时，他谈了日方希望与中国大学建立友好交流关系的愿望。廖承志先生时任北京外国语学院名誉院长，在他的推荐下，香坂先生开始直接与北京外国语学院[1]进行交涉。通过当时在北京外国语学院日语系任教的上野惠司先生，先与北京外国语学院日语系联系。北京外国语学院邀请香坂先生访华，于 1980 年 5 月 2 日— 4 日就有关问题进行了前期交涉。6 月 2 日— 6 日，香坂先生和大东文化大学外国语学部长吉村五郎先生再次来华，在北京外国语学院举行了进一步详细的会谈。

从 1980 年 6 月 5 日的会谈纪要可以看出，会谈涉及北京外国语学院和大东文化大学其后交流的基本框架。会谈纪要分正文和附件两大部分。正文主要有三项：第一项是有关大东文化大学学生来北京外国语学院进行汉语进修的问题，第二项是有关中年教师进修、学习以及第三项有关青年教师进修、学习的问题。

可以说，第一项是香坂先生培育下一代日本人学习汉语、培养汉语人才的基本构想。在纪要里，约定北京外国语学院自 80 年起的 4 年，每年接纳大东文化大学学生的暑期汉语进修。第一期为 30 人，2 名领队，自 7 月 26 日起至 8 月 23 日，为期 4 周。主要目的为“开展友好交往、进行汉语进修”。

第二项规定从 1981 年 3 月起到 1985 年 3 月，双方互换“热心于中日友好”的中年教师。其中第一条主要是关于大东文化大学教师的进修，要求大东文化大学的教师应具有日语教学的经验，主要担任北外日语专业“教学、科研和师资培

[1] 廖承志先生は「あなたがおった北京大学はまだ安定していないようだ。私が名誉院長をしている北京外国語学院がよかろう。あなた方の意向を伝えておこう」と約束してくださった。(「交流協定の経過報告」香坂順一『北京外国語学院・大東文化大学交流協定十周年記念論文集』p.664）

养”工作，“在完成本职工作的基础上”，北京外国语学院给安排“适当的汉语进修和学习的机会”，并提供图书馆阅览和听课的方便。在当时中国很少接受外国人特别是日本人来华访问进修的时代，香坂先生的这一举措，无疑给大东文化大学的教师提供了一个十分难得的在对象国进修、实地学习的极好机会。

第二项中的第二条是关于安排北京外国语学院教师前往日本进修、学习的问题，其条件与大东方面派遣人员相似。

第三项是有关青年教师的互换问题。由日方派到北外的青年教师主要学习汉语，同时在日语专业教授现代日语，每周 6 课时。同时，北外亦向大东文化大学派遣 2 名青年教师，在大东亦享受对等的待遇。

会谈纪要的附件为“北京外国语学院外国学生暑期汉语进修班简章”，在这里，比较详细地规定了大东文化大学暑期来北外进修的学生的课程和实习、实践的内容。附件规定，“教学的内容主要是实践汉语，提高学生在实践中运用汉语的能力，着重在听和说的方面进行训练”。开设的课程有“口语听力和语言实践课（包括讲座、专题座谈、教学电影、参观名胜古迹、访问工厂和农村等)”，“每周上课 5 天，课堂教学和讲座每周平均 20 学时左右”。在参观旅游方面，“周末学校组织短途旅游，参观北京郊区的长城、十三陵，河北省遵化县的清东陵等地”，以及“汉语进修班结业后，学校组织为时 5 天的外地旅游”等。关于汉语教师的配备，要求“每班配备两名教师，一名专业汉语教师，一名协助教授汉语的日语教师。同时开设专题讲座”。从现在的眼光看，这种暑期进修的课程已经不是什么稀奇的事情，但是，在 1980 年那个时代，一下子接受 30 人、3 个班这样的日本学生，进行为期 4 周的汉语进修学习的情况恐怕还是绝无仅有的。接纳外国大学的学生成批来华在大学中进行如此正规的进修，北外的这一举措，或许也是开创我国对外汉语教学先河的壮举。

在当时的情况下，尽管有廖承志先生的指示，但是北京外国语学院当然不能任意行事，于 1980 年 6 月 24 日就有关问题向教育部作了请示。在此基础上，于 1980 年 6 月 28 日正式向大东文化大学发出邀请，邀请大东文化大学理事长、外国语学部长和香坂顺一先生访华。

在经过以上比较充分的会谈的基础上，1980 年 7 月 11 日，大东文化大学理事长时枝满康先生、外国语学部长吉村五郎先生和中国语学科主任香坂顺一先生一起来华访问，同北京外国语学院签署了《中国北京外国语学院和日本大东文化大学关于开展校际交流的协定》。

在这一交流协定的指引下，北京外国语学院和大东文化大学的交流正式拉开了帷幕。在其后香坂先生担任大东文化大学校长之后更有所加强。从 1980 年暑期第一批 31 名学生[1]来到北外进修、1981 年 4 月大东文化大学中国语学科 1 名中年教师来到北外任教、1 名青年教师及 1 名研究生来到北外进修、同年北外日语专业 2 名教师前往大东进修、任教起，到两校缔结交流协定 20 周年的 2000 年，北外派往大东进修、任教的教师达 40 多名[2]，大东派到北外进修、任教的教师也将近 40 名[3]，大东每年暑期派到北外进修的学生，从开始的每年大约 30 人，发展到最多时曾经达到 100 多人，20 年总数达 932 人[4]。据笔者个人的推断，大东文化大学的中国语学科在上个世纪的 80 年代初，在日本还是很不为人知的一个学科，但是现在，它在日本汉语教学界却是有着举足轻重的地位，甚至说起大东文化大学，人们知道的就是那里的中国语学科。这不能不说与北京外国语大学的交流在其中发挥了巨大的作用。在两校交流协定缔结 20 周年纪念大会上，大东文化大学校长须藤敏昭先生说道："通过与贵校 20 年的交流，我们在教育、科研等方面取得了丰硕的成果。大东文化大学与世界上 30 多所院校缔结有交流协定，但与贵校的交流是最深厚且最广泛的。"[5] 笔者也曾看到大东文化大学每年参加完暑期进修回到日本之后的同学们的感想录，感到他们在中国、在北外期间确实有巨大的收获。这项持续了 20 多年的交流活动，已经实现了并将继续实现着香坂先生最初的理想。

---

[1] 「交流協定の経過報告」香坂順一『北京外国語学院·大東文化大学交流協定十周年記念論文集』p.666。

[2] 「北京外国語大学と大東文化大学交流協定締結 20 周年記念式典におけるあいさつ」金丸邦三《北外·大东交流协定 20 周年纪念论文集》p.14。

[3] 同上。

[4] 同上。

[5] 「北京外国語大学と大東文化大学交流協定締結 20 周年記念式典におけるあいさつ」须藤敏昭《北外·大东交流协定 20 周年纪念论文集》，p.7—8。

（二）香坂顺一先生的理念

对于大东文化大学与北京外国语学院缔结交流协定一事，香坂顺一先生这样说道：

“人们有了财产，就希望子孙或所爱之人来继承。但是，有的财产是子孙或所爱之人无法继承的。一生之中所积累的知识、学问以及与他人之间建立的友情就属于这一类。我的一生几乎所有的部分都是与中国相关，而所幸的是，在我 50 多年的教师生涯中，其间所积蓄的知识或学问，都已经‘生前赠与’众多的学生。还有的通过数册著作，分给了数目不定的其他许多人。但是自己漫长岁月中与特定的人们之间所结下的友谊，‘友情’这种东西，一般是其中一方离开人世之后则会所剩无几，无法让第三者来继承。

“我与中国的交往很长，已经有半个多世纪。……我是在 1976 年秋来到大东文化大学的。当时外国语学部还刚刚成立，可以说还没有在大东获得‘市民权’，所以我首先觉得必须使我所在的中国语学科获得‘市民权’。而且，必须向社会输送更多的作为日本人在不丧失主体性的同时对中国有着丰富的知识和正确的理解的学生。另外，中国语学科有不少年轻优秀的教师，我觉得需要让他们尽快地通过在中国长期逗留的实践，确立自己的研究方向。……

“与北京外国语学院的交流，是在现在这样的中国的大学和研究所向外界门户大开之前实现的，这一协定在日本是与中国大学开展交流的嚆矢。”

二、在北京外国语学院设立国际交流学院

（一）国际交流学院的设立与发展

20 世纪 80 年代后期，中国的对外开放更加深化，日本的发展也更迫切地使人感到对于汉语人才的需求。而从教学管理第一线退下来的香坂顺一先生培

养日中下一代的友好交流人才的理想并没有因为他退下来而结束，反而更加地强烈了。因为他感到，随着中国对外开放，中国大学的对外开放，越来越多的中国大学开始接纳外国留学生，日本留学生也越来越多地涌进中国，但是他在北大担任客座教授时所看到的兢兢业业学习的日本留学生的身影已不复存在，他从内心感到自己的一种责任，希望通过自己的努力来改变日本学生的学习状态和学习姿态。当然要做到这一点，首先要有一个接纳留学生的窗口，然后要有一个培养学生的教学大纲、课程设置和一个良好的管理体制。中日应该合作来进行这项有着十分重要意义的工作，香坂顺一先生看到了这样的前景。

1989 年，香坂顺一先生携带着日本著名人士、日本与中国恢复邦交时的“官房长官”二阶堂进先生的书信，又一次来到北京，希望在中国设置一所专门培养日本学生的教学机构。在有关部门的协调下，这项工作最后还是由已经与大东文化大学建立有交流协定关系，与香坂先生有着多年交往的北京外国语学院来承担。

1990 年 3 月，国家教育委员会对北京外国语学院提出的申请进行了批复，同意北京外国语学院根据香坂顺一先生的提议设立专门培养日本留学生的教学机构。“培养专业暂定汉语和中国文学两个专业。学制为 5 年。课程设置可根据日方需要，适当增加中国政治、经济、文化、法律等中国概况方面的知识内容，讲授专业知识的课时数要与中国学生同专业的学时数基本相当。”在北京外国语学院和香坂顺一先生的具体交涉中，5 年的学制被化解为第一年为预科，其后的 4 年为本科。但是，5 年的学制未能得到日本的高中生和他们家长的共鸣，香坂顺一先生也感到无能为力。

但是，香坂顺一先生做事不怕失败，敢于迎着困难上。尽管 5 年的学制未能得到良好的反应，但是他并未气馁，他相信只要努力，就会有结果。他不断奔走，并利用刚刚成立的“亚洲国际交流奖学财团”的名义与北京外国语学院进一步磋商派遣留学生的事宜。1991 年 11 月，他再一次来到北京外国语学院，重新阐述他的构思和设想。他的热诚也再一次得到了北京外国语学院领导的回应。在 1991 年 11 月 6 日的会谈纪要中，确认了在北京外国语学院设立“国际交流专业（学科）”，“学制 4 年。学生学习期满，考试及格，由北京外国语学院和财团方面按规定颁发毕业证书和学位证明”。对于学习内容，“会谈纪要”明确要求“学生在4年的学习期间应掌握汉语和英语两门外语以及在日本就业所必需的国际交流专业的理论知识和一定的技能”。

在这次会谈的基础上，北京外国语学院再次向国家教委请示，并按照这一基本设想，制定了新的教学大纲和教学计划。

1991年12月23日，香坂顺一先生再次来到北京外国语学院，代表“亚洲国际交流奖学财团”同北京外国语学院正式签署了《交流协议书》。《协议书》中明确表明“北外设置培养日本本科生汉语（国际交流）专业，接受财团招收、派遣的留学生，每年限额为100名，总限额为400名”。并明确要求“财团于1992年4月将在日本招收的50名学生派往北外”。4年的学制和新的教学大纲受到了日本高中生和家长们的欢迎。我们打宽点儿计算，从1991年11月的会谈开始，到1992年4月国际交流学院成立、新学期开始的不到半年的时间里，他在日本竟然招到了76名高中毕业生，而其中一部分学生的素质还是相当不错的。不能不说香坂先生的感召力和他对这件事的热情在其中发挥了巨大作用。

1992年4月以后，尽管一直并没有达到他所期待的每年100名的目标，但是，每年的4月，香坂先生就会率领几十名学生来到北外，最多时曾经达到97名。到2003年第12届学生入学，香坂先生一共为北外输送了700多名学生。其中大约有二分之一的学生圆满完成了学业。尽管在严格的教学、考试、管理制度下有不少学生被淘汰，但是，这几百名毕业生在北京、在中国所学的知识和经受的熏陶，都使他们现在在各个方面努力发挥着自己的“贤明子孙”的作用。

1998年，北京外国语大学的国际交流学院经过与中文学院的合并，成了并非专一培养香坂先生所派留学生的机构。日本向国际交流学院派遣留学生的团体也有所增加，并不限于香坂先生的“国际交流事业团”一家。而在2000年下半年，该“国际交流事业团”内部发生了“政变”，先是代行香坂先生职责的“国际交流学院代理院长”波多野宏一先生被迫辞去代理职务，后是香坂先生自己也被迫辞去“国际交流学院院长”的职务。香坂先生几乎面临山穷水尽的境地。经过后来家长后援会的努力，北京外国语大学也确认香坂先生在汉语教学、留学生教育中所作的贡献，支持了家长后援会为维护香坂先生名誉所作的努力。北京外国语大学国际交流学院中的香坂班保留了下来，如今也有 4 个年级计 120 多名的学生在这里进行着学习。

（二）国际交流学院的课程设置

国际交流学院[1] 的课程设置也经过双方的协商，达成了共识。作为对外汉语教学的机构，这里的课程设置，当时在中国可以说是独一无二的，即使在现在恐怕也还是独一无二的。这就是它的课程设置不光有中方教师担任的课程，而且有日方派遣教师根据日方提出、中方认可的内容来进行教授的课程。

在这里，笔者只想强调香坂顺一先生所强调的几门课程。由于国际交流学院属于中日合作项目，课程中，除了大部分是由北外来开设以外，有一部分课程是由日方派遣的教师来开设的。香坂先生坚持在课程中一定要有日中交流史、日中关系论、日本文化史等。在他的脑海里，日本的文化是与中国的文化一脉相通的，日本和中国有着近两千年友好交流的历史。但是在日本的学校教育中，日中之间交流的历史不少被歪曲，特别是对于近代史中日本对华发动的侵略，有不少学生直到来中国留学之后才知道真相。所以，香坂顺一先生要求在教学大纲中一定要为学生设立这些课程。例如他邀请日本早稻田大学的依田熹家先生来担任有关科目，依田先生是进步的史学家，跟中国的关系十分友好，也是北大、复旦等大学的客座、顾问教授，能够正确地对学生展开有效的教学。在开设有关历史课程的同时，香坂先生要求新入学的学生一定要先去卢沟桥，参观抗日战争纪念馆。在这样课程的学习中，学生们的思想意识有了很大的转变，暑假期间自己去参观南京大屠杀纪念馆，回到北京后写成文章在演讲比赛中获得很高评价的学生就是一例。在第一届学生的毕业典礼上，他们集体高唱《我们的

---

[1] 由于本文主要论述与香坂先生合办的“国际交流学院”，因此如未特殊标明，“国际交流学院”都是指合并之前的北京外国语学院（大学）的国际交流学院，当然也可以指现在的北京外国语大学国际交流学院中的“香坂班”。

大中国》，并说这是他们的班歌，他们要永远唱下去，这一点也可以说明问题。

（三）香坂顺一先生的拳拳之心

为了将送到北外的学生们培养成材，香坂顺一先生倾注了大量的心血。每年春天的新生入学，他都亲自带队来。为了让家长们也参加对学生的管理，打破日本式的家长不问不管的模式，每年秋季都组织家长参观团来北京参观访问，加强家长与学生的交流。而在他身体还健康的时候，每次家长团访华时，他也都随团同行。他积极支持学生们的各种活动，对学生们的棒球、足球、篮球、橄榄球等体育活动小组予以大力支持。在国际交流学院的排球队获得北京外国语大学院系联赛冠军时，他还特意宴请学生们，为他们鼓励打气。他专门为学生开办讲座，传授学习、研究的方法。对于学生忽视英语学习的情况，他多次跟学生讲，让他们在学好汉语的同时一定要学好英语，将来成为一个有多种语言才能的国际人。

1994 年学生家长后援会创办了一个小刊物《后援会 NEWS》，香坂先生在许多期上都撰写文章，为学生们传道授业解惑，直至身体虚弱到无法再执笔之时。这些文章展现了他的教育思想，我们不妨来浏览一下。

在第 1 期（无印刷日期，约在 1994 年 9 月以后）上，有香坂顺一先生在“后援会”成立大会上的致辞，其中谈到学校、招收派遣单位[1]和家长三者之间应该加强联系、交流信息、进行沟通，随时掌握学生的信息，配合学校加强对学生的管理。在第 2 期（1995 年 4 月 1 日）上，他以“不要怨天尤人”为题，批评了一部分不求上进而把未能学好的理由归结为环境或者他人的学生，要学生们正确对待自己，努力学好。在第 3 期（无印刷日期，约在 1995 年 7 月）上，他通过《论语》中子贡与孔子的对话，要求学生努力学习，使自己这块“璞玉”成长为一块美玉，以可以“待价而沽”。在第 4 期（无印刷日期，约在 1995 年 12 月）上，针对当时在北京外国语大学周边地区一度出现的贩毒吸毒的现象，他通过晏子使楚

---

[1] 这时，香坂顺一先生的招收派遣单位还使用的是“国际交流学院”的名字，为与北京外国语大学国际交流学院相区别，这里用“招收派遣单位”来指代。

时对橘枳的比喻，告诫留学生不要沾染不良的风气。在第5期（无印刷日期，约在1996年4月）上，他以《防微杜渐》为题，在讲述了中国人有关四季的冷暖转换、季节交替的思想，阐述了学习需要逐渐积累之后，再一次对学生中的不良风气进行了针砭。第9、10两期（1996年11月、1997年1月）上，编者以采访香坂顺一先生的方式，用“香坂院长畅谈！”为题，较全面地展示了香坂顺一先生的世界观以及教学理念。在这篇畅谈中，香坂顺一先生首先回顾了他和郭沫若先生的交往。早在1963年，他就应郭沫若先生的邀请来中国访问。1970年，他再一次应郭老的邀请，来到北京大学，成为北大第一个外籍客座教授。他谈到，有一次见到周恩来总理时，周总理对当时在北京大学学习的日本留学生很欣赏，认为“日本人总之很认真，认为工作是理所当然的事。另一个十分出色的地方就是日本人追求纯粹的东西”，总是“设定一个自己要追求的目标，而且总是选择最高的目标。日本人热心地追求文化的、知识的、技术的最高峰，因此，日本决不会永远只做美国的附属国”。香坂顺一先生说，他从中悟到了周总理对他的期待，需要在日本培养出更多的优秀人才。香坂顺一先生1976年到了大东文化大学。中国改革开放后，来中国留学的日本人与日俱增，其中，虽然也不乏优秀的留学生，但确有相当可观的以游山玩水为正业的差劲的学生。香坂顺一先生认为这首先是派遣公司不负责任的表现。但是，他到那些派遣公司去抗议的时候，那些公司却告诉他说那是个人的素质问题，他们无能为力。他阐述了中国人对待外国人的教育态度，同时再次强调了派遣单位和学校、家长们一起协调的重要性。在这里他引用了一个中国成语“后生可畏”告诫学生们要“一代更比一代强”。他认为，他就是要培养这样的下一代。在这里，他还谈到学生的英语学习问题、文体社团活动的问题。在第9期上，他还以“自甘落后者，请走人！”为题，对于部分落伍者，希望他们的家长要客观地看待这个问题。这一时期，对于学习较落后者，北外和派遣方虽然都作了一定的“补课”，但是仍有部分家长提出一些不合理的要求。香坂顺一先生认为，确实跟不上者，就应该坚决地“走人”，那样对学校、对学生个人都有利。在第11期（1997年4月）上，他以“把他们放置在潮流之中”为题，通过辩证地阐述，认为日本人动不动就“失望”，而中国人会在失望中找出“有望”

的转机，鼓励学生们正确处理好自己的挫折。在这一期中，香坂先生还谈了自己的学习方法。诸如他问学生们，中国的收费停车场和免费停车场怎么说，学生们说不知道，中国有这种地方吗？他说学校旁边不就是嘛。再问，那么收费怎么说，免费怎么说，学生们也说不知道，没使用过这些词语。香坂顺一先生告诉学生们，虽然现在的生活中不会用到，但是将来的生活中一定会用得到的。到一个公司工作，开车上下班，或是为领导开车，每到一地，总得先找好停车场吧。生活在中国，就要做到见汉字眼红，要把汉字视为眼中钉，见一个就记住一个，消灭一个，只有这样才能学好汉语。在第 13 期（1997 年 10 月）上，他以“孟母三迁”的道理，要求学生的家长们，要对孩子的教育负起责任来。应该多打打电话，了解了解学生的情况，不能交给学校、交给派遣机构就万事大吉。在第 15 期（1998 年 5 月）上，登载有他在国际交流学院第 3 届学生毕业典礼上的致辞。他引用《论语·子路》中的“无欲速，无见小利。欲速则不达，见小利则大事不成”，以此来勉励学生们不要只顾眼前的蝇头小利，要有长远的眼光，远大的目标。

结语

在 1997 年 3 月 12 日举行的国际交流学院第二届毕业典礼上，香坂先生在致辞中，引用了“后生可畏”的成语，在为毕业生们祝福的同时，鼓励学生们要继续努力，超过老一辈人，在各方面作出更大的贡献。这时，他介绍了中日两国之间在邦交正常化过程中围绕钓鱼岛问题谈判时邓小平同志的谈话[1]，这

[1] 在中华人民共和国外交部驻香港特别行政区特派员公署网 http：//www.fmcoprc.gov.hk/ 上的文章《搁置争议，共同开发》（2000 年 11 月 7 日）中对于这段插曲是这样描述的：1978 年 10 月 25 日，邓小平同志作为国务院副总理访日，在同日本首相福田赳夫的会谈中，邓小平同志强调双方在钓鱼岛问题上要以大局为重，并在之后举行的记者招待会上高瞻远瞩地指出，实现邦交正常化时，双方约定不涉及这个问题，谈中日和平友好条约时，我们双方也约定不涉及。我们认为，谈不拢，避开比较明智，这样的问题放一下不要紧。我们这一代人智慧不够，我们下一代人总比我们聪明，总会找到一个大家都能接受的好办法来解决这个问题。

样说道，“谈判进行了多次，没有找到妥协点。这时，邓小平先生说，‘把（钓鱼岛）归属问题留给将来中日两国的贤明子孙去解决吧’，问题就这样解决了。将来中日两国的贤明子孙正是你们。中国这边已经采取了措施，在努力培养‘贤明子孙’，但是日本这方面做得还很不够。我一直希望把你们培养成为一个个‘贤明子孙’。衷心地希望你们能够在日中两国之间的各个领域，圆满完成作为一个‘贤明子孙’所应该完成的任务”。

谨以这篇小文，献给终生为培养日中两国“贤明子孙”而努力的香坂顺一先生。

蛇足

关于香坂顺一先生与北外合作，在北外设立“国际交流学院”的过程，我作为曾经的当事人之一，至今仍清楚地记得：

正是 1991 年，香坂先生因为国家教委批准的 5 年制课程在日本未能招到学生，再次到北外来寻求进一步协商的余地的时候，我由日语系调到北外学院办公室，任院办副主任并主持院办工作。在这种情况下，北外与香坂顺一先生的联系和香坂先生来华时与北外交涉的窗口也就基本上由我担当。

香坂顺一先生多次偕同河上升之助先生以及小松女士来北外，当时的学院党委书记曹小先，特别是院长王福祥对香坂先生的设想予以充分的肯定，给予了极大的支持。有关协议基本由外事处许震民处长和我商量起草，日语文本由我翻译。具体的教学大纲与课程设置则由教务处刘光准处长和我等研究修订，最后由王福祥院长等过目决定。曹小先书记和王福祥院长直接出面与国家教委外事司等有关部门交涉，最后得到教委的同意，香坂先生的设想才终于有了实现的前提。

为了具体落实国际交流学院的成立工作，北外专门从日语系抽调金满生出来，任命金满生为外事处副处长，主要负责国际交流学院的筹备工作。1992 年，国际交流学院正式成立时，北外任命穆大英副院长兼任国际交流学院院长，金满生任副院长主持国际交流学院的工作，同时，中文系主任杨天戈亦兼任国际交流学院副院长（关于这一点或可商榷）。由于实际的工作是由金满生主持，到1994年，北外任命金满生为国际交流学院院长，李炜任直属党支部书记兼副院长，从此国际交流学院开始正式独立运作。

1996年，我接替金满生任国际交流学院院长，缪小放任直属党支部书记兼副院长。1998年，国际交流学院与中文学院合并成立新的国际交流学院，程裕祯任院长，我任总支书记兼副院长，主管留学生教学工作，缪小放、张西平、张晓慧任副院长。

到2000年，香坂先生在“国际交流事业团”中的地位出现危机，来北外寻求帮助时，当时的党委书记兼校长陈乃芳认为北外应该“饮水不忘掘井人”，表示支持香坂先生在与北外交流上的立场。程裕祯院长与国际交流合作处陈杭柱处长等参加接见。具体的交涉工作由我出面跟日本“国际交流事业团”上野惠司理事长进行。经过多次交涉，也出于对在校生教育的大局，日本“国际交流事业团”最终也默认了香坂先生继续对在北外学习的留学生们的教育和管理。

本文原载《世界汉语教育史研究——第一届世界汉语教育史国际学术研讨会论文集》澳门理工大学（2005年7月）。
“蛇足”部分补写于2011年4月。

两院合并是北外中文教育发展的关键阶段

程裕祯

程裕祯，男，山西省太谷县人。中共党员，教授，享受国务院特殊津贴。1958年入北京大学中文系学习，1963年毕业后被教育部选为“出国储备汉语师资”，入北京外国语学院（今北京外国语大学）学习法语。1967年2月被派往老挝教授汉语，1993年至1995年赴意大利那不勒斯东方大学任教。曾任北京大学党委办公室秘书、国务院科教组外事组负责人及教育部外事局负责人兼办公室主任，北京外国语大学中文学院、国际交流学院院长、名誉院长，兼任北京外国语大学海外汉学研究中心和国际汉语教学信息中心主任。教育部对外汉语教师资格考试专家小组和对外汉语教学学术研究咨询小组成员，世界汉语教学学会理事和中国对外汉语教学学会常务理事。学术专长为中国语言文化，主编《中国学术通览》、《新中国对外汉语教学发展史》，著有《中国文化要略》。

我校的中文教育，自20世纪80年代之后有了骄人的发展。目前的中文学院已成为仅次于英语学院的第二大教学单位。在编教职员达74人，中外学生共1397名，教育层次涵盖了短期培训、本科教育、硕士教育和博士生培养，形成了比较完整的中文教育体系。这一发展变化，几乎与国家的改革开放及快速发展同步，也与学校的发展变化同步。

自我调入的20世纪80年代初，北外的中文教育依旧停留在公共课层面，教学机构只是一个“汉语教研室”，室主任为林丰年，在编教师有10余人，承担的主要课程为“现代文选”、“古代文选”、“写作”等，同时为全校学生开设中文选修课与讲座。恰在此时，为了适应改革开放的要求，我校与日本大东文化大学签订了合作意向，开办“暑期汉语进修班”，接受由该校派遣的短期汉语进修生，为此，学校从“汉语教研室”抽调了几名教师，专门成立了“外国留学生汉语进修部”负责此项教学，由殷桐生担任主任。1984年两个机构合并成立了系一级的“汉语部”，同时负责全校的汉语公共课和留学生的汉语进修课。

对我校的中文教育来说，1985年是值得永远纪念的一年。这一年，我校中文教育发生了质的变化，正式招收高中毕业生，实施本科教育，这是由公共中文教育向专业中文教育的历史性转变。我校中文教育由此迈向新的发展阶段。鉴于对外汉语教学有了很大的发展，急需培养合格的对外汉语教学人才，教育部遂批准我校与北京语言学院（今北京语言大学）、华东师范大学、上海外国语学院（上海外国语大学）四所大学设立四年制的“对外汉语专业”，招收高中毕业的学生进行系统培养，“汉语部”由此更名为“中文系”。

1992年，经国家教委批准，我校与日本汉学家香坂顺一先生领导的国际交流协会合作，开办日本留学生的中文本科教育，为此成立了独立运作的“国际交流学院”，院长最初由副校长穆大英兼任。两年之后，原来的“中文系”更名为“中文学院”，负责除了日本本科生的汉语教学之外，其他留学生的汉语教学、对外汉语专业的本科教学和全校外语专业的汉语公共课教学。这就形成了这样一个局面：全校有两个单位同时进行对外汉语教学。不同的只是，一个负责对外汉语的本科教学，一个负责对外汉语的短期教学（后来也有本科教学），两边各自运行，少有沟通与协调。我当时的编制在中文学院，从1985年开始，一直开设面向全校的选修课“中国文化概况”，直到1993年底奉派往意大利那不勒斯东方大学任教。

在意大利任教两年期满，1995年底我回到学校，随即接替杨天戈教授出任中文学院院长。作为大学毕业以来一直从事对外汉语教学的教师，对这个专业的发展怀有特殊的敏感，认为在一个学校设置两个对外汉语教学单位不利于这个专业的正常发展。对外汉语是一门新兴的学科，从新中国成立算起，不过50年的历史，而且一直被视为汉语教学的“小儿科”，难有正常发展；它被正式确立为一门学科，仅只10年时间，无论学科理论、课程体系，还是教材编写、人才培养都有很长的路要走，有很多课题要研究。因此，它需要尽可能集聚本学科的专业人员，凝聚他们的智慧，发挥他们的专长，协调整体的力量，以推动它向更为成熟的学科发展。本着这一出发点，我希望能进行必要的院系调整与学科整合，将两院合并，统一运行。

1997年2月，陈乃芳教授出任校长，我提出了相关建议，陈校长有比较积极的反应。随后不久，我在调研的基础上正式向校领导提出书面报告，建议两院合并，把对外国留学生的汉语教学做大做强，同时全面加强学科建设，努力使我校的对外汉语教学走在全国的前列。为了慎重起见，陈校长从多方面了解情况，听取意见，她首先出面召集两院的领导班子面谈，同时，她还利用参加相关会议的机会，征求国家汉办领导对我校两院合并的看法。校领导经过审慎研究，作出最终决定，两院实行合并。至于合并的院名，曾经有过多种方案，比如，延续“中文学院”，采用“汉学院”、“中国语言文化学院”等等，以上名称，都可与教学与科研名实相符，但考虑到原国际交流学院的合作方是挂有“日本国际交流协会”的名称，而且以“北京外国语大学国际交流学院”的牌子在日本全境招生，为了不影响与日方的合作，继续保持稳定的生源，合并后的新院仍称“国际交流学院”，院长由我担任，前国际交流学院院长续三义任总支书记兼副院长，原两院的副院长鲁宝元、缪小放仍担任新国际交流学院副院长。1998 年 11 月 8 日，学校举行会议，宣布两院正式合并，即日开始运作。这时恰逢为国际交流学院新建的教学大楼交付使用，于是新组建的国际交流学院迁入新楼开始各项工作，无论硬件和软件，都得到大大改善与提高。新组建的国际交流学院，按照教学类别分设：学历部，负责外国留学生汉语本科的学历教育；进修部，负责外国留学生的短期汉语进修；中文部，负责中国学生对外汉语专业本科和全校外语专业中国学生的汉语公共课教学。至此，我校的中文教育由此翻开了新的一页，进入了新的发展阶段。

作为一个教学科研单位，单有教学设计与安排是远远不够的，必须有足够的科研设计与安排才能提升整体教学水平和教师业务水平。对外汉语教学作为一门新兴的学科，大力开展科研更是必须之举。结合我在意大利任教期间的感受与实地调研，深感对外汉语教学要向国际拓展，应当借助国外汉学家的力量，但是，直到 20 世纪 90 年代前半期，国内对海外汉学状况及汉学家的了解还十分有限，对他们的研究就更加落后，因此，在两院合并前的 1996 年，经校领导批准，原中文学院成立了“海外汉学研究中心”，旨在研究中国文化（含汉语言）在世界各地传播的历史与现状，自然就包括了国外汉学家的各项研究成果。为了使这个学术机构的工作卓有成效，从成立之初就确定它要有一定的、逐步发展的人员编制和运作经费，而不能只是一个空架子。之后，随着人员的充实，将任继愈先生主编的《国际汉学》由国家图书馆移到汉学中心，成为这个中心的主办刊物。两院合并之后，我们又着手成立了“国际汉语教学信息中心”，并编辑出版《国外汉语教学动态》内部刊（现已改为《国际汉语教学动态与研究》），其任务是努力采集国外汉语教学的相关信息，其目的，不但为我们自己的对外汉语教学设计与科研提供必要的参考，也为整个对外汉语教学学科的发展以及国家制定相关政策提供有益的资讯。这两个机构，科研说是我们与国际沟通的桥梁。在我看来，一个以对外汉语教学为主要任务的学院，附设这样两个研究机构，可以称作“一体两翼”，它足以支持这个学科向更为成熟和高级的阶段发展。

自1998年两院合并，到目前为止已经运作了13个年头，院名又恢复到“中国语言文学学院”（中文学院），中文教育达到70年来最辉煌的阶段，发展还有相当的空间。虽然，海外汉学研究中心已经单独建置，并改名为“中国海外汉学研究中心”，也不能改变这一事实。恰恰相反，它说明，中文教育在我校具备了相当的阵势，发挥着应有的作用，它必将为学校的整体发展战略作出应有的贡献。

发挥外语类院校中文学科优势，积极参与汉语国际推广

张晓慧

张晓慧，女，中共党员，副教授。现任北京外国语大学孔子学院工作处处长，汉语国际推广多语种基地项目管理中心执行主任。1980年就读北京师范大学中文系，1984年开始，在北京外国语大学从事对外汉语教学工作至今，1987年在职攻读应用语言学硕士研究生课程，1993年赴韩国任教，1995年至2008年，先后担任中文学院直属支部书记兼副院长，欧盟青年经理培训项目负责人，国际交流学院（中国语言文学学院前身）副院长、院长，中国语言文学学院总支部书记。研究方向为专门用途汉语教学研究、汉语第二语言教学理论与实践研究、国际汉语教育人才培养模式研究、汉语国际推广研究。

我校是国内历史最长、语种最多的外国语大学，目前已开设了 49 个语种专业，在过去的 69 年中，我校依托多语言优势，承担着“把世界介绍给中国”的历史使命，为国家培养了一批批优秀的外语人才，其中包括新中国第一代国家公派汉语师资。改革开放以后，我校抓住时机，积极发展对外汉语教学，并在 1985 年与其他三所院校一起，在全国率先设立对外汉语本科专业，有意识地培养对外汉语教学专业人才。

随着中国经济的快速发展，中外交流与合作空前繁荣，中国在国际舞台上扮演着越来越重要的角色。中国对世界各国产生着越来越大的吸引力，更多的外国人希望了解中国，感受中国，在世界各地都出现了不同程度的汉语和中国文化热。这为推广汉语和传播中国文化提供了一个良好的时机。2006 年，国家作出了加快汉语国际推广、开设海外孔子学院的决策。

我校较早地意识到在新的形势和机遇面前，必须开阔视野，转变观念，打开思路，依托外语院校的优势，争取在汉语国际推广中承担更多的工作和任务。为此，我校在“十一五”规划中将“把中国介绍给世界”作为自己新的历史使命，通过承办海外孔子学院，打造海内外两个“北外”。

在国家汉办的大力支持下，我校先后承办了 17 所海外孔子学院 / 孔子课堂。其中有 10 所是我校同有良好合作关系的海外高校联合申请，其余为国家汉办或当地使馆帮助促成。有 12 所位于所在国首都或州首府，外方合作高校均为各国知名高校。2007 年，我校设立了汉语国际教育专业硕士点，2008 年我校获批建立了国家汉语国际推广多语种基地。在这一发展过程中中文学院发挥了重要的作用。

一、主动出击，积极配合学校开展孔子学院建设

早在 2003 年，设在国际交流学院（中文学院的前身）的海外汉学研究中心就由张西平教授主持承担了国家汉办的调研项目，即“世界主要语言推广情

况调查”、“多语种第二语言教学师资情况调查”和“各国语言文化传播奖项调查”，为孔子学院建设、师资培训等项工作进行了重要的、有成效的前期调研工作。2005年，在张西平教授的建议下，我校通过校际交流关系，主动与意大利罗马大学达成了合作建设孔子学院的意向，并联合向国家汉办提出申请，这是当时唯一以校际交流为基础达成合作建设孔子学院意向的案例。事实证明，这种模式是成功的。

2006年，我校成立了汉语国际推广领导小组，办公室设在国际交流学院，由时任学院院长的张晓慧兼任办公室主任，具体组织实施孔子学院的申请和建设工作。学院教师积极参与孔子学院建设工作，到目前为止已有30人先后到各孔子学院担任中方院长和汉语教师，有52名学生担任志愿者，他们为孔子学院的建设与发展作出了积极的贡献。我院选派到意大利罗马大学孔子学院的梁冬梅、李立、吕小蓬和朱勇等4位中方院长与外方密切配合、共同努力，使这所孔子学院已连续三次获得全球优秀孔子学院奖，成为欧洲孔子学院中一个响亮的品牌。担任比利时布鲁塞尔孔子学院和列日孔子学院第一任中方院长的吕才和张丹老师克服了重重困难，与当地政府和重要机构合作开展文化活动，提升孔子学院的影响力。丁安琪和张学增老师在担任德国纽伦堡—爱尔兰根孔子学院中方院长期间，努力设计各种类型的汉语课程，开展富有特色的文化活动，与当地社区建立密切联系，积极开展师资培训，为孔子学院的健康发展奠定了坚实的基础。担任德国杜塞尔多夫孔子学院中方院长的李雪涛老师与外方保持密切配合，积极利用当地文化资源开展活动，注重文化活动的内容与形式贴近当地人们的接受习惯，克服困难，努力加强孔子学院的制度建设，使各项工作不断规范化。王继红老师在担任中方院长期间，积极主动策划开发各类项目，配合外方院长开展了丰富多彩的语言文化活动和学术活动，注重志愿者思想和业务的双重培养，使志愿者的综合素质得到提升。来静青老师在做中方院长期间，家里老人生病需要照顾，但她没有请假回国，一直坚持工作，直到父亲病危，才不得不回国探望，她的敬业精神令人感动。现任匈牙利罗兰大学孔子学院中方院长的蒋文燕上任不到一年就与外方院长合作，编写并出版了匈牙利第一部本土汉语教材《匈牙利汉语课本》，为汉语教学的本土化作出了突出的贡献，她还与外方院长一起成功地承办了 2011 年部分欧洲孔子学院工作座谈会，会议规模达 200 余人，受到国家汉办领导的充分肯定。此外，朱传路、吴思娜、李明等汉语教师，积极配合中外方院长工作，认真开展汉语教学，主动参与师资培训，为提高孔子学院的教学质量发挥了重要作用。

2007 年 5 月，我校在国内高校中率先成立了孔子学院专门管理机构孔子学院工作处，由学院党总支书记张晓慧兼任处长，办公室外事秘书龚婧调到工作处工作。2009 年 6 月，我校获国家汉办批准设立汉语国际推广多语种基地，学院副院长丁安琪兼任基地项目管理中心副主任，主管师资培训项目。可以说，在我校参与汉语国际推广的队伍中中文学院占有最大的比例，中文学院的老师们为汉语国际推广事业作出了突出的贡献。

中方院长派出情况统计表

序号	姓名	派往国家	派往孔院名称	任职时间
1	丁安琪	德国	纽伦堡—埃尔兰根孔子学院	2006 年 5 月—2007 年 7 月
2	张学增			2007 年 6 月—2008 年 4 月
3	李雪涛		杜塞尔多夫孔子学院	2006 年 11 月—2007 年 11 月
4	来静青		慕尼黑孔子课堂	2009 年 12 月—2010 年 9 月
5	方　杰			2011 年 3 月—2012 年 3 月
6	吕　才	比利时	布鲁塞尔孔子学院	2006 年 7 月—2008 年 7 月
7	张　丹		列日孔子学院	2007 年 4 月—2009 年 9 月
8	梁冬梅	意大利	罗马大学孔子学院	2006 年 9 月—2007 年 8 月
9	李　立			2008 年 4 月—2009 年 4 月
10	吕小蓬			2009 年 4 月—2010 年 3 月
11	朱　勇			2010 年 9 月—2011 年 9 月
12	蒋文燕	匈牙利	罗兰大学孔子学院	2010 年 9 月—2012 年 9 月
13	王继红	韩国	韩国外国语大学孔子学院	2010 年 4 月—2012 年 4 月
14	潘素勤	阿联酋	扎伊德大学孔子学院	2011 年 5 月—2013 年 5 月

汉语教师派出情况统计表

序号	姓名	派往国家	派往孔院名称	任职时间
1	张学增	德国	纽伦堡—埃尔兰根孔子学院	2007 年 6 月—2008 年 4 月
2	戴国华	奥地利	维也纳大学孔子学院	2008 年 4 月—2009 年 8 月
3	张习东	意大利	罗马大学孔子学院	2007 年 4 月—2009 年 6 月
4	耿　玲			2009 年 9 月—2011 年 6 月
5	王　睿			2010 年 9 月—2011 年 9 月
6	朱传路	美国	夏威夷大学孔子学院	2006 年 11 月—2008 年 1 月
7	贺　军			2009 年 4 月—2010 年 3 月
8	舒　宁			2010 年 9 月—2011 年 9 月
9	李　明	德国	杜塞尔多夫孔子学院	2007 年 7 月—2008 年 6 月
10	杨　春			2008 年 7 月—2009 年 6 月
11	韩振华			2009 年 11 月—2010 年 8 月
12	吕　军			2011 年 3 月—2012 年 3 月
13	吴思娜	匈牙利	罗兰大学孔子学院	2008 年 4 月—2009 年 7 月
14	王洪男			2010 年 9 月—2012 年 9 月
15	罗燕琳	马来西亚	马来亚大学孔子汉语学院	2010 年 4 月—2011 年 3 月
16	田秀芳	韩国	韩国外国语大学孔子学院	2010 年 4 月—2011 年 9 月

二、创新机制，努力培养高层次、应用型国际汉语教育人才

我校的孔子学院大多建在非英语国家，由于语言的限制，很难选派合格的汉语教师。缺乏通晓非英语语种汉语教师成为在这些国家推广汉语的一大瓶颈。学院从 2005 年就开始策划通晓非英语语种汉语教师的培养方案，2006 年即在语言学及应用语言学专业开设了国际汉语教育专业硕业，招收具有多语种本科背景的学生攻读这个专业方向。2007 年，教育部新建汉语国际教育专业硕士学位，规模培养国际汉语教育人才，我校申请获批首批试点学校。为加强专业硕

士点建设，成立了学院和学校两级委员会，学院由副院长罗小东负责，还设专人负责学生的管理工作。为了给学生创造海外实习的机会，孔子学院工作处积极与汉办联系，争取志愿者名额，推荐专业硕士研究生赴各孔子学院参与汉语教学工作。研究生们在孔子学院不仅可以亲自教授汉语，还可以参与各类文化活动、学术活动，综合素质得到提高。研究生们对海外实践中遇到的问题进行反思，逐渐确定学位论文的选题，使海外实习和论文写作得到有机结合。

为使更多非英语语种专业的毕业生能够报考汉语国际教育专业硕士，孔子学院工作处还多次为亚非学院和欧洲语言文化学院的学生作讲座，介绍海外汉语教学的需求和汉语国际推广的相关情况，鼓励非英语语种专业的学生报考汉语国际教育专业硕士，并在全校范围内为本科学生开设与国际汉语教育相关的基础课程，帮助学生了解这个专业，喜欢这个专业，最终报考这个专业。校研究生部也扩大保送名额，使一些优秀的非英语语种专业毕业生顺利地进入中文学院学习专业硕士。在修完基础课程后，再到相关国家进行教学实习。5 年来，中文学院已招收 50 余名非英语语种专业学生，大部分都有机会赴相关国家实习，为汉语国际推广事业培养了一大批合格的人才，而学院的专业硕士学位点的建设也有了长足的进展。

三、积极探索，通过各种途径培养本土汉语教师

开展各种类型的师资培训项目是汉语国际推广多语种基地的主要任务之一。基地和学院合作探索通过“请进来”和“走出去”等途径开展本土教师培训。几年来，基地承担国家汉办的各类师资培训项目十余个。中文学院在这些培训项目中充当了重要角色。2009 年，丁安琪、陈小明、李明、何一薇、吴思娜、刘芳芳作为专家参与中方院长岗前培训，为学员们分析教学案例，讲授教学方法，指导学员编写教案和试讲。形式活泼，内容实用，受到学员的好评。到目前为止，学院承担或参与的培训项目包括“葡萄牙本土教师培训项目”、“德国

本土教师培训项目”、“韩国本土教师培训项目”、“海外中小学汉语教师培训项目”、“国家公派教师岗中培训项目”、“海外本土教师汉语教材培训项目”、“汉语教师非英语语种培训项目”等等。为使更多的本土教师获得培训机会，学院还承担了基地的赴海外开展短期师资培训的项目，分别组织了三个专家组，由魏崇新、吴丽君等院领导亲自带队，赴韩国外国语大学孔子学院、意大利罗马孔子学院和德国纽伦堡孔子学院、杜塞尔多夫孔子学院以及慕尼黑孔子课堂开展师资培训。开设了汉语要素教学、技能训练、学习者汉语习得特点以及中华传统文化等系列讲座，共有230余位本土汉语教师参加培训，收到了良好的效果，受到当地汉语教师的欢迎。

为配合做好师资培训工作，2010年4月，中文学院与汉语国际推广多语种基地联合举办了全国首届非英语国家汉语师资培养研讨会，来自全国各地高校的60多位专家学者出席了此次会议。会议除了对非英语国家汉语师资培养进行研讨外，还组织了专家论坛，就汉语师资培养中的实习问题和汉语国际教育专业硕士的课程设置问题展开了讨论。参会者普遍反映此次研讨会“论文角度新颖，分析深入，敢于直面国际汉语教师培养中存在的问题，令人耳目一新，受益匪浅”。此外，学院还积极承担基地与师资培训相关的科研项目，为构建面向非英语国家的多媒体网络汉语师资培训平台开展相关的准备工作。

过去的5年，是中文学院把握机会，发挥优势，积极参与汉语国际推广的5年，学院为中国语言文化走向世界作出了贡献，自身的学科建设和队伍建设也得到提升。

海外汉学研究中心与中文学院[1]

张西平

张西平，男，汉族，河南温县人，中共党员，教授，博士生导师。曾任北京外国语大学亚非学院院长，兼中文学院副院长，现任北京外国语大学中国海外汉学研究中心主任。还担任中国社会科学院基督教研究中心副主任，世界汉语教育史国际研究会会长，中国中外关系史学会副会长，中国宗教学会和中国比较文学学会理事，《国际汉学》、《国外汉语教学动态与研究》主编，享受国务院特殊津贴。1994至1996年，在德国《华裔学志》研究所做访问学者，2001至2006年，曾先后在德国、法国、意大利做学术访问。目前主要从事明清中西文化交流史、中国基督教史、西方汉学史、世界汉语教育史、汉语国际传播战略等方面的研究。代表作：《历史哲学的重建》、《中国和欧洲宗教与哲学交流史》、《西方早期对汉语学习调查》等。在国内外学术刊物上发表论文50余篇。

[1] 本文是作者主编的《在世界展现中国文化》学术论文集的序言，这里略作修改。

2011年是北京外国语大学建校70周年，也是北京外国语大学中国海外汉学研究中心成立15周年，我作为这个研究所的创始人，理应在这样的日子对海外汉学研究中心的历史作一简要的回顾，对15年来学校对我们的支持、学术界对我们的关心表达我们的谢意，对中文学院长期来以对海外汉学研究中心的关心支持表示感谢。

一

1996年我从德国访学回国后在国家图书馆的参考研究部社科咨询室工作，此时的国家图书馆正面临着一个重大的转变，往日那种对学术重视的氛围已经渐渐淡化，而对经济指标的追求却日益具体化了。我在德国访学时所定下的展开海外汉学史研究的计划在那时根本无法实现，每日望着社科咨询室来去匆匆的咨询者，我心中茫然。此时虽然与同事程真、边晓莉、刘征、李然等多次商讨展开海外汉学的研究计划，但参考部的领导还不太重视。昔日参考部的中国学研究室也早已撤销，我也根本无力重新恢复。此时我感到在国家图书馆已经无法开展自己喜欢的学术研究，当年在国家图书馆做学问的几位好友也都先后纷纷离去，任先生的高足方广锠调走了，做中国文学史的张国风调走了，我的好朋友李凭也正在调往社会科学院历史所。这样我也下了决心离开国家图书馆。

六年的时光，紫竹园相伴，在风起日落、花开雪飘中我行走在玉泉路与国家图书馆之间，此时真要离去，我还是有一种留恋的感情。因为，正是在我人生最困难的时刻，国家图书馆接受了我。我感谢任馆长、金宏达副馆长、唐副馆长等一切关心过我的领导。国家图书馆这段时光对我的意义在于，正是在这里，我在任继愈先生的指导和关怀下，开始了自己学术方向的重大转折，海外汉学研究和明清中西文化交流史成为以后研究的领域。我忘记不了在港台室的斜阳中，首次翻阅《天学初函》时的喜悦，至今还清楚记得在善本阅览室第一次看到北堂书时的激动。在参考部的办公室里我多次静静地听着王丽娜老师讲她的《红楼梦》在国外传播的研究，王丽娜老师要编辑一本国家图书馆的汉学书目的理想，在以后很长的时间里也成为我的梦想。最重要的是1994年在这里由任先生亲自倡导的《国际汉学》得以创立，它成为我以后展开学术研究的阵地。这一切都来自国家图书馆的时代。

也就是在这时，我在莱顿汉学院结识的好朋友王筱云把我介绍给了北外中文学院的程裕祯老师。其实当时我正在社会科学院哲学所和中国艺术研究院之间选择，是回到哲学所重新做西方哲学研究还是到刘梦溪先生那里主持《世界汉学》杂志，我曾经犹豫过。但最终我选择了到北外来。定下这个决心有三个原因：其一，当我向任先生表达希望离开国家图书馆到北外来工作时，任先生说："到那里对你合适，你要认真考虑，但我希望你将《国际汉学》的编辑工作继续做下去。"在先生眼中，《国际汉学》这份学术辑刊的分量是很重的，恰好，在我选择的三个单位中只有北外是能实现这一目标的唯一地方。其二，程裕祯老师对我十分宽厚，他对我说，你来北外后主要主持海外汉学研究中心的工作，你可以放手去做，我会全力支持你。听到这些话，我感到十分温暖，感到北外或许是我完成学术转变的地方。其三，北外所拥有的外语实力将是展开海外汉学研究的基础。今天看来，我选择了北外是我一生中所作出的最重要和最正确的选择。

1996年9月的一个下午，在青年政治学院旁的茶馆中，程裕祯老师请我喝茶，做陪的还有宋柏年老师，程老师告诉了我正式调入北外的消息。听到这个消息后我十分高兴，因为，那年我已经48岁了。在这样的年龄变动工作已不太容易。"雄关漫道真如铁，而今迈步从头越。"这是一个新的起点。我感谢北外，感谢程老师，感谢陈乃芳校长给了我一个新的舞台。正是在北外的15年，我自己不仅完成了学术的转变，同时，海外汉学研究中心也在这所有着悠久历史的大学的学术文化氛围中成长了起来。

二

海外汉学研究中心成立后召开的第一个学术会议是“海外汉学研究回顾与展望战略研讨会”，任继愈先生、汤一介先生都参加了会议，研究海外汉学的领军人物北大的严绍璗老师、周发祥先生都在会上作了发言。这次会议算是汉学中心在学术界的一个亮相吧。其实当时海外汉学研究中心完全是个“三无”研究所，无编制，无费用，无办公地点。我当时每周要上10个小时的课，研究完全是业余的事。程裕祯老师为了支持我的工作，想了一个很妙的主意，就是让每年调入中文学院的新教师在海外汉学研究中心协助工作一年。于是我开始有了“兵”。第一个来协助汉学中心工作的就是刚从瑞典回国的李明老师，她的到来使这个“三无研究所”有了生气，李明在瑞典工作多年，对欧洲汉学比较熟悉，他的导师高建平也是《国际汉学》的编委，这样我们的工作开始活跃起来。李明快人快语，对汉学研究也很有热情，不久他就请来瑞典驻华的公使来中心作报告，《国际汉学》的文章也开始有了介绍北欧汉学的文章。第二年来协助汉学中心工作的马晓冬老师，她刚从北大毕业，工作很有热情，也就是在她主持《国际汉学》编辑部期间，我们开设了“汉学一家言”栏目，开始对汉学这个研究领域的方法、对象等问题进行反思和讨论。那时，汉学中心的办公室在北外西院日研中心二楼的一个过道房间里，面积不过5平方米，我们三人开个会，房间就坐满了。每天的中午，上完课后这间5平方米的斗室成为我们三人商量稿件的地方。我在《国际汉学》第5期的编后记中记载了当时的心境：“‘论究学术，阐明真理，昌明国粹，融化新知。以中正之眼光，行批评之职事，无偏无党，不激不随。’这是当年吴宓、陈寅恪等先生为《学衡》杂志定下的宗旨。人世沧桑，星转轮回，我们的学术偏离前辈所确定的这条坚实的道路太久了，当我们刚刚返回到大师们的桌前，铺天盖地的商品大潮已使京城难以放下一张平静的书桌。三两书生，几位好友，为了一种学术理想，为了续下大师们的薪火，一面教学，一面编辑这份读者不过千人的小小刊物，其中的苦乐只有我们自己知道。学问本来就是‘荒山野老屋中二三素心之人商量培养之事’，编辑这份刊物毫无世俗功利之心，也不想让她成为媒体炒作的‘朝市之显学’。”艰辛而平静是当时研究所的基本状态。

海外汉学研究中心在学术界做的第一个较大的学术活动是1998年与中外关系史学会和杭州大学历史系合作，在杭大联合召开了“1500—1800中西文化交流史国际学术研讨会”，社会科学院历史所的耿昇先生、杭大历史系的黄时鉴先生当时都是研究中西文化交流史的大家，与他们的合作，进一步使我明确了由历史入汉学史研究的基本研究方法。会议是在1998年的初春召开的，当时，春寒料峭，西湖的杜鹃花和海棠含苞欲放，而会议内的学者们的研究兴趣似乎已是百花盛开、春意盎然的季节了，在这次会议上我结识了美国研究中西文化交流史的重要学者魏若望先生和国内外的许多学者。这次会议的成功主要是程裕祯老师的功劳，因为，在三方合作的协议中，海外汉学研究中心要出1万元，这个数对于我们这样的“三无”研究所是一个天文数字。此时，程老师从他的朋友那里化缘来了1万元，才解了我们的燃眉之急。会议的另一个收获是认识了陈乃芳校长，使学校开始注意了汉学中心的工作。陈校长当时正在杭州招生，也顺便代表北外在开幕式上讲了话并约我谈话，了解汉学研究中心的情况。当她得知了研究所的实情后，感到学校应该支持海外汉学研究，会议后她就决定每年学校给海外汉学研究中心1万元活动费用，从此，我们由“三无”研究所变成了“二无”研究所，总算有了点固定的学术活动费用。

1998年对海外汉学研究中心来说是一个重要的年头，7月我受比利时南怀仁基金会邀请参加了南怀仁基金会在鲁汶大学召开的中西文化交流史国际研讨会，会后我到巴黎访问了巴黎利氏学社，参观了巴黎外方传教会的档案馆，遣使会的档案馆。在罗马时访问了罗马梵蒂冈图书馆和罗马耶稣会档案馆。在罗马见到了我的德语老师弥维礼先生，他也是把我带进这个研究领域的引路人，1994—1996年在德国的访学就是弥维礼老师一手帮助我办理的。在罗马又见到恩师，心情格外高兴。正是这次见面导致了我1999年到罗马三个月的访学，从此开启了我对欧洲藏明清中西文化交流史和西方早期汉学史历史文献长达十几年的追踪、收集和研究。

海外汉学研究中心从“三无”研究所变成一个比较正规的研究所的转折点是2001年，那年是北外的60周年校庆，北外中文学院与国际交流学院合并后从西院搬到了东院的新教学楼，这时程裕祯院长决定在新的办公楼给海外汉学研究中心一间正式的办公室，同时学院每年给海外汉学研究中心2万元的科研费用。这样我就算有了房，有了钱。也就是在这一年从俄语系毕业的柳若梅博士来到中心协助工作，按照一般的常规，柳若梅在海外汉学研究中心协助工作一年后可以像李明、马晓冬、来静青等几位老师一样，离开汉学研究中心到学院的教学部门工作。当我征求她的意见时，她说，她喜欢汉学中心的学术氛围，也愿意转变学术方向，从巴赫金研究转向俄罗斯汉学研究。她的这个选择不仅仅改变了她自己的学术道路，也使汉学研究中心摘掉了“三无研究”的帽子。我们“鸟枪换炮”，有了房，尽管只是一间；有了人，尽管只有两人；有了钱，尽管每年只有3万元。也是在这一年北大孟华教授的高足顾钧博士刚毕业，顾钧是个书香子弟，满身书卷气，我很欣赏他的安静与文气。在给学院汇报后，我也把他正式调入了汉学研究中心。从那年开始，汉学中心开始呈现出新的发展势头。

2002年我再次到德国访学时和李雪涛在波恩重逢。1995年时在一个我们共同的德国朋友家我们曾见过面，这次见面十分亲切。后来我在他的《日耳曼学术谱系中的汉学：德国汉学之研究》一书的序言中曾写过一段话，表达了我和雪涛之间的关系，文中说：“柳宗元在《师友箴》中说：‘不师如之何，吾何以成！不友如之何，吾何以增！’人的知识就是在与老师和朋友的相处中获得的，雪涛晚我十余年，但自相识以来，切磋学问，谈书论道，素以平生风义兼师友与之相期。”雪涛还在德国读书时，我们就开始商量将德国汉学家马汉茂的《德国汉学：历史、发展、任务与视角》一书译成中文出版。2003年在他完成博士学业后我就立即将他调入北外汉学中心。

三

这样到2004年，海外汉学研究中心就有四名正式的工作人员，一名学术秘书。海外汉学研究中心从此成为中文学院内部的一个有编制、有费用、有明确工作任务的研究机构，虽然，此时，它仍留在中文学院体制内，但它已经具有了一个独立研究所的全部功能和条件。

汉学中心在中文学院内部之所以能发展成为这样一个正式的二级研究机构，大约有五个方面的原因：

其一，发挥海外汉学研究中心的学术资源，为学院的国际化教学服务。经过我的联系，罗马大学、瑞典龙德大学等国外大学开始与北外建立联系，开始派来留学生。现在罗马大学到北外的留学学生常年已经能够达到百人之多。显然，这对学院的发展是很重要的。

其二，开拓出新的学术方向。很长时间中文学院的不少老师认为海外汉学研究中心是以域外汉学研究为重点，这和中文学院的研究方向无关。为了保住我的这个“饭碗”，我要从学术上证明这种看法的狭隘。1999年我申请了国家汉办的首批学术项目《西方人早期汉语学习调查》后，我们逐步开拓一个崭新的学术方向：世界汉语教育史。2001年我们在澳门正式成立了“世界汉语教育史学会”，中文学院的多名教师参加的会议。在此后不久中文学院的鲁宝元老师、吴丽君老师带领学院的一些老师作了日本汉语教育史的研究，正式出版了《日本汉语教育史：江户时代唐话五种》。可以这样说，北外的对外汉语教育事业能在全国这个领域中最有影响的就是世界汉语教育史研究，我所主编的《世界汉语教育史概论》已经作为这个学科的本科教材。从学术的角度来说，是对西人汉语史的研究，同时也是中国近代语言史的研究的一部分，而且是最为薄弱的一部分。因此，展开对世界汉语教育史的研究对中文学院的学术带动是全方位的，无论是从事对外汉语教学的老师还是从事中国语言史研究的老师，这都是一个极有发展的学术领域。

其三，创办《国际汉语教育》辑刊。这个想法是程裕祯老师提出的，他希望利用北外的优势，收集全球汉语教学的发展信息，研究汉语传播的政策。我也认同程老师的这个想法。于是，我和柳若梅、顾钧加班加点忙了两周，把第一期做了出来。一个月后学院还召开了一个很隆重的会议，教育部国际司的副司长、汉办副主任都到学院庆贺这本刊物的出版。随着刊物的正规化，黄宏老师、刘继红老师先后也调入了汉学研究中心，中心全面承担了学院的科研工作，成为学院科研的发动机。

其四，建立海外孔子学院，推动北外走向世界。2002 年当时还在教育部国际司任职的赵国臣来到北外，希望汉学研究中心对世界各国传播各自语言的历史和政策作个调查，从这种调查和研究中确立中国的对外汉语事业。不久这个项目就被国家汉办确定为“世界主要语种语言推广政策调查”，我和柳若梅共同主持了这个项目，项目完成后我们给国家汉办递交了几份重要的报告。后来得知，正是我们的这些调研报告最终推动上级给国家汉办的费用从 5000 万提高到一个前所未有的高度，使孔子学院计划开始进入实施阶段。这些报告是汉学中心对国家、对北外和中文学院发展作出的重要贡献，尽管现在那些春风得意的人们都已经完全忘记这件事。

2003 年国家启动了孔子学院计划后，我很快得知了这个消息。由于对世界各国语言传播的历史和政策已经十分熟悉，加之对域外汉学机构有着多方面的联系，我很快为北外联系了德国纽伦堡—埃尔兰根大学、意大利罗马智慧大学、德国杜赛尔多夫大学、维也纳大学等单位，使北外成为全国高校中最快建立孔子学院的大学之一。今天北外的孔子学院在全国高校中居于领先地位，这是和当年海外汉学研究中心打下的基础分不开的。可以这样说，如果没有当年海外汉学研究中心极力地推动此事，北外走向世界的步伐绝不会这样快，成就绝不会这样大。如果说海外汉学研究中心对北外的贡献，第一件事应该是这件事。

如今外在权利的影响下，我已经淡出了北外的孔子学院建设事业。但我想作为国家崭新的事业它需要智慧，需要学术的支撑，需要宽阔的学术和文化视野，任何对学术的蔑视、对文化的无知、对个人力量的崇拜都会被历史所嘲笑。

我坚信历史会证明这一点。

其五，推动了比较文学学科博士点的建立。程裕祯老师对中文学院的重要贡献是在他任职期间，中文学院完成中文本科的设立，这样北外中文学院不再仅仅有对外汉语专业，同时开始有了正式的中文本科教学。另外，也是在程老师主政期间，中文学院获得了教授评定的资格。这两条都是极为重要的，就是这两条奠基了中文学院以后的自主发展和学科建设。2003 年我在何其莘副校长的带领下申请中文学科比较文学的博士点，当时，第一轮评分下来，北外是 78 分，仅仅差 2 分就可以自动获得这个博士点。这个分数在需要进入第二轮评审的院校中也是最好的，其分数在人大中文系、首师大中文系之上。但由于那年的 SARS 疾病流行，无法召开评委会，结果莫名其妙地排在第 4 名的院校获得了博士点，教育之腐败由此可见一斑！这次失败对中文学院乃至对整个北外的学科发展都产生了关键性的影响，至今由于中文学院没有中国语言文学一级学科的博士点，北外仍停滞在仅有单一的外国文学博士点这个尴尬的地位上。这件事是我在中文学院工作期间的最大遗憾，每当想起此事内心充满纠结。2007 年我与何其莘副校长商量后采取了在外国语言文学一级学科下自动下设“比较文学与跨文化研究”的办法，由此，我们获得了成功。中文学院只好“曲线救国”，在外国语言文学一级学科下发展自己的比较文学学科。对于我个人来说，在 58 岁的年龄开始带博士实在太晚了，但对中文学院来说，对海外汉学研究中心来说，何校长和我的这个努力结果对今天中文学院和海外汉学研究中心的发展是至关重要的。试想一下，如果今天中文学院和海外汉学研究中心没有这个博士点会是什么样的局面？回想起关于比较文学博士点的申请，真是一把辛酸泪，目前的这个博士点的展开对中文学院和海外汉学研究中心来说都是权宜之计，虽然可以聊以自慰，但真正的目标是应拿下中国语言文学的一级博士点，那时北外才真正可以摘下单一学科的帽子，所谓的复合性人才培养才能落实到学科的层面上来。这正是“举头西北望浮云，倚天万里须长剑”，路还长。

四

海外汉学研究中心开始启动脱离中文学院演化成为一个独立的研究所是在郝平校长来到北外以后。

2005 年郝平从北大调任北外校长，郝校长的到来使海外汉学研究中心发生了质的飞跃。郝平校长是学历史出身，他第一次到汉学中心调研，看到中心出版的一批高质量的关于中西文化交流史和西方汉学史的书，就给予了高度的评价，他说，历史学是一切学科的基础，大学作科研要踏踏实实地从历史文献入手，汉学中心这些学术成果是很有价值的。由于郝校长曾留学美国，对美国汉学十分熟悉，还编写过《美国中国学家》这样的书，这样，他完全理解海外汉学所从事的域外中国学研究的学术价值和意义，理解我们由历史入手展开汉学史研究的路径和学术方法。一名书生遇到一位完全理解自己学术的领导，这真是万幸。

在郝平校长的关怀指导下，海外汉学研究中心有了两个方面的根本性变化：

第一，在 2006 年，学校决定将海外汉学研究中心更名为“中国海外汉学研究中心”，并决定正式申请教育人文社会科学重点研究基地。在校领导新班子到 301 医院看望季羡林先生时，郝校长特意让我也一起去，并当着季先生的面邀请季先生担任中国海外汉学研究中心的名誉主任，季先生欣然接受。郝校长接着特意从学校“211”二期项目的费用中拨出专款用于支持汉学中心的学术发展，就是靠着这批钱，我从荷兰 IDC 公司购买了“1500—1800 年西方关于中国的书”、伦敦早期来华传教士文献胶片和哈佛燕京学社的中文文献档案胶片等具有重要学术价值的胶片，从而使我们成为全国高校中极少有的拥有这三套胶片的研究所。同时，郝校长又拨出专款支持我们在外研社出版了“国际汉学研究丛书”、“世界汉语教育丛书”、“16—19 世纪中西文化交流史丛书”，从而使汉学中心在大象出版社之外又有了新的出版阵地。外研社出版阵地的开辟对汉学中心近几年的发展起到了重要的作用，李雪涛、顾钧、柳若梅的第一本中文研究型著作都是在这几套丛书中出版的，这几套丛书使中心的研究人员可以安心从事学术研究，不必再为出版发愁。

郝校长的另一个重要决定是，将海外汉学研究中心的工作从一般的学术研究层面提高到学校发展战略的层面。在北外65周年校庆上他正式提出“北外新使命——将中国介绍给世界”这样的战略性口号。他说：“北京外国语大学现在已经将海外汉学研究中心的高足作为全校科研的重点工作，以此整合全校的力量，使北外在很好地完成‘将世界介绍给中国’的重大使命的同时，承担起‘将中国介绍给世界’新的历史使命。在中国走向世界的重大历史关头，我们必须从全球的角度规划中国学术文化的发展，以世界的眼光审视域外对中国的评价和研究。北京外国语大学具有完成这一历史使命的学术积累和文化积淀，具有承担起这一重任的视野和能力。”我认为，郝平校长的这段话是北外新的宣言——将中国介绍给世界，这是发展的中国赋予北外的新的使命，通过对海外汉学（中国学）的研究，在世界范围内书写中国学术文化，这是中国文化自信与自觉的表达。

为了启动申请教育部人文社会科学重点研究基地的工作，2008年海外汉学研究中心正式从中文学院中独立出来，成为学校的独立研究所。这是一个艰难的选择，因为“独立”意味着学术的发展，这也是申请教育部重点研究基地的基本条件，但在经济收入上每个人都有明显的降低，因为中文学院毕竟是学校经济状况最好的单位之一。当我把这个决定告诉中心全体同仁时，所有人都支持这个决定。学术理想一直是海外汉学研究中心的灵魂，这是一个为中国学术的复兴而奋斗的研究所，在这样的关键时刻又一次表现出了汉学研究中心全体同仁们的学术立场。为感谢中文学院多年对汉学研究中心的支持、扶植，我决定将《国际汉语教育》杂志全部留给中文学院，海外汉学研究中心从这份辑刊“全身而退”。黄宏老师、刘继红老师留在中文学院，我的学生李真老师脱离《国际汉语教育》杂志，随我们走上“独立之路”。

2010年我和李雪涛老师的调研报告受到了有关部门领导的重视，并由此国家社科基金给我们下达了“中国文化海外传播动态数据库”重大委托项目，这是北外历史上前所未有的重大项目，也是社科规划办历史上最大的项目。这个项目标志着海外汉学研究中心的工作切合了国家文化发展之急需，同时，汉学中心拿到这个项目也确立了自己在全校科研规划中不可动摇的学术地位。这个重大项目的设立，对北外的意义正如金莉校长所说：“自从北外提出新的战略方向：北外新使命——将中国介绍给世界以来，我们始终还未很好地找到一个平台，或者说一个抓手来推动这个战略方向的转变。现在我们有了这个国家级的数据库，又有了国家社科基金办公室领导的支持，我们可以通过这个国家级的数据库来完成北外的新使命。希望参加这个项目的北外的老师要善于学习，关注中国文化在全球的发展和展开，关注中国软实力的发展，通过这个项目开辟出自己新的学术研究领域。对中国文化在世界各地的传播和影响的研究不仅仅是一个事关国家文化战略的大课题，同时也是一个极有学术价值的新领域，我相信通过这个项目的完成一定会推动我校科研关注在这个新的方向上产生更多的成果。”金校长这段话点明了中国文化海外传播动态数据库在学校战略层面的重大意义。

五

从一个人的研究所发展成为大学的正式研究所，从一个“三无”研究所，即将发展成为教育部人文社会学重点研究基地，这不仅在北外的历史上从来没有过，根据我的有限经验在全国其他高校也极为罕见。回顾海外汉学研究中心成立以来的历史，我感到海外汉学研究中心所以能走到今天是有两个支持，没有这两个支持就不会有我们的今天。

第一，学校的支持。一个大学的研究所能否成长起来，关键在于学校的理解和支持。从陈乃芳校长、郝平校长到陈雨露校长、杨学义书记，北外领导一直对海外汉学研究中心特别关照。2010 年我申请外交部亚洲司的“青年汉学家培训项目”，为了落实这个项目，杨学义书记带着我到外交部亚洲司去汇报，最后，外交部将这个项目批给海外汉学研究中心。2008 年我申请教育部重大攻关项目《20世纪中国古代文化典籍在域外的传播与影响》，为了申请下这个项目，郝平校长亲自加入我的团队，并亲自到课题申请答辩的现场，作为课题组成员参加答辩。这使很多专家感到意外，因为，在一些大学，校长一定是课题负责人，学者一般要在校长领导之下，而郝平校长却只是我的课题团队的一员，但他却亲临现场为学者争取课题。这里不仅仅表现出了郝校长的儒雅之风，也看出了他对大学教育与学术的深刻洞察和理解。

2008年海外汉学研究中心作为学校的独立研究所以后，中心的各项工作开始直接归属负责科研工作的金莉副校长领导，金校长和科研处的张朝意处长对中心的成长格外呵护，我们的每一个研究计划他们都是精心研究，在关键时刻从学校层面给予支持。

西平有幸！汉学研究中心有幸！我们遇到这样的领导，这真是不易。他们无沽名钓誉之心，无推诿官僚之气，有的是事业心，有的是责任感，有的是对学术的理解。这正是北外之希望，这正是汉学中心在北外发展起来的真正原因。

从另一个方面来说，获得学校的政策支持的根本在于一位学者对学校特点的理解，对大学使命的深刻把握。海外汉学研究中心紧紧抓住了北外“外、精、特”这个根本，将北外的外语优势这个根本特点放在了国家文化战略侧面给予理解和解释，从而将自己学术的发展与大学的发展内在地统一了起来。由此获得学校的支持才是长远的和根本的。

第二，学术界的支持。北外海外汉学研究中心发展的一个重要特点就是在学术上它始终是在中国学术界前辈、学术大师的直接关怀下成长和发展起来的。任继愈先生十余年来一直是我们精神上的支柱。每年春节，中心的全体成员都要到任先生家拜访。季羡林先生对汉学中心的发展也十分关心，亲自为我们题字，题词，充分肯定我们的学术方向。汤一介先生、李学勤先生、张岂之先生、乐黛云先生等学术前辈多次来到中心举办讲座。“总然有志也蹉跎，欠明指拨”，这话是有道理的，没有这些学术前辈的指点，对于海外汉学这样新的研究领域，迷失于其中任何一条小道足以耗尽一生的学力而不成。大师们对我们在精神上的熏陶、在道德上的教化更是随风化雨，点滴在心。我至今仍不能忘怀首次见到徐梵澄先生时的场景，清茶一杯，满屋书香，宁静淡然，思如泉涌，喧闹的市井世界对他全然不在。那种肃静与淡定，恭俭平和、澹泊敬诚的处世态度深深地震撼了我。

海外汉学是一个跨学科的研究领域，以传教士为中介的研究，我是在美国的孟德卫先生和已故的马爱德神父的帮助下进入的；对基督教神学的理解，对中国基督教史研究是在和德国的马雷凯神父和卓新平先生的交往中开始的；文献学的训练则是中华书局的谢芳先生手把手地教会的；历史学构成汉学史研究的基础，正是与耿昇先生、黄时鉴先生、汤开建先生等人的交往，我才慢慢进入这个研究领域；域外汉学史的研究我自己是模仿着严绍璗先生，一步步地展开；比较文学和比较文化研究的方法是结识孟华先生后才知道有此之道，并日益开始关注方法论的研究。

在我的带领下海外汉学研究中心这个团队现在已经在这些领域崭露头角。现在我可以说，没有这种多学科的知识的融会，没有学术界这些前贤和朋友的提携与共勉，或许我们至今仍在学术的迷宫中摸索。因为，海外汉学是一个无边的学术海洋，如果没有学术的导航，一个年轻的学者的独木舟是很难划到大洋彼岸的。一个人是如此，一个团队也是如此。君子有三畏：畏天命，畏大人，畏圣人之言，讲的就是对学术的敬畏，对个人能力有限性的理解，对师长前贤的尊重，对学术同仁的欣赏与理解。学问说到底并不只是知识的积累，德性的高低，对知识的敬畏之心之大小，对有生之涯本质性不足的理解都有着重要的关系。

以上讲的是我们研究所 15 年来成功的外部原因和经验，如果从我们自己对学术的理解和研究来说，我在海外汉学研究中心成立 10 周年时所写的一段话可以说是我们至今都要牢记的基本经验：“在过去的 10 年中北京外国语大学海外汉学研究中心，坚持以学术研究为本，以中国文化的重建为其理想关怀，以学术的积累和整体建设为其着眼点，不求一时之轰动，不做媚俗之举作，扎扎实实展开自己的研究，从而在中国学术界和海外汉学界两个方面得到了的高度评价。”

在中心成立8周年时，我们将自己的学术传统概括为三点：第一，以历史为基本线索，梳理中国文化外传的历史、途经和机制。第二，以基督宗教为中心，重点研究在“西学东渐”基础上的传教士汉学。第三，推动汉学与中国学术的互动，并以比较文化为方法对海外汉学作系统的学术史研究，从而揭示中国近代学术形成的外部机制，以世界的眼光重审中国近代学术的发展。我们将这三点概括为：“在历史中探中西会通，在神圣中究天人之际。”

10年的青灯黄卷，10年的孜孜所求，使我们这个研究中心有了自己的学术积累，取得了国内外学术界的认可。“人事有代谢，往来成古今。”今天，我们又站在新的历史起点上，新成立的“中国海外汉学研究中心”将在以下四个方面展开自己新的事业：

第一，注重中国文化海外传播发展研究。

以中国的和平崛起和发展为依托，通过海外汉学（中国学）的研究，向世界展示中国文明特有的魅力，介绍中国和平发展的前景，把从学术的角度重塑中国的世界新形象作为自己的历史使命。通过对海外汉学这支在域外传播中国文化、塑造中国形象的队伍的研究，为中国文化的海外发展提供学术支持。使我们能从中国在全球的发展这样的战略高度，来规划中国文化在海外传播全局，来通盘考虑中国文化和学术在世界的传播的方法和手段，为中国文化和学术在世界范围内的发展做整体性、全面性的学术研究，为增强中国的软实力作出贡献。

第二，注重中国的海外汉学（中国学）研究。

将海外中国学纳入研究范围之中，通过研究范围的扩展，将海外的传统中国研究和现实中国研究作为一个学术整体来把握，从而真正了解各国中国观的发展与流变，将海外汉学（中国学）的研究提高到一个新的阶段。

第三，注重中国学术界与海外汉学界（中国学界）的学术交流。

中国是汉学之根，理应成为全世界汉学（中国学）研究的中心，中国学术界有责任主导全世界的汉学研究。“中国海外汉学研究中心”将把推进域外中国研究作为其基本的任务，把中国学术界与海外汉学界的互动与沟通作为自己的基本使命，使中国的“国学”发展有一个世界的舞台，通过海外汉学的研究，在世界范围内书写中国的学术与文化。

第四，注重域外汉学（中国学）成果的出版，注重中国文化典籍的翻译出版。

目前，在全球，每年都在大量出版有关中国研究的学术著作，但国内的海外汉学（中国学）著作的翻译出版刚刚起步，翻译出版的对象也主要侧重于英语国家。中国海外汉学研究中心将与中国学术界合作，遴选海外汉学（中国学）的精品将其翻译成中文出版，以推动中国学术与海外汉学（中国学）的互动。同时制定中国文化典籍的翻译出版计划，使中国文化以多语种文本的形式真正走向世界，统一规划外文文本译成中文和中华文化典籍的外译，整合两种学术力量，依托北京外国语大学的语言优势和学术力量，调动全国各外语院校的积极性，使中国海外汉学研究中心成为全国海外汉学（中国学）出版的学术规划者，成为中国文化典籍翻译的学术组织者。

“究天人之际，通古今之变”，几千年来中国知识分子一直有着伟大的胸怀，在中华民族伟大复兴的历史关头，我们仍是“风尘三尺剑，社稷一戎衣”，将中国文化的重建与发展作为其学术研究的灵魂与动力，通过海外汉学（中国学）研究这个新天地，实现我们的“独立之精神，自由之思想”。

5年过去了，我认为这些想法至今仍是我们汉学中心所追求的目标。只是到了今天，海外汉学研究中心得到了进一步的发展，现在中心研究人员已经有了8人。我们在域外汉学史、世界汉语教育史、比较文学与跨文化研究、东西文化交流史、中国文化史等多个领域取得了研究成果。现在不仅仅像李雪涛、柳若梅、顾钧这样的中年学者已经完全成长起来，而且像杨慧玲、李真这样的年轻学者也开始展现出可喜的进步。同时，研究所成员的学科知识结构在进一步优化，做中国戏剧史的梁燕老师的调入就是一个说明。

在外国语大学，作为一位以研究中国文化在世界发展为已任的研究所，自然不能将中国文化的研究仅仅作为一个知识形态，它理应承担起重建中国文化价值、守护大学灵魂的责任。这样，在这本文集中我专门设了一个“学者的文化责任：传承与开拓”专栏。里面收入了我写的关于季羡林先生和任继愈先生的文字以及几篇关于外语大学人文教育的文章。在这些文字中我想表达的是北京外国语大学有着两个重要的传统：一个是革命的传统，一个是学术的传统，这两个传统恰恰就是中国知识分子的“经世致用之学”和“为己之学”。这个栏目的文章主要是我写的，希望在未来的日子，我的同仁们能理解我的这些想法，使海外汉学研究中心在大学未来的学术建设中发挥更大的作用，将“学统”与“道统”两大使命集于一身。

“关塞三千里，烟花一万重。”70年校庆，征程漫漫；15年所庆，步履艰辛。“千古兴亡，百年悲欢。”历经欧风美雨，中华民族又站在一个完全陌生而崭新的起点上，“三千年未有之变局”就在我们面前，等待着我们这一代学人应变与回答。历史拭目以待。

打造汉语特殊培训项目的旗舰基地

——记“中国—欧盟青年经理培训项目”

张红

张红，女，副教授，语言学与应用语言学专业。研究方向为对外汉语课堂教学、教材设计编写、课程设计以及对外汉语教师职业发展。2011 年初任中文学院培训中心进修部主任。2003—2007 年，曾任中文学院项目部主任，成功开发了德意志学术交流中心的商务汉语培训、公安部东盟执法联络官、马来西亚汉语教师培训等多个项目，进行过多个特殊目的汉语培训的课程设计和管理。2000—2003 年，欧盟项目骨干教师。

1999年1月—2003年12月，北京外国语大学与欧洲联盟驻华代表团、中国国家经济贸易委员会、中国国际贸易促进委员会共同承办了“中国—欧盟青年经理培训项目”，中国语言和文学学院（当时名为“国际交流学院”，本文统称“中文学院”）负责进行项目的语言培训。在4年的时间里，共有162位来自欧盟15个国家的青年经理学员顺利地完成了语言培训，5批学员中有47%的人在完成项目培训后继续留在中国工作，在合资或外资企业中发挥了重要作用，其他的学员返回欧洲，不少人从事着与中国相关的经济贸易工作。在4年的项目执行期间，中文学院积累了丰富的教学和管理经验，教学观念得到了更新，构建了适应合作项目要求的商务汉语培训体系，并且成功打造了特殊目的汉语旗舰培训基地。本文从项目的起源、执行、运作、成果和影响五个方面进行回顾。

一、项目的起源

中国—欧盟青年经理培训项目的起源可以追溯到20世纪90年代初，欧盟（当时的欧洲共同体）看到中国改革开放后经济的迅速发展，准备全面加大对华经济贸易合作。欧盟同时注意到与美国和日本产品相比，当时欧洲产品在中国市场上所占份额很少，欧洲国家的对华贸易额也与美日相差较远。欧盟意识到，造成这种现象的重要原因之一就是美国、日本拥有大量“中国通”，而欧盟国家通晓中国商业环境和商务文化的欧洲人却很少。用曾在壳牌中国公司担任高级管理职务的德国项目毕业学员英玛尔的话说：“一般欧洲人对于中国的想象都糅进了偏差。”因此欧盟非常希望培养一些能够适应中国商业环境的经理人才，为将来与美日在中国市场竞争作好准备。于是通过与中国对外贸易经济合作部协商谈判，于1997年正式启动由欧盟国家出资的中国—欧盟青年经理培训项目。欧盟方面希望通过将一些已具有相当工作经验的中层管理人才送到中国学习，使他们对中国商业环境的了解不再停留在表面上，而要深入到中国的文化内涵、中国商务惯例。时任欧盟负责对外关系的委员彭定康在谈到这个项目时认为："对直接参与中欧经贸交流的青年商务人员加以培训是非常重要的，该项目将帮助他们和中国的商业伙伴建立更好的关系，共同顺利开展业务。"

二、项目的执行

中国—欧盟青年经理商务汉语培训项目是中国和欧盟之间的人力资源合作项目的重要的一部分。目的是帮助欧洲企业的青年经理了解中国社会生活、商务文化和企业组织，并增加他们与中国企业沟通的可能性，为今后与中国的经贸交流创造条件，加强中国与欧洲各国的经济合作。经过层层筛选的这 162 名具有企业家的精神、高度的灵活性、学习中文的能力与促进中欧经济交流的强烈愿望的青年经理分五批次，每批次 11 个月在北京外国语大学中文学院进行汉语强化培训。其中 70% 的学员没有汉语基础，30% 的学员学过一段时间的汉语。

语言培训项目的目标是通过强化语言培训特别是商务汉语培训，使项目学员掌握基本的汉语语言知识、言语技能，了解中国国情和社会文化；为在中国的各类企业实习和今后的工作打下良好的商务汉语基础。这个总体目标又根据学员的水平分解成为不同的听说读写具体技能的阶段目标。为了达到培训目标，北京外语大学为这五批次的学员专门设计以培养学员实际商务交际能力为目标，为项目安排了特别的授课时间，并设置了专门的生活与商务语言技能和语言实践课程。其中生活汉语综合课程在各种特定的生活场景中讲授语音、语法，帮助学员处理各种生活问题；商务汉语综合课程展示不同的工作场景与环境，为学员的工作实习打好专业语言基础。

项目还同时特别为来自欧盟的学员开设的汉字学习课程与汉语快速阅读课程，以帮助他们掌握汉字的书写与对汉语文章的理解。用英文讲授的中国国情和文化类讲座课程增加了学员对语言所表达的内容的理解与非语言交际所代表的意义。为了最大限度地提高语言知识的复现率与语言的使用率，培养学员的汉语语言技能，北京外国语大学为项目学员提供每周定期的语言实践课程。这项课程按照学员的不同汉语水平提供初级、初中级、中级、中高级四种等级的活动与任务。从“个人授课”、“文化参观”、“交流互动”、“实地考察”、“民情体验”到“语言实践报告”的不同活动与语言文化实践任务都在不同语言水平、文化多样性上加强学员的语言交际能力与文化适应性。

三、项目运作

对于这一项目，欧盟和北外都给予了高度重视。为了搞好项目，欧盟在语言设备、专用教材开发、教师培训和奖励方面都给予了相当的投入。由于有了这些投入，才使培训开始尝试各种方式的多媒体教学，项目有了专用教材，教师们了解了欧洲的政治、经济、历史、文化、教育等方面的情况，逐渐增强了跨文化交际意识。北外也倾全力支持项目。项目伊始，留学生公寓楼刚刚落成，欧盟学员得以第一批入住。在学院教室紧张的情况下，欧盟班的教室一直是专用的，而且，桌椅也是专为项目定做的。为保证教学效果，欧盟班一直是小班上课。4 年多来，共有 20 余名教师担任过欧盟班的教学，其中多为学院的教学骨干，仅有 4 名外聘教师（任课时间没有超过一个学期），这在中文学院教师短缺的情况下是很不容易做到的。

在管理方面，校长、院长直接负责，专为项目设立一个教学部——欧盟培训部，为协调学院和 PMO 的关系，又从学校外事处调专人从事协调和教务工作。为避免因职责不清而造成互相推诿和扯皮，PMO 和我院明确各自职责权限，保持经常性的沟通，重大问题协商解决。经过几年的努力，逐步建立了良好的合作管理机制。

在项目之初，PMO 和学院对如何协调管理缺乏共识，双方对不少问题的看法和处理方式上出现分歧，对项目的顺利进行形成了阻力。在 2000 年夏天召开的项目总结会上，双方都达成以下的共识：在互相理解和尊重的基础上，分清职责，明确角色，加强沟通。此后双方一直保持密切的合作，定期以不同的形式通报情况，每期项目结束后，都要召开专门的会议，对培训各方面的情况进行全面认真的总结，良好的合作和密切的配合，使整个培训项目管理进入了良性循环。

四、项目成果

项目成果主要集中在以下七个方面：

1. 教材开发方面。四年的时间，北外中文学院开发了项目系列商务汉语教材，针对项目学员的专业特点与项目需要，在“中国—欧盟青年经理培训项目”的资助下，在欧洲联盟欧洲委员会驻华代表团和中国国际贸易促进会委员会的指导和帮助下，北外教师编写使用、修改、完善、补充并出版了项目专用系列教材3套6册，每套均配有4盒录音磁带（再版时改为CD）。其中《经理人汉语·生活篇》上下册20个单元的不同内容可供零起点的学员五个月的听说读写综合强化课程学习，培养处理生活交际的各种情况的语言能力；《经理人汉语·商务篇》上下册20个单元继续为完成生活汉语学习的学员提供6个月的商务汉语听说读写综合学习与商务语言实践的教材，培养用汉语进行一般商务活动进行商务交际的语言能力与文化理解力。而《经理人汉语·经贸篇》是专门为参加项目的有一定基础的学员提供了解中国经济活动的听力与阅读并重的教材，培养学员把握中国经济生活的与专业领域发展动态的语言能力与专业洞察力。《汉语阅读新视点》教材的编写与使用既训练了学员的阅读理解能力，又扩展了他们对当代经济和社会生活的热点问题的了解，激发了他们探索语言所代表的文化现象和经济活动的变化原因与规律。

2. 现代化教学设施的配套。2001年在欧盟的资助下，北外建成了专供参加项目的学员使用的多媒体教室。教室里共有17台惠普电脑（包括1台教师机和16台学生机），采用多媒体教学控制软件，使网内电脑实现资源共享，通过控制传输来实现学生监控、老师视频全体发送、学生视频全体发送、配对讨论、分组讨论和多媒体控制播放传输（录像、磁带、光盘）等功能。项目学员除了在教室上课以外，还可以利用每周26小时的开放时间，在此教室利用学习软件和网络设备进行自学。

3. 研制了商务汉语测试系统。制定了商务汉语水平考试的功能、考试大纲，研制了基础、初中等级的商务汉语水平测试试题。商务汉语水平测试是专门为测试欧盟班学员在商务领域的汉语水平而设立的一种标准化考试。商务汉语水平测试的考试对象是欧盟班接受过500个学时以上现代汉语及商务汉语正规教育（或相当于这一水平）的汉语学习者。商务汉语水平考试的依据有《汉语水平等级标准和等级大纲》和《欧盟班商务汉语水平测试功能大纲》（试用稿）等。测试内容包括听力和阅读理解等多个方面。

4. 科学的项目教学管理机制。为保证语言培训项目顺利实施，北京外国语大学还构建了用以检验学习成果和教学效果、比较完整的测试评估和反馈体系。用出勤、课堂参与和定期的口头与书面考试检验学员的学习效果，用定期的学员对教师和教师对学员的双向评估有针对性地改进学习与教学方法，用定期的教师与学员沟通的形式即时了解学员的要求与建议。在每批次项目执行的中期与末期都进行全体教师的工作总结，管理层进行项目分析；教师提出工作建议与提升工作能力的培训要求，管理层进行工作指导与提供相关培训支持。（应急管理）针对不可预测的突发事件，例如非典情况，学员的紧急健康问题，为学员制定个别教学解决方案，调整学习目标与方法，保证学员安全、健康顺利地完成培训项目。

5. 提供自主学习辅导中心。北京外国语大学建立了学习辅导中心，为在学学员提供及时帮助和继续学习的机会。辅导中心有专供项目学员全天使用的包括图书、汉语学习软件、视听资料等的学习资料、电脑、互联网与打印设备，每周有教师在固定时间为在学学员提供学习帮助，有专任教师为完成培训进入公司学习的学员提供在线学习辅导与支持。

6. 专业领域的科研探索。4年的商务汉语教学期间北外主办了3次北京市及全国范围的商务汉语教学科研讨论会。参加项目的教师发表了30余篇商务汉语教学论文，从商务汉语的宏观层面和教学内容及具体操作方法到有特殊要求的项目教学的管理方法都作了多方面的探讨。在全国的商务汉语及有特殊要求的项目教学领域都进行了开拓性的研究。为项目执行能力的提升进行了基础研究和人力资源的储备。

7. 专业知识培训和教师能力建设。在项目进行的同时，为了加强教师对项目的认识、与学员进行深入和多方面的交流，北京外国语大学参加此项目的教师都接受了相关的培训。项目办公室请来欧洲的专家、欧盟和中国政府的官员、教授、研究员和高级商务人士为老师进行培训。培训的内容从宏观层面的欧洲文化、经济和政治以及欧盟成员国国情知识系列讲座到操作层面的跨文化交流技巧、任务教学法、多媒体教室使用和商务英语。每位任课教师都参加过一次以上的系列商务考察旅行，随学员一起参观多家欧洲在华的跨国企业，了解它们的经营情况与管理方式；一些教师还多次参加学员的商务讲座与商务参观活动以及商务演练，增加了对商务知识的了解，对全球经济发展的变化有了更深刻的理解。5年的商务汉语培训项目构建了北京外国语大学执行项目教学的管理制度与体系，建设了一支了解欧洲社会背景、具有跨文化交流技巧和商务知识及先进的第二语言教学法的师资队伍，扩展了专用语言培训的科研范围，深化了相关领域的科研内容。

五、项目的影响

中国—欧盟青年经理培训项目在中国和欧洲的经济交流方面影响深远。项目建立了与中国经济文化交流的欧洲青年管理人才库。在4年的时间里，先后培养了来自欧盟15个国家的162位学历背景和职业背景各异的学员，他们在15个月的时间里接受商务汉语培训，了解和认识了变化中的中国，把握了中国内部以及与中国相关的商业机遇，其中大约46%的毕业学员选择留在中国的欧洲公司工作，将近一半的人回到欧洲从事对华业务，很多人都成了公司中对华业务的骨干力量；还有一小部分人员跻身于欧洲政坛，参与对华政策的制定。这些来自欧洲的学员通过在中国的培训，将自己在营销、品牌和人力资源开发等方面的专业能力与中国市场的特点相融合，将欧洲的生活方式融入中国的习惯，创造了一种独特的文化，从而成为中欧交流的桥梁。

项目同时锻造了中文学院一支过硬的教师和教学管理团队。第一任欧盟教学负责人为丁安琪和李立老师，丁安琪现为中文学院的副院长，北外多语种汉推基地副主任；第二任主任张晓慧担任过中文学院的院长，现为北外孔子学院工作处处长、北外多语种汉推基地主任和全国汉语国际教育硕士专业学位指导委员；第三任主任梁冬梅现为中文学院培训中心项目部主任；第四任主任张红现为中文学院培训中心进修部主任，曾担任过培训中心项目部第一任主任，项目部在她任职的4年期间，从欧盟商务汉语培训的单一项目，发展为十数个项目；另外，当时中文学院参加项目行政事务管理的李冰现为外事处副处长、留学生办公室主任。其他参与教学的各位老师也成为中文学院的骨干教师，在教学和科研上，在特殊目的的汉语培训方面发挥着重要的作用。

我们在4年执行项目的过程中积累了丰富的教学经验、管理经验，观念得到了更新，构建了适应合作项目要求的商务汉语培训体系，在商务汉语教学和研究方面处于国内领先地位。在当时中文学院程裕祯院长富有战略远见的规划和设计下，中文学院以4年的中国—欧盟青年经理商务汉语培训经验和各种资源为依托，成立了培训中心项目部，作为非学历的有特殊目的的汉语培训基地，从2003年开始为亚欧美多个国家的国际组织、政府机构、学术团体和世界著名学府成功地进行了商务汉语、法律汉语、科技汉语、警务汉语、旅游汉语、教育汉语、军事汉语和文化汉语的培训，成功完成从商务汉语起飞到特殊目的汉语的旗舰培训基地的飞跃！

跨时空的交流　全方位的合作

——中文学院与日本关西大学合作交流实录

吴丽君

北京外国语大学作为我国外语类的重点大学，多年来为国家培养了无数的外语外交人才。北外一向非常重视对外的合作与交流，与世界上近百所大学与机构有交流合作关系。中文学院作为对外汉语教学单位，是北外对外合作交流的一个窗口。

关西大学是日本一所知名的综合性私立大学，在校生达到3万人之多。2004年以来，中文学院与日本的关西大学文学部和外语教学机构合作密切，取得了丰硕的成果。之所以说合作与交流是全方位的，是因为合作不仅仅是教学上的，还有科研、讲座、论坛等多种形式。

一、远程网络系列讲座

2003年秋天，关西大学的内田庆市教授和沈国威教授来北外参加有关学术会议，那次，我有幸与这两位教授相识，在一起谈到了两校交流与合作的可能性。内田教授和沈教授都是国际上的知名学者，但是两位教授为人都很谦逊，注重干实事，不尚空谈。

刚好我也是一个愿干实事的人，一拍即合，我们当即商定了开展远程网络讲座一事，并且还草拟了《关于合作开展远程讲座的协议》。说干就干，我们的讲座于 2004 年 4 月启动。远程讲座是通过网络实现的，就是说，我们的教授在北外讲，关大的研究生在日本听和看。说来容易做来难，实际上还存在许多困难，找讲座的老师还好说，但是中文学院（当时还叫国际交流学院）当时既没有远程教室，也没有远程设备。这时候，日语系提供了很大的支持，当时的系主任汪玉林教授主动提出让我们使用日语系的远程教室，这在当时是北外唯一的一个远程网络教室，位于北外主楼四层。还记得我院第一位讲座的教师是唐利群老师，因为路不熟，害得她楼上楼下跑了很多冤枉路。讲座很成功，受到关大教师、硕士和博士生的欢迎，之后，制定了年度计划，确定每月一次，每年度 10—12 次。其中有两次由关大教授给中文学院研究生讲。这个讲座就这样延续下来，从 2004 年到 2006 年，3 年的时间一直使用日语系的远程教室，在此也向日语系的领导、电教资料室表示感谢。因为是长期的合作，一直使用日语系的教室也不合适，于是我们想到了学院也建立一个远程教室，也可以资源共享。这个想法得到了资产处长周焕凤老师的支持，周老师帮助打报告，提申请，在学校的大力支持下，购买了设备，建成了远程教室。由于当时学院教学楼正在改建扩建，学校特意在逸夫楼借了一间教室暂作为远程教室使用，周焕凤处长亲自到逸夫楼帮助选定教室。所有这些都令我们非常感动。2009 年我院新教学楼启用，远程教室又从逸夫楼搬回到中文学院。讲座一年一年延续下来，直到今天还在进行，如今已经是第八个年头了。8 年来，讲座的范围包括了文学文化、语言、教学等多个层面，中文学院的老师先后有 50 人次参与，关西大学已经将这个讲座作为一门固定的研究生课程，先后有 8 届研究生受益。回首走过的路，也有很多困难和艰辛，能走到今天，不仅仅是我们的坚持与努力，更是依靠许许多多人的帮助与支持。

2010 年，随着关大外国语学部中文系学生的到来，又增加了“留学预备课程讲座”，即由我院教师为关西大学外国语学部中文系一年级学生进行远程教学讲座，因为他们二年级要来北外学习一年，一年级的学习就是留学预备课程。对外汉语系和汉语进修部的30多位老师都加入进来，老师们认真准备，找视频资料和图片，做PPT。日方也非常满意，计划在讲座的基础上今后出一套音像教材。

二、中日研究生论坛

我院的研究生近年来逐年增多，一直以来也有研究生论坛，但是研究生层面的中外交流还不多。关西大学文学部和外语教育机构都有研究生，而且都懂中文，主要的研究方向为汉语研究、中国文学研究、中国文化研究。从2007年开始，中文学院与关西大学合作举办“汉语汉文化中日研究生论坛”，商定在每年的3月下旬进行，在北京和大阪轮流举办。第一届论坛在2007年3月22日开幕，学校也很重视，当时的白刚副校长和研究生处处长均出席了开幕式，论坛很成功。更重要的是中日研究生加强交流，取长补短，建立了深厚的友谊。之后，关大出资，将论文编辑成文集在日本出版发行，这也是研究生们在读期间的一项科研成果。

之后，2008、2009、2010、2011年又先后举办了4届中日研究生论坛，而且都很成功。在每年论坛筹备过程中，北外和关大都有很多老师和学生积极参与筹备、联络工作，研究生导师也积极指导学生论文，进行论坛论文的点评工作。可以说，这个论坛已经成为北外研究生层面中外交流的一个亮点。

三、“3+1”合作项目及其他交流项目

因为远程讲座的成功以及研究生论坛的举办，北外与关西大学的交流很顺畅，双方也都希望进一步扩大交流的领域，使合作更加广泛和深入。为此，北外聘请了内田庆市教授和沈国威教授为北外的客座教授，不定期地来北外举办讲座，参与指导研究生教学。关西大学原来只有文学部，没有外国语学部，2008年，关西大学成立了外国语学部，其中有中文系，而且规定，中文系的学

生大二时全员到北外留学一年，就是无论招收多少名学生都在二年级时来北外中文学院学习一年。专门与北外签订了“3+1”合作交流协议，这就是所说的“3+1”项目。2009年春季，关大外国语学部中文系招收了有史以来第一届学生，2010年3月，这些学生顺利来到北外留学。这些学生生源好、素质高，在北外期间，他们学习刻苦努力，中文学院也为他们提供有利的学习条件，举办各种交流活动。通过一年的学习，他们的汉语水平可以说是突飞猛进，回日本后，连他们的老师都感到惊讶，对北外的教学非常满意。2011年，第二届学生又来到了北外，开始他们愉快的留学生活。为了让关大二年级的学生到中国后尽快适应学习生活，使一、二年级的学习更好地衔接，关大提出了开设“远程留学预备课程讲座”的计划（详情见上文），目前，每周四的下午都有一位中文学院老师给关大学生远程讲座，将汉语口语学习与介绍北京风土人情结合起来，效果还不错。

近年来，学生层面的交换学习也开始进行。根据北外与关大的协议，关大每年接受2名硕士生来关大学习一年，关大免除学费，北外承认关大的学分。2009年，我们找到国际处处长苑建华教授协商此事，苑处长认为这是好事，积极促成，国际处决定由中文学院和日语系每年各派一名。目前，此项目进展顺利，中文学院已有2名学生先后赴关大学习，并已开始选2011年的人选。另外，近年来，有2名中文学院的硕士毕业生先后考上了关西大学的博士，目前，正在关大攻读博士学位。

值得一提的还有就是暑期班的项目，关西大学自成立外国语学部之后，也积极组织学生在暑假期间来北外进行短期学习和体验。据了解，关西大学每年都有6000多名学生选修中文课程，虽然他们不是中文系的学生，但是都将汉语作为第二外语来学习。目前这个项目刚刚开始，发展前景还是相当乐观的。

关西大学凭借与北外的多方位合作，已经成功申报了日本文部省的“亚洲校园”项目。北外通过合作，师资队伍的整体水平得到了提高，使我们的学生开阔了眼界，得到了锻炼。国际合作成功的标志就应该是双赢，只有这样，合作交流才能够持续发展下去，才能够提高我校的知名度，使北外成为具有国际影响的外国语大学。

马可·波罗与孔子的对话

——记意大利罗马智慧大学与北京外国语大学的交流与合作

梁冬梅

梁冬梅，女，1970年10月出生，北京市人，讲师，语言学与应用语言学专业硕士。1999年9月—2001年7月任北京外国语大学国际交流学院进修部副主任，2002年3月—2004年3月任北京外国语大学国际交流学院欧盟部主任。2006年担任意大利罗马大学孔子学院首任中方院长，自2007年起任北京外国语大学中文学院培训中心项目部主任。参与编写教材有《世界汉语教育史》、《意大利人学汉语》、《国际汉语教学通用课程大纲》等。

中国和意大利都是世界上拥有悠久文化传统的国家，两个国家之间有着长期文化交流的历史。意大利的马可·波罗早在700多年前就来到了中国，孔子的思想随着汉学家的介绍，特别是今天孔子学院的建立传播到了意大利。

罗马智慧大学，以下简称“罗马大学”，与北京外国语大学的合作，始于21世纪初罗马大学东方学院与北外中文学院的学术交流与合作。

罗马大学创办于1303年，是一所拥有700多年历史的国立综合性大学，在意大利及欧洲享有很高的声誉。罗马大学不但是意大利规模最大的国立大学，而且也是世界最大的大学之一。该校一共有21个学院，5000名教员，3500名工作人员，注册学生14万人。

罗马大学东方学院是西方国家最早进行汉语教育的大学之一。1982年，该校在文哲学院内成立了东方研究系。1994年开设了东方语言与文化本科专业，2001年3月单独成立东方学院。目前教授近东、中东、远东10种语言和文化：希伯来语、阿拉伯语、波斯语、番语、乌尔都语、印度语、孟加拉语、日本语、韩国语和汉语。学院一共有2000多名学生，其中汉语学生所占比例最大。教授的课程，除汉语本体外，还包括中国古典文学、中国近代文学、中国古代史、近代历史、中国艺术史、古汉语、中国古典音乐史、中国法律阅读等等。目前有基础本科（3年）、高级本科（2年，相当于硕士）和博士课程。

两校的交流与合作除了与北外海外汉学中心的学术交流、每年互派访问学者外，还包括以下几方面的内容：

一、互派学生

罗马大学于2004年春季学期开始派遣中文专业三年级学生，到北外中文学院学习3个月，罗马大学承认他们在北外中文学院得到的学分。

到2011年，罗马大学已连续8年向北外中文学院派遣留学生，每年人数从最初的30人，迅速增长到每年100余人。为鼓励学生拿北外的学分，罗马大学最初给来北外留学的优秀学生提供奖学金，后随着意大利政府教育投资的减少，奖学金名额越来越少，但来这里学习的学生越来越多，估计有三分之二以上的学生是自费来学习的。

北外中文学院项目部是专门负责罗马大学项目教学和管理的部门。学生单独编班，实行小班教学。开设的课程主要有：综合汉语、汉语口语、汉语听力、报刊阅读等，其中综合汉语课程继续使用《意大利人学汉语——提高篇》，与他们在意大利学习的内容保持一致。另外，每两周安排一次语言实践活动。比如：各种社会调查、参观博物馆、艺术区，去学校、农村考察交流等等。

通过3个月在北外的学习和生活，学生们在汉语听说读写等方面都取得了惊人的进步，对中国的了解不断深入，对中国文化的认同感、与中国人的情感不断加深。该项目的影响不断扩大，吸引了越来越多的意大利大学生来北外留学。同时，按照双方协议，北外每年也有部分意大利语专业的本科生和海外汉学专业的研究生赴罗马大学学习。

二、合编教材

罗马大学东方学院与北外中文学院合编教材的工作始于2005年。到现在已经编写了《意大利人学汉语·基础篇》(2006)、《我们说汉语》(2007)、《意大利人学汉语·提高篇》(2008)。这套系列教材由意大利著名的教材出版社HOEPLI出版。

《意大利人学汉语·基础篇》自2006年在意大利出版发行以来，获得汉语教学界的广泛关注，已为意大利多所高校的汉学系、孔子学院及社会汉语培训机构所采用。2010年12月，该教材获得了中国国家汉办评选的“优秀国际汉语教材奖”。

《意大利人学汉语》是由意大利著名汉学家马西尼教授主编，在意大利生活多年的汉语母语教师张彤冰和白桦、北京外国语大学中文学院汉语教师梁冬梅共同合作完成的。三方首先共同确定了教材的编写原则和体例。还通过深入调查，了解了学生们的学习需求和他们感兴趣的话题。在此基础上，通过语言对比，确定了语法编排顺序、练习形式等等。在具体分工方面，两位母语教师，一位负责课文内容的编写，一位负责课后练习的编写，意大利教师马西尼和保罗负责词语翻译、语法的解释，中国教师对课文内容、语法、课后练习等进行修改和补充。

这本汉语教材，以三个意大利学生马可、保罗、安娜，中国学生小雨、法国留学生路易的活动为线索。前30课介绍他们在罗马的学习、生活，比如互相认识、买东西、在中国饭馆吃饭、游览罗马的名胜古迹、看球赛、找房子、对比意大利人和中国人的时间观念、对同居话题的讨论等等。后10课内容是写他们到中国留学的情况，比如过海关、去中国朋友家做客、谈汉语比赛、介绍中国的传统节日等等。到第40课，留学生活结束。

教材最大的特点是针对性强。具体体现在教材容量符合意大利课时安排；课文内容本土化和中国化相结合；语法顺序编排充分考虑学生特点，语法解释注重语言对比；练习设计考虑了教学重点和外国学生学习汉语的弱点。

三方合作的教材的编写模式为国别教材的编写提供了借鉴。这种模式集合了三方的智慧，发挥了各自的优势，做到了最大程度上的优势互补，特别是由教材使用国著名的汉学家担任主编，有利于教师和学生对教材的接受，有利于教材的推广发行，对教材进入当地的主流社会具有重要意义。

在《意大利人学汉语·基础篇》不断获得认可和广泛使用的同时，《意大利人学汉语·提高篇》于2008年出版。《提高篇》主要供汉语专业三年级学生及高级汉语学习者使用。教材内容反映中国当代的社会历史、语言和文化。

整套教材不但具有针对性，而且具有连续性、完整性。

三、合作建设罗马大学孔子学院

到2010年，全球孔子学院及孔子课堂均已达到了300多所，在意大利也已经建立了8所孔子学院。而罗马大学孔子学院是国家汉办第一批成立的孔子学院之一。北外与罗马大学于2005年7月4日在北京签署了合作框架协议。协议签署后，经过积极筹备，意大利第一家孔子学院——罗马大学孔子学院于2006年9月29日正式挂牌成立。

孔子学院成立4年多来，中外方管理者精诚合作，保证了孔子学院各项工作的顺利进行。外方院长一直由意大利著名汉学家、罗马大学副校长、东方学院院长马西尼教授担任，首任中方院长为中文学院的梁冬梅，后由李立、吕小蓬、朱勇老师接任。

经过两校的真诚合作和密切配合，罗马大学孔子学院于2008、2010年被中国孔子学院总部评选为优秀孔子学院。2008年，院长马西尼被评选为先进个人，并被推选为世界汉语教学学会副会长。2010年10月7日，中国国务院总理温家宝代表中国政府和人民向意大利友好团体代表和友好人士颁发了“中意友好贡献奖”，马西尼教授因其在中意语言文化交流和汉语推广方面的杰出贡献而获此殊荣，成为意大利教育界唯一获此殊荣的汉学家。

罗马大学孔子学院自创办以来，主要做了以下几方面的工作：

1. 建立了完整的汉语教学体系

罗马孔院自挂牌成立以来，招生人数稳步提升，社会影响力逐步扩大。目前罗马大学孔子学院利用自身的汉语教学实力和影响力，已在罗马地区初步建立起覆盖各个年龄阶层、不同职业汉语学习者的教学框架，开设了不同级别的普通汉语、商务汉语和儿童汉语课程，初步形成了较完整的汉语教学体系。所招的10期学员已超过2100人。除此之外，还在罗马国立寄宿学校Convitto设立了孔子课堂。2001年，小学部有两个班新开设汉语课程。中学两个年级开设了汉语课，学习汉语人数达到了80人。在教学方面，中国国际广播电台广播孔子学院和罗马大学孔子学院联合主办了“与你同行——中意网络视频汉语课堂”直播活动，在罗马国立维多利奥·玛努埃莱寄宿中学成功举行，开辟了一条汉语教学和国际推广的新路子。

2. 开展丰富多彩的文化活动

罗马大学孔子学院自成立之日起，组织了一系列的文化讲座及各种宣传活动。

举办系列学术文化讲座，比如：孔子的生平思想和作品、易经、风水、中医与食疗、穿越西藏东部、中国传统建筑文化、年节文化、奇妙的汉字、李白杜甫的诗歌等。

举行了中国文化周活动。放映了介绍中国饮食文化、中医、武术、京剧、民间音乐的专题纪录片和反映中国社会生活的一些最新的优秀电影；组织学生参加了罗马华人社团的春节联欢会，观看了中国歌舞、太极、武术及时装表演。

组织了意大利中学校长中国行和意大利中学生夏令营。让他们亲身感受中国社会与文化，以推进汉语教学在意大利中学的普及与发展。

参加意大利汉学家协会年会。在会上作主题发言，介绍孔子学院的成立、组织的各种活动，和与会代表交流了建设管理孔子学院的想法和经验。

举办“汉语桥”中文比赛、中国诗文朗诵比赛、中文卡拉OK大赛，举行欧洲华侨华人第五届书画展，组织意大利中部地区的汉语水平考试等。

2011年1月19日—26日，受国家汉办委托，北外艺术团在意大利罗马、米兰、布雷西亚、威尼斯、都灵孔子学院和孔子课堂开展巡演、巡展、巡讲活动。演出以“回访马可·波罗的故乡”为主题，中国民乐合奏《喜洋洋》、《梦里水乡》，京剧《天女散花》、《野猪林》、《贵妃醉酒》、《三岔口》，民族舞蹈《来吧，姑娘》、《邵多丽》以及剪纸书法、武术等精彩的节目为意大利观众呈现了一场丰富多彩的中国文化盛宴，在当地引起极其热烈的反响。

3.“春秋讲堂”培训汉语师资

从2010年秋季开始，罗马大学孔子学院每年春季（4月）和秋季（11月）均举办本土汉语教师培训系列活动，此活动被命名为“春秋讲堂”。每次活动为期四周，前三周为每周一次讲座，第四周为教师工作坊，集中讨论与讲座或教学有关的问题。讲座内容涉及教材的编写与使用、在意大利教汉语的若干经验和看法，汉语口语教学观摩与讲评，集中讨论了处理词汇、课文的多种方法以及如何进行课堂操练的具体过程。本系列讲座的进行，引起了对在意大利进行汉语教学感兴趣人士的广泛关注，每次讲座均座无虚席，反响非常热烈。

罗马大学东方学院与北外中文学院的合作交流仍在继续，并将不断发展和深入。

（本文的部分信息来自罗马大学孔子学院的报道及北外校园网新闻。）

接轨学术前沿，服务国际汉语教学事业

——记国际汉语教学信息中心与《国际汉语教育》杂志

吴丽君 王祖嫘

在国家汉办和北京外国语大学的大力支持下，国际汉语教学信息中心于2002年12月创立，设在北京外国语大学国际交流学院（今中文学院）。与此同时，内部交流刊物——《国外汉语教学动态》（*Overseas Chinese Language Teaching & Learning Report*）正式创刊。

信息中心建立9年来，通过刊物为国内外汉语教育界同仁搭建一个相互学习借鉴的平台，把握汉语走向世界这一千载难逢的机遇，充分利用北外多语种、多学科的优势，及时了解和掌握各国汉语教学的最新动态，研究和报导有关汉语教学的理论建构、教学方法、课程设置、师资培训、教学管理、教材出版、合作交流等方面的新情况、新问题、新进展和新经验，为推动汉语教学事业发展作出贡献。

2003—2004年，国际汉语教学信息中心遵循“注重信息，研究动态，为发展对外汉语教学事业服务”的宗旨，追求“借鉴国外汉语教学经验，提高对外汉语教学水平”的目标，积极开展工作，共出版8期《国外汉语教学动态》，约有三分之一的文章来自国外同行，在对外汉语类刊物中独树一帜。随着选文质量的不断提高，《动态》陆续得到了有关部门的肯定和专家同行的好评。2005 年，信息中心将《动态》杂志改版，更名为《国际汉语教学动态与研究》（*International Chinese Language Teaching & Learning Report*），由外语教学与研究出版社正式出版，并于年初召开了新版杂志出版座谈会。国家汉办主任许琳，教育部国际合作司专家处处长赵国成，外语教学与研究出版社社长李朋义，总编辑蔡剑锋，北京语言大学赵金铭教授、鲁健骥教授等众多领导和专家学者出席了座谈会，陈乃芳、赵金铭、鲁健骥、崔永华、陈绂等教授受聘担任新版杂志的顾问和编委。2007 年，信息中心正式成立《国际汉语教学动态与研究》编辑部，刊物的出版步入了规范化、正规化的轨道。

2006—2010 年，随着孔子学院在世界各国的建立，国际汉语教育的形势也发生了重大转变。信息中心及时把握时代的脉搏，在《国际汉语教学动态与研究》中开设“孔子学院”专栏，刊登了一系列孔子学院市场运作、语言和文化推广、师资建设、可持续发展等方面的研究成果。同时，信息中心积极加强与国外教学机构的合作与联系，广泛联络海内外专家学者，参加各类学术会议近百次，为信息中心和杂志“走出去”而积极奔走。如与全美中文教师协会和大纽约区中文教师协会实现了会刊交换，互登目录与摘要；聘任多位海内外知名专家担任编委，如魏崇新、文秋芳、陈国华、潘文国、万业馨、张博、顾安达、姚道中、内田庆市、刘乐宁、吴英成、古川裕、印京华、储城志等。

2009 年，《国际汉语教学动态与研究》再次改版，更名为《国际汉语教育》（*International Chinese Language Education*），由信息中心和孔子学院工作处共同承办。刊物在保留原有栏目内容的基础上，突出汉语国际教育与人才培养的主题，设置“汉语国际教育人才培养”、“语言政策与汉语国际传播”板块；对原有的国际汉语教学透视板块进行整合，开设了“欧洲汉语教学观察”、“东南亚汉语教学观察”、“北美汉语教学观察”等名家主持的专栏，从区域化、国别化的视角探讨海外本土教学；整合后的杂志报导视野更加广阔、内容更加有深度。主要特色栏目无论从研究视角和研究水平都走在该领域的前列。

截至 2011 年初，《国际汉语教育》已经出版 33 期，总计约 345 万字。2005

年应教育部国际司要求，信息中心协助完成了教育部“世界部分国家汉语推广情况调查”项目，组织编写了美、澳、德、英、日、韩等12个国家的调查报告，整理出版了《1998—2003中国语言学年鉴——国外汉语教学研究综述分册》。国际汉语教学信息中心打造了一个国际汉语教育研究的良好平台，创立了一本特色刊物，为国际汉语推广事业作出了不可忽视的贡献。同时，信息中心的工作也扩大了中文学院的影响，使国外许多大学和教学研究机构了解了中文学院，国外众多知名专家，如法国东方语言文化学院白乐桑、德国爱尔兰根—纽伦堡大学格鲁斯克、美国俄亥俄州立大学吴伟克、瑞典斯德哥尔摩大学罗多弼，美国纽约大学何文潮等50余位专家都曾慕名前来中心访问。未来，国际汉语教学信息中心将依托自身平台和研究实力，在中文学院的发展中发挥更大的作用。

第二编

几代耕耘　桃李芬芳

汉语教学60年

刘光华

刘光华，男，云南省大姚县人。1944年9月至1946年6月于西南联大外文系学习。1946年10月至1949年7月进入北京大学中文系学习。1949年8月至1950年2月至华北人民革命大学学习。1950年2月至1951年10月在北京外国语学校英语系学习。1951年10月至1981年4月在北京外国语学院汉语教研室任教。1981年4月至1982年4月担任日本东京“时代—生活语言中心”客员教授。1981年4月至1987年10月担任北京外国语学院中文系副教授。编写的教材及辞典主要有:《汉英辞典》(修订版，编委)、《语法与修辞》(外语院系教材组合编)、《汉德语法比较》(合编)、《新世纪学生英汉辞典》(主编)。

北外迎来70周年校庆，可喜可贺。作为北外首届（1949）的学员，也是调派汉语教学的头一个老兵，我见证了北外70年的筚路蓝缕和辉煌成就，亲历了汉语教学60年的坎坷历程。如今以离休20余年的耄耋之身，躬逢盛世，欢庆母校华诞，欣慰之余，感到无比荣幸。

北外经历了不平凡的历史发展过程：抗大俄文大队（1941年延安）—华北大学俄文系（1948年正定）—外事学校（1949年北京御河桥）—外国语学校（北京西苑）—北京外国语学院（1954年苏州街）—北京外国语大学。她从无到有，从小到大，从简陋到完善，一步步发展成为有50个语种（含汉语）的外语大学，成为全国外语院校的"排头兵"。她已培养出上百名高级外交官和许多高级外语人才，分布在党政、文教、财经、外贸、军事等部门工作。北外毕业生为我国社会主义建设事业作出了重要的贡献。

北外的汉语教学只有60年历史，从创设到发展壮大，经历了不平凡的过程：国文组（1951）—汉语组—汉语教研室（1954）—汉语部（1984）—中文系（1985）—国际交流学院（1990）—中国语文学院（1994）。这个过程是顺应着新中国的崛起，蓬勃发展壮大的，我国国际地位逐渐提高，在国际事务中的影响日渐扩大，成为举足轻重的力量。汉语是世界上使用人数最多的语言，是我国五千年光辉灿烂的历史文化的载体，在国际交往中是重要的交流工具，因而是联合国的五种工作语言之一。汉语经过长期的发展，成为人类最丰富、最优美、最发达的语言之一。汉字承载的信息量大，如大量的形声字，一个字兼容字（词）音和字（词）义。汉语的构词法灵活多样，造句法简洁明快，又吸收、融合了许多外来词语，形成了极其丰富的词汇库。现代汉语作为表达思想和国际交流的工具，既易学好记又好用。在联合国文件的五种文本中，以中文本的篇幅最短，充分体现了汉语的特点和优越性。随着我国改革开放的深入，国际交往日益频繁，学习汉语的外国人越来越多。我国有许多高等院校接受了学汉语的外国留学生。许多国家的大学都增设了汉语课程。随着全球信息化时代的到来，我国科学家成功解决了汉字输入电脑的难题，设置了几种便捷的输入方法，汉语作为信息交流工具的优越性更加突出。这也是国际社会汉语热日渐升温的原因。北外的汉语教学就是在这种时代背景中开创和发展起来的。

1950年，朝鲜战争爆发。以美国为首的“联合国军”攻陷平壤，直逼三八线。我国面临“唇亡齿寒”的险境。党中央发出“抗美援朝，保家卫国”的号召，动员全国人力、物力支援朝鲜的反侵略战争。中国人民志愿军迅即开过鸭绿江，协助朝鲜人民军击退“联合国军”的猖狂进攻。各地青年响应号召，踊跃报名参加军事干部学校。为了准备前线急需的外事干部以及培养新中国建设所需的外事干部，中央决定从中挑选500名学生进入外国语学校学习英、法、德及西班牙语。他们大多数是中学生。在学习政治和外语课程之外，还需要学习汉语，才能适应将来的外事工作。于是我校决定在教务处于1951年临时成立了国文组（后称汉语组），由教务处干部陈正宜兼任组长，教员只有辜远（女）和我二人。我们开始筹划汉语教学工作。

当时恰逢《人民日报》在头版发表社论《正确使用祖国语言，为语言的纯洁健康而斗争》，号召新闻出版界整顿文风，提高报刊的质量。同时连载清华大学中文系教授、语言学家吕叔湘和朱德熙合著的《语法修辞讲话》。这是吕叔湘先生应邀为新华社工作人员授课的讲稿，很适合我校学生学习。当时外语学校校址在西苑，离清华大学不远。领导决定商请清华中文系教师来兼授汉语课。当时社会风气很好，单位之间积极发扬互助协作精神，同心协力为建设新中国贡献力量，而且不计报酬。清华中文系欣然同意派教师来兼课，暂定每周2学时。吕叔湘先生讲授语法修辞，朱德熙、王瑶等讲授范文选读和写作知识。

外国语学校当时是在西苑清末袁世凯时代的兵营办学。那是一群破旧的两层楼房，条件十分简陋。限于学生多而师资少，汉语课只能在礼堂（兼食堂）上大课。礼堂没有桌凳，开饭时，全体师生分组围着一大盆菜蹲着用餐。每周到汉语课时，近500学生各自搬着椅子（有扶手，可写字）到礼堂上课。我的任务是骑自行车到清华，雇一辆三轮车把老师请来授课，然后站在台上当助教，帮老师写黑板。有一次去接朱德熙，他说：“其实我也可以骑车去。”这是解放初期一般知识分子的精神面貌：以艰苦朴素为荣。我还是请他坐车，以示尊敬。

清华大学中文系老师们的大课受到北外同学们的热烈欢迎，为我们的教学起了极好的示范作用，为后来的汉语教学奠定了坚实的基础。

汉语课除大课外，学生每月写作文一篇。汉语组人手不够，就请教务处几位干部如梁泽南、黎明等帮助批改，然后分批到各班教室进行讲评。到1952年夏，陆续调来汉语教师阎崇璩、翟贞元、戚桂宴、吴仕醒、戴庄和周妙中等，加上梁泽南和黎明，汉语组师资基本齐备，可以正式开展教学了。于是准备分小班（30至50人）上课。拟定汉语课为两年必修（一般高校只学一年）：第一年学语法修辞、范文选读及习作；第二年学文选、写作及文学史。我们积极编选教材，由打印科打印发给学生。当时因校舍条件所限，各系师生的宿舍和教室都在同一座楼里。当时的外国语学校只有英语系和德、西、法语系两个系，俄语系于1951年冬并入城内的俄文专科学校。师生们朝夕相处，亲密无间。课堂上是师生，课堂下是朋友和同志：俨如革命大家庭里的弟兄姐妹。大家都怀着同一个理念：我们来自五湖四海，为了共同的革命目标走到一起来了。全体师生自觉地继承并发扬延安时期的革命精神：团结、紧张、严肃、活泼。那是我终生难忘的最美好的岁月。1953年，部分同学志愿开赴朝鲜前线，参加停战谈判及管理战俘的翻译工作。1954年，参干的同学毕业。我们怀着依依惜别的深情欢送他们走上工作岗位。

1954年，新校舍竣工。学校迁入新址（今北外西院），改名“北京外国语学院”。汉语组改为“汉语教研室”。办学条件大大改善了：办公楼、教学楼、学生宿舍楼、教职工宿舍楼以及礼堂、食堂各得其所，并初步具备现代化的设施。北外正式参加全国高校统一招生，并派出干部到外省市10多个招生点择优录取新生，以保证生源质量。我们汉语教师的任务就是参加语文试卷的评阅工作。每当盛夏三伏天，我们就到北大未名湖边的“临湖轩”（原燕京大学校长司徒雷登办公室），与若干院校的数十位教师一起评阅北京考区的试卷。由北大中文系教授主持试评几份，经反复讨论议定评分标准，才开始分头评阅。大家冒着酷暑高温，严格而认真细致地评定每一份答卷的分数，因为它在录取线中占较大份额。

20世纪50年代至60年代中期，是我国文教界比较活跃的时期。新中国成立初期，我国对知识分子的争取、团结、改造的政策有：在生活上，对原有教师实行“包下来”的政策；在政治上，采取信任态度；在工作中、教学中发挥积极作用；同时也开展了知识分子的思想改造运动，使他们进一步树立为人民服务的思想。1956年初，党中央委托周恩来代表中央主持了知识分子问题会议，对有关知识分子的各方面的重要问题作了全面和深刻的研究，对需要解决的事情作出切实、具体的规定。1962年3月在广州召开的两个会议（全国科技工作会议和全国戏剧创作会议）中，周总理和陈毅副总理提出要给知识分子脱帽（脱去资产阶级知识分子的帽子）和加冕（加上工人阶级知识分子的帽子）的重要指导思想。知识界的思想得到解放，科技、文教界出现了一片欣欣向荣的气象，成为新中国初期极其宝贵的“黄金时代”。正因为如此，才有后来包括十年“文革”期间收获的辉煌，如：1964年10月，我国第一颗原子弹爆炸成功；1967年6月，我国第一颗氢弹又爆炸成功；1970年4月，我国第一颗人造地球卫星也发射成功等。

在这宽松的政治氛围中，汉语教研室的同志们也受到鼓舞，都不同程度地放下了之前在思想改造运动中受到批判而背上的思想包袱，积极地投入工作。在教材编选和教学计划讨论时，都能畅所欲言，各抒已见，做到集思广益。老教师阎崇璩被任命担任教研室主任。他毕业于抗战前老北大中文系，曾先后两次考入北大研究院，师从著名学者胡适和语言学家罗常培。1952年毕业分配到北外工作。他是民革成员，工作经验丰富，业务水平较高，来校后与我们相处很融洽。这个时期汉语教学工作开展比较顺利。为了使学生扩大知识面，除两年必修课程外，我们增开了两门选修课：语言学概论和中国文学史。选课的同学很多。

可惜好景不长。一场突发的政治运动，把3名汉语教师划为“右派分子”，不仅挫伤了他们的积极性，而且影响了同志之间的友爱团结。随之而来的“反右倾运动”，造成全国范围的人际关系严重扭曲和紧张。1959年，俄语学院（现北外东院）与北外合并。汉语教研室扩大了，又分配来外地院校中文系毕业生杨天戈、黄淑娟、林杏光等5人。此后逐年都有毕业生分配来校，也有陆续调出支援外地院校的。到“文革”前夕，共有汉语教师约20人了。这个阶段，由原俄语学院的宗群、林丰年、王育颐先后担任教研室主任。教师分为一年级和二年级两个教学组。我们遵照中宣部下达的文科教材会议精神编选教材，既重视政治思想内容，也要注意语言表达形式（文辞优美）。除毛泽东和鲁迅的文章和诗词之外，选了一些当代的优秀散文。如魏巍的《谁是最可爱的人》、巴金《我们会见了彭德怀司令员》、陶铸《松树的风格》、刘白羽《长江三日》以及《青山翠竹》等。此外还选了一些历代公认的古文名篇。当时还允许选一点“文辞优美而思想无害”的文章。这就实在不好掌握了。

我们小心翼翼地教学，不料“文革”风暴骤起。这场为期10年 的政治运动，使社会主义建设遭到毁灭性破坏。汉语教学竟然首当其冲遭到批判。铺天盖地的大字报严厉指责：除毛主席和鲁迅作品之外，教的文章多半是宣扬“封、资、修”思想的大毒草。我们如坠五里雾中，茫茫然，惶惶然。后来各级学校都停课闹“革命”。知识分子下放“五七干校”学习和劳动锻炼，知识青年上山下乡接受贫下中农再教育，等等。

对外汉语教学

我校的对外汉语教学最早始于1952年。那时还没有“对外汉语”这个概念，传统的说法就是“教外国人学中文”或“教外国人说汉语”。1952年在西苑时，我校师生每天早餐前有一小时早读的习惯。学生读外语，教职工则学俄语或英语。当时有教英语的四位外国专家：柯鲁克（David Crook，英籍）、伊莎白（Isabel Crook，加籍）、陈梅洁（Margaret Turner，英籍）、白莎（Bertha Sneck，美籍）。他们也想在这个时间学中文。于是院领导把这个任务派给我了。他们本是我的老师，我不敢说教，只能说“帮他们学汉语吧”。4位专家都热爱中国，把毕生的精力都献给中国的文教事业了。即使在“文革”中受到极不公正的待遇甚至迫害，也不曾动摇过。我们在北外共事数十年，4位专家成了我的良师益友。

柯鲁克的三个儿子都在北京长大，是一〇一中学的高才生。“文革”结束后，他们要回英国上大学。我给他们补习了几个月中文，特别是古代汉语知识，他们就可以“特长生”资格考取英国的名牌大学。后来柯鲁克的小儿子红钢（Paul Crook）在英国BBC广播电台主持汉语广播。他的普通话说得很标准。20世纪60年代中期，德语系一位来自民主德国的专家也由我帮助学了几个月汉语。

正式开班教外国人学汉语，始于1953年春。此时朝鲜战争已近尾声，朝鲜派出青年军官50名来我校学习英语和法语。为了能适应中国教师的教学，他们须先学汉语。汉语组奉命组织教学。上级领导从北大调来东方语文系朝鲜语专业毕业生刘毓骧等二人担任翻译。学员分两个班上汉语课，由我和周妙中担任教师。我任课的班由刘毓骧随堂作翻译。当时还没有汉语拼音方案，我们只能用传统的注音符号进行语音阶段的教学。学员们用军人的战斗精神努力学习，进步很快。经过一个学期的集中学习，他们就开始学英语或法语了。

1954年改为外国语学院后，每年都有一批朝鲜学生到我院学西方语言。也有几个越南学生来留学。我仍教他们汉语，但每周只有三学时。中苏关系破裂之后，越南学生就不来了。外交学院曾有几个苏联和东欧的驻京外交人员进修，我也被派去兼汉语课（那时外交学院没有汉语教师）。

“文化革命”时期的汉语教学

1970年，“文化大革命”进入第四年。北外全体师生员工奉命下放到湖北沙洋“五七干校”进行劳动锻炼，接受贫下中农再教育，并要求在军宣队领导下继续进行“斗、批、改”。1971年春，开始进行教育革命，批判17年的“资产阶级教育路线”，树立“无产阶级的革命路线”。要求教师们在思想革命化的基础上进行教学改革。教务处领导要我写出汉语教学改革方案，经教研室同志们多次讨论、反复修改才定下初稿。为了进行教改实验，我院在当地人民公社办了一个外语师资培训班，也开设了汉语课，由何建章教文选，杨天戈教语法。

我们去听课，然后一起讨论、总结。我和杨天戈、李方三人还骑车或搭乘学校运物资的货车到沙洋、旧口等乡镇了解中学及师范学校的语文课教改情况，或听课，或与师生座谈。

1971年4月，军宣队领导孙泽福（中央派到北外领导“文化革命”的中南海警卫部队干部）召开全院大会，再次动员教育革命，要求用两周时间集中解决方针路线问题。同时要求各系把已编好的教材交给群众讨论修订。4月12日，他又传达了周总理接见外国语学院教改小组时的指示。为了学习先进单位的教改经验，我院派出教改小分队到北大、清华学习。因为北大和清华是“中央文革小组”派人直接掌控并树为教育革命的“榜样”。院教改小分队由各系教师和辅导员代表共17人组成，其中包括分管教学的副院长李棣华和我。我们于6月下旬到北京，7月下旬回到沙洋干校。当时北大已率先恢复招生，并且开始上课了。各地院校代表来参观学习取经的人很多，到处挂满大幅的标语口号，校园一片红彤彤的革命景象。大标语赫然写着“教育为无产阶级政治服务”，“教育与生产劳动相结合”，“工农兵上大学、管大学、用毛泽东思想改造大学”。这就是教育革命的方针、路线。总之，一切教育活动都必须突出无产阶级政治。为了学习他们的经验，我们和西语系和东语系的几个专业的师生分别座谈，又去听了英语、德语、缅语及乌尔都语等的课。他们的做法是，在制订教学计划、大纲、教案以及编选教材时都有学员代表参加，以保证政治质量。在课堂教学中突出政治，可以一节英语课为例。我和张幼云老师去听了一节阅读课，课文题目是《毛主席关心伤员》。老师着重教学员怎样用英语歌颂伟大领袖毛主席，分析有关的词语和句式的用法，并让学员当堂练习活用。课堂气氛活泼，效果很好。我去中文系了解汉语课的改革，不料他们搞“开门办学”，把汉语课开到工厂、农村去了。我只好到北师院中文系了解教改情况。我们还去前门饭店参观全国教材展览，但汉语教材不多。经过一个月在京参观、学习、讨论和总结后，我们回到沙洋干校向各系、处汇报心得、体会。各系都参考北大的做法，对教学计划和教材作必要的调整，准备迎接新学员入学。

为了准备恢复教学，招收新生，干校全体人员一面进行“斗、批、改”运动和生产劳动，一面紧张投入建筑新校舍的工程。机动车、手推车齐上阵，多数人用肩挑，从30里外的旧口（汉江码头）把砖瓦木料和水泥运回来，又参加施工劳动。经过大家努力，1971年5月，13幢砖瓦房竣工，计4000余平方米。(干校原只有茅草房)。6月，从北京本校运来2000套课桌椅，也是大家从码头搬回的。我和何建章合作，抬回两套。开学用的教室、宿舍算是准备就绪了。

1971年9月10日，部分教职工和1965年入学的学生（时称“太学生”）离开沙洋干校回京复课，毕业班则分配工作。汉语教师留下，按计划准备新学员的教学。

停顿了五年的外语学院恢复招生开学了。汉语教师分到各系按统一制定的教学计划和教材进行教学。我和李方、郝炳昕三人分到法语系，与全系师生同吃、同住、同学习、同劳动。新学员是各地厂矿、农村及部队推荐，又经过“政审”才招来的。我们认识到应该自觉适应革命化的新型师生关系。在语文知识方面，我们可以做老师，在政治思想和生产劳动知识方面，则必须向他们学习。古代的老前辈早有明训：“教学相长”；“师不必贤于弟子，弟子不必不如师”。历史实践证明，这是颠扑不破的真理。“青出于蓝而胜于蓝”，学生的成就超过老师的事例，历代屡见不鲜。在“文革”时期，我们有了更深切的领悟。

开学复课后，我们努力尽可能做到在汉语教学中突出无产阶级政治，学习毛主席和鲁迅的诗词、文章以及“两报一刊”（《人民日报》、《解放军报》和《红旗》）的重要文章，在充分解析其革命思想之伟大意义的基础上，讲解有关的语文知识，包括写作知识及诗词格律等。这时还是“文化革命”的“斗、批、改”深入阶段。多数人还没摆脱批判刘少奇的迷惘心态，却突然传来震惊全球的“林彪叛逃”新闻。于是，大批判的任务是集中揭批“林彪反革命集团”的罪行，当时的汉语课理所当然地要配合这场大批判。

大学招生由基层推荐，学校派人择优录取，只要政治审查合格就行。学员都是新中国成立后出生，文化程度偏低而又参差不齐，不可避免地造成教学工作的困难：学的吃力，教的费劲。

1972年“五七干校”结束，我们回到北京，继续按“革命路线”进行教学。“四人帮”趁毛主席和周总理病情日益加重之机，猖狂进行篡党夺权活动。他们以“中央文革”名义发动“批林批孔批周公”运动。企图打倒周恩来、邓小平及叶剑英等很有威望的老干部，以扫除他们篡权的障碍。同时欺骗不明真相的群众，挑起派性斗争。因此，社会秩序遭到严重破坏：思想混乱，工作停顿，经济濒临崩溃。学校教学秩序很难恢复正常。

改革开放之后的汉语教学

1976 年秋毛主席去世，“四人帮”被拘捕，终于结束了祸国殃民的“文化大革命”。党中央十一届三中全会作出决议，领导全国拨乱反正，以经济建设为工作重心，实行改革开放，为实现我国的四个现代化而努力奋斗。教育领域则首先恢复停顿了十年的统一高考的招生制度，从生源上奠定提高大学教育质量的基础。我院扩大了对外交流，外国留学生来学汉语的逐年增多。1980 年，教育部以下属的“教育学会”名义与美国“时代—生活教育系统语言中心”设在日本的分支机构订立合作协议：美方派专业教师 4 名到中国高校教英语；中方派 4 名专业教师（须懂英语或日语）到日本教汉语，任期一年，到期轮换。1981 年 4 月，我和北大及语言学院的 3 位教师被派到日本。我和北大的教师分在东京本部任教，语言学院的 2 位教师分到大阪分部工作。语言中心设于东京大手町街区“时代—生活大厦”（TIME-LIFE BUILDING），专门经营英语培训及教材、杂志出版业务。1980 年才增加了汉语培训业务。我们按教委指示用语言学院出版的《中国语》课本（有日文注解）教学，拒绝编写新教材。语言中心的管理人员大多数是留学美国回来的日本人，而英语教师都是来自英语国家的，因此在教务和行政事务中，英语成为主要的工作语言。分配给我的教学任务共 5 个班，每班每周 2 小时。其中 3 个班在大企业培训中高层职员，2 个班在池袋西武商业大厦教学楼公开招生，因学费较贵，每班只有四五人，都是小工商业主和中产阶层的家庭妇女。日本进出口银行和另一家大公司的高层职员，是在自己的办公室单独上课。这两人要求不只学课本，而主要是了解中国的风土人情和生活习惯，准备到中国开办分支机构。我在语言中心的同事，有教英语的美国夫妇二人和一位澳大利亚人。他们经教务主任同意，要我教他们学汉语。但他们只想学会听和说，因为读、写汉字较难，太费时间。我只好用汉语拼音方案拼出句子，对照英语写出教材。每周 2 小时都是会话课，他们都录了音，课后便于练习，所以学得顺利而轻松。他们说，以后去中国旅游或工作就方便了。这对美国夫妇告诉我，在日本工作，工资收入和美国差不多，但物价比美国高得多。他们看重日本的中学教育质量高、教学秩序较好，为了两个孩子在日本读完中学，能回美国考取名牌大学，才到日本工作。我深感“可怜天下父母心”，古今中外皆然。

1982 年回国后，我教的课程有：一年级的汉语语法和文选，日本教师进修班的汉语语法和古文选，对外汉语本科班的语言学概论，中文系青年教师在职研究生班的语言学简史，日本学研究中心的普通语言学。暑假期间为日本和西欧学生开办的暑期研修班，我也参加教课。此外，1978 年，我为北京理工学院英语师资班兼授汉语课。1987 年应邀到云南教育学院中文系讲授语言学概论。在教课之余，我每天用半天时间参加英语系《汉英词典》（修订版）编委会的工作。在业余时间，我根据美国中学的教学大纲编了一本《新世纪学生英汉词典》（北京理工大学出版社出版）。

1980 年，根据教育部关于统一编写汉语教材的通知，我和全国 27 所外语院系及大学的汉语教师代表在广州外语学院开会。经过多次讨论，决定根据外语专业学生的特点编写一本《语法与修辞》。大家分工执笔，我分工编写“汉语词法和句法的特点”（主要是与印欧语系比较而言）的两个章节。3 个月后在重庆四川外语学院由原班人马讨论初稿，并推举三人统一体例定稿。1981 年 2 月，《语法与修辞》教材由广西人民出版社出版，印数 11 万册。在川外的定稿会上，大家一致赞成编写汉语与几种外语如英、俄、日、德、西班牙语的语法比较，作为辅助教材。我承担了与德语及西语的比较。我与德语教师张才尧合编了《汉德语法比较》，1986 年 12 月由科学普及出版社出版。后来张才尧到德国教汉语，正好用上了。我与西语教师段士钰合编《汉西语法比较》，西语系油印作为辅助教材。在川外的教材会上，我院的汉语教师刘沫、黎明和吴岫光参加文选编写组，共同编选了《古代诗文选》。至此，汉语公共课的教材建设有了较完备的基础。

经过几次教材讨论会的交流，大家认为有必要成立一个学术团体，定期举行学术研讨会。经过酝酿磋商，决定成立“中外语言文化比较学会”，语言学家张志公任会长，杭州大学教授任学良、北外院长王福祥任副会长。我被推举以秘书长身份到有关部门办理审批手续。经教育部和文化部同意，民政部批准注册并颁发了“学术性社会团体证书”。20 世纪 80 年代末，学会在杭州正式成立，并举行了首届学术研讨会。90 年代，在陈乃芳校长及程裕祯院长支持下，我校国际交流学院主办了一届中外语言文化比较学术研讨会。我校刘光准等教师也发表了学术论文，受到与会者的欢迎。研讨会由第二任会长任学良主持，我院续三义当选为学会副会长。

在 40 年的汉语教学实践中，我深感中文学院的使命与一般综合大学的中文系有很大不同。除了汉语语言文学的专业课程外，应创造条件开设一些与外国语言文化有联系的课。如“比较语言学”、“比较文学”、“比较社会学”、“比较伦理学”等，外语系的同学也可选修。80 年代末，英语系赵德鑫老师邀我一起指导一位研究生写硕士论文，题目是《英语动词的 tense（时态）和 aspect（体）与汉语助词“了”、“着”、“过”、“来着”的比较》。从语言学角度比较两种语言的语法范畴，对翻译工作很有指导意义。西语系柳小培老师曾邀我一起主持北大西语研究生远浩一的论文答辩，题目是《赛蒂丝皮娜与红娘》。这是从文学角度比较文艺复兴时期西班牙剧作家罗哈斯的剧本与中国元代王实甫的杂剧《西厢记》。两个戏情节相似。赛蒂丝皮娜和红娘是剧中的主角，各自以热情、勇敢和机智冲破礼教的束缚，促成两对恋人的美满结合。两个主人公性格有同有异，言语行为各有特点。两位作家把东西方不同文化背景中的女性形象描画得栩栩如生。远浩一和他的导师沈石岩都是北外西语系毕业的校友，当时（50 年代）西语系的汉语课恰好是我教的。沈石岩毕业分配到北大教书，远浩一毕业后考上北大读研。

1966届俄语系毕业生张汉儒（因“文革”而延至1972年才分配离校）前不久对我说：“母校两年的汉语课使我受益很大。”他原在长春某研究所教外语，20世纪末奉调到乌克兰基辅大学教汉语。原定为期一年，后又要他留下创办中文系。经国内教委同意，他一直工作到今年春才退休回国。他很感谢母校在教他掌握俄语的同时，又使他打下汉语的坚实基础；否则，他是不可能完成这个任务的。

中文学院的发展突飞猛进，教学条件日益完善，师资力量空前雄厚，祝愿学院越办越好，相信一定会越办越好。

2011年5月20日于北外

我教汉语25年

李方

李方，男，湖南常德人。1949年中央大学政治系毕业，法学士。1951年北京外国语大学法语系毕业，文学士。1952—1979年在北京外国语大学任教，1980—1989年任中国社会科学院政治学研究所研究员、院研究生院政治系主任。曾任北京大学、南京大学等十余所高校兼职教授。中国翻译工作者协会第一届理事，中国行政学会第一届常务理事，中国政治体制改革研究会第一届理事，《中国大百科全书行政学分卷》副主编。先后应邀在美、日、英、荷、澳等国多所大学或研究机构做访问学者、客座研究员。主要译著有《行政管理学纲要》、《行政管理学基础》（主编）、《非暴力斗争》、《诗词曲格律新释》等十余种，英、法语译作约200万字，及论文《试论中国封建社会的基本特征》、《中国改革的世界意义和历史意义》、《论官本位制》等数十篇。

一、北外和汉语教学

1949年北京外国语学校从解放区搬进北京城，并且大规模招生。只有第一批学员因为年龄较大，多为大专以上文化水平，因而只学外语和政治。往后历届学生，包括1952年参加军事干部学校的那批，都开设了汉语课。因为学校领导认为，无论外事或翻译干部，汉语不好，都很难胜任工作；而且汉语不好外语也很难学好。这种观点一直贯彻到现在，今后恐怕也不会有很大的改变。

学校虽然重视汉语，但究竟应该开设一些什么课程，最初并无明确的计划，而是经过不断地摸索，逐步改进的。最初教师队伍人数很少，有时作业多了，还往往请系里语文较好的干部帮助批改。课文则是选一些鲁迅的文章、毛泽东著作和比较有影响的白话散文，如《谁是最可爱的人》、《荔枝蜜》等，也选取少量的传诵已久的古文，如《岳阳楼记》、《师说》、《捕蛇者说》等。并且还讲授一些基本语法知识，后来又自己编写了一套“写作基本知识”，教学效果也还不错。每学期还要写若干篇作文。

此外还曾开设供学生选修的“中国文学史”。由于多种原因，这门课经常是讲讲停停。

后来学校招收留学生，须教给他们汉语，这就使得教学任务大大地增加了。这时我已调往中国社会科学院政治学研究所，不再了解本单位的教学与工作情况。不过我觉得不管教学计划如何改变，学习外语的学生应该有较高的汉语水平应该是不变的。至于怎样教留学生学习汉语，则是一个新的课题，我毫无经验，不能赞一词。个人觉得不管是给学习外语的中国本科生讲课的老师，还是给学习汉语的留学生讲课的老师，都应该具有一定的英语水平或法语水平，并能懂得有关留学生的母语。若能如此，教学效果当然会更好。

二、我个人的主要教学工作和体会

我于1956年正式调到汉语教研室（本学院的前身）工作，先后教过现代汉语、写作基本知识、古代汉语和中国文学史，而以讲授中国文学史的时间最长。

我并没有念过中文系，但是念初中二年级之前，一直是念私塾，而且有几年是念“专馆”，即聘请老师专教家中少数子弟的私塾。因之古书念得还算扎实，《左传》、《诗经》、《四书》等私塾中常见的大部头书籍都背诵过，所以接受了讲授古代汉语和中国文学史的教学任务。但是在讲授现代汉语、语法和写作知识等的过程中，我也因教学相长而获益良多。

前已提及，我院的“中国文学史”课程是选修课，而且曾经讲讲停停。此课程原来是由一个三人小组讲授的。也许是为了节省人力，从1962年起，领导决定由我一人讲授。第一学年由于备课任务重，由阎崇璩和程金造两位先生各协助讲授一个单元。从第二年起，即由我自己承担全部讲课任务。从先秦一直讲到晚清，有时讲到“五四”。

在文字狱盛行的年代，讲授中国文学史是一个重任，并且有一定的政治风险，因为文学史政治性强，稍一不慎，就容易被人挑毛病和无限上纲，说你是借古讽今，并使领导承担用人不当的责任。何况我当时还戴着一顶“右派分子”的帽子。因此当时的领导林丰年同志敢于让我独力承担这门课程的教学任务，是一种难得的信任。但为此他也必须非常谨慎，要我先试讲，他亲自听课，觉得效果不错，才敢大胆使用。

由于学生不是中文系本科生，他们的汉语文史知识并不太丰富；分析作品时，如果讲得太快，学生的理解力跟不上；因而必须对典型的代表作，作比较详尽的分析。为此，我特按照文学史的线索，选有《中国文学史作品选》上、下两册，并详加注释，发给学生作为基本教材。此外，我还编写了授课讲义，但只作为教员的讲稿，并不印发给学生。

我在中国文学史的教学过程中，有一些小小的体会，不知对同行们是否略有参考价值。

我在课堂上喜欢提出一些启发学生思考的问题，例如我常说应该学习古人的成就，但不应迷信古人。即使前人千古传诵的佳作，有时也会有某种瑕疵。例如王勃的《滕王阁序》虽然文情并茂，但是个别地方如果不是传抄错误，就是用词不当。只能说“三江如带，五湖似襟”，所以原文应该改作“带三江而襟五湖”。又如欧阳修的词《南歌子》：“凤髻金泥带，龙文玉掌梳。去来窗下笑相扶，爱道‘画眉深浅入时无？’弄笔偎人久，描花试手初。等闲妨了绣功夫，笑问‘鸳鸯两字怎生书？’”这首描写新婚生活的词，美好如五彩电影，但美中不足：新娘文化太低，而且也有些不合逻辑。既然能够知道唐人名篇“妆罢低声问夫婿，画眉深浅入时无？”怎么会连“鸳鸯”两字都不会写呢！稍加改动就白璧无瑕了。也就是改作“笑道‘鸳鸯两字倩君书’”，以表示女方是要求丈夫的书法墨宝。不管我的这些分析专家们是否同意，但绝不会误人子弟，而且用在课堂上，能够激发学生的思考能力，课堂因此甚为活跃。类似的地方还有许多。

再次，我以为学习外国语的学生比较熟悉外国文学，倘能在讲课时，作一点中外文学的对比研究，应该比较容易调动学生的积极性。刚好我有一定的外语基础，文艺复兴以后的西方小说看了不少英、法原著或英译本，所以讲课时往往与外国文学作一些对比分析。例如讲《红楼梦》时，与托尔斯泰的《战争与和平》对比；讲元曲《赵氏孤儿》时介绍其对欧洲戏剧的影响；讲诗词平仄与韵律时，联系西诗中的抑扬高低格律和用韵的知识。这些都很容易引起外语专业学生的兴趣。此外在讲到作品的思想内容时，因为我原来是学政治的，我时常联系古今社会政治现实，爱憎分明，感情充沛，有时几乎落泪。最后这一点，使我在碰到政治运动时，差一点没有受到“借古讽今”的惩罚。

由于教材中所选文学作品，大都是我儿时曾经背诵过的东西，因之讲课时，能够比较得心应手地自由发挥。即使在分析较长的作品如《离骚》、《报任安书》、《滕王阁序》等时，我也基本上用不着看讲稿。在我这方面本是出乎自然而并非有意卖弄，但在学生方面则很容易引起他们的敬佩之心。

“中国文学史”对于学习外语的学生是选修课，按照当时的规定，期末不必考试而只作“考查”，即根据平常上课与交作业的情况，判定及格或不及格就行了，当然很少有不及格的。我每逢上第一堂课时，照例宣布：我不点名，你们不爱听讲的可以不来上课；上课时可以看其他书籍或打瞌睡，我不干涉。我认为学生打瞌睡是对老师的批评，谁叫你这个老师把课堂变作催眠场所的？但是请不要交头接耳地讲话，以免妨碍他人听讲。话虽如此，但是我的课即使到期末考试之前，还基本上是满员的。

对于当时领导的信任，我一直心存感激。因为几年的文学史讲授工作，使我受益良多：丰富和充实了我的文史知识，并且为形式所迫，对于中国诗歌的格律，下了一番苦功，且喜因此而有了独特的体会。

中国人一般对古典诗词饶有兴趣，然而又往往对其严谨的格律似懂非懂，而想知其究竟者颇多。我每逢讲到唐诗宋词时，学生总是希望老师讲授有关的格律；然而本课程的学时有限，一般只有 70 学时，而有关格律又绝非三言两语所能说清，讲多了又不能完成其他部分的教学任务。我冥思苦想，觉得应该从总结其基本规律着手，而不应该如书市上种种“诗词格律”书籍那样，教给学生一些死的公式。因为这些公式彼此近似，学生开卷了然，闭卷茫然，极难掌握。

我终于找到了这一规律，从而能够在两三学时之内，从我国诗歌发展源流讲起，告诉学生怎样根据这一基本规律推演出近体诗的各种格式，并进而摸索出（宋）词和（元）曲的写作规律。

我把这一规律写成《诗律浅释》一文，在 1980 年的《百科知识》第八期上发表。文章刊出后引起了不小的反响。青年人欢迎，希望我把它扩充成专著或小册子问世；另一些人则认为是胡说八道，不相信神圣而美好的中国古典格律诗，能够用一篇文章乃至一个公式说清楚。

这篇文章发表不久，我就调到中国社会科学院政治学研究所去搞政治学的重建和国家政治改革的工作去了，没有时间来偿还此债以了我心愿。迟至 2009 年，我于旅美六载归来并“退出政治学界”之后，才略有工夫整理旧稿，以当年的有关文章为基础，扩而充之，抽空写出了《诗词曲格律新释》，由社会科学出版社出版。书中畅论了有关中国古典诗歌的基本知识，由“近体诗”的写作规律进而探讨和推演（宋）“词”与（元）“曲”的写作方法，还深入浅出地讲解了“入声”、“句法字数”等问题，试图闯出一条新的研究路子。没想到此书的销路还不坏，也蒙知己同行给予好评，认为系统地探讨了古典诗歌的问题，并提出了不少自己独特的见解。现正拟修改补充后再版。

科研工作总是互相牵扯，枝节横生的。写完上书之后，我又因深感自己元曲的知识太薄弱，而社会上对元曲的研究，似乎远比诗词滞后。于是狠下工夫反复通读全元曲，主要是全元散曲及有关参考书籍，拟于近年出版一本初步定名为《元曲别裁》的著作。

总而言之，在汉语教研室工作的25年，占了我一生43年工龄的一多半，印象和影响都非常深刻。我自认对于工作是很认真负责的，贡献了应尽的力量，也得到了不少收获。多蒙院领导的深切关怀，征询离退休人员的回忆与意见，使我得以趁机回想与总结在汉语组的往事，并以之自勉。是为谢！

2011年2月18日于深圳四海公园之雍景轩

汉语教学门外漫谈

王育颐

王育颐，浙江镇海人，中共党员。1951 年 6 月至 1956 年 6 月，担任《俄文教学》杂志编辑；1956 年 7 月至 1959 年 2 月，担任北京俄语学院科研处、教务处、院长办公室秘书；1959 年 2 月至 1964 年 9 月，担任北京外国语学院院长办公室秘书；1964 年 10 月至 1979 年 12 月，担任北京外国语学院汉语教研室代主任；1980 年 1 月至 1982 年 6 月，担任北京外国语学院院长办公室主任；1982 年 7 月至 1986 年 12 月，担任北京外国语学院外国留学生汉语进修部主任（最后两年借调至校史编委会工作）；1987 年离休。

岁月无情，流年似水，我的一生在北外匆匆度过。1949年4月，“百万雄师过大江”，南京解放，国民党政府垮台。当时我是南京金陵大学的学生，响应号召，投考南下招生的北京外国语学校（即今日北外的前身）。当年8月初来到北京，先到华北人民革命大学学习半年政治，改造思想。然后回北外学习俄语一年左右。1951年，当时的师哲校长受命主持创刊《俄文教学》杂志。我与几个同学被调出参加编辑部的具体工作。从此，我未离开北外，在校内几个单位之间周转工作，直至1987年离休。其间曾两次滥竽充数调至汉语教学部门工作，现将有关情况简略报告如下。

一

1964年10月，我由院长办公室调至汉语教研室工作。当时汉语是学生除学习本专业外语以外必修的四门公共课（马列主义、国际政治、汉语、体育）之一。我被任命为代主任，主持教研室日常工作（当时教研室暂缺主任，一位副主任长期有病，正住院治疗）。那时国家正面临“文化大革命”的前夜，山雨欲来风满楼。“阶级斗争一抓就灵”，“阶级斗争要天天讲、月月讲、年年讲”，“政治思想工作挂帅”等等，是全国一切工作的“纲”，“纲举目张”。当时北外由外交部领导，我们在外交部教育司的具体领导下，进行教学改革，强调教学内容的政治性、思想性；在“厚今薄古”的方针指导下，削减了古汉语、古诗文的教学内容；对现代文的教学，要求学以致用，以政论文为主，强调政治思想正确。对于文学性、艺术性较好的所谓“无害”的作品，不仅要求“少而精”，而且讲授时必须加强分析批判，进行必要的“消毒”等等。对于这些“左”倾的措施和要求，我们当然都“奉命唯谨”、战战兢兢、认真执行，未敢稍有违反。

一年以后，1966年，“文化大革命”爆发，十年浩劫开始。不久大专院校以至中小学校先后停课闹革命，各级领导靠边站，师生均在“造反派”学生组织领导下参加运动，接受批判教育。我作为基层干部，自然也不例外。每天参加各种形式的批判会、斗争会和写大字报揭批上级和同事，检查本人的家庭出身、社会关系、思想意识等等。随着运动的深入，又开始“斗批改”，参加大炼钢铁、下乡接受贫下中农再教育。汉语教学与全校各系的教学完全停顿。直至1970年5月北外在湖北沙洋的“五七干校”成立，全校师生除极少数年老体弱者在京留守外，都被疏散至“五七干校”，边参加劳动，边继续搞运动，直至1971年下半年第一批工农兵学员先后入校，在沙洋干校因陋就简正式开学上课。汉语作为一门公共必修课也开始恢复。我亦奉命在亚非系给工农兵学员授课。所不同的是我们所有教员都只是教书，在政治上我们依然是受教育者，还是要向工农兵（包括工农兵学员在内）继续学习。不过这样总算名义上是师生平等、互教互学的关系，不再是单向的“接受贫下中农再教育”了。

1972年夏学期结束后，沙洋“五七干校”结束，全校师生迁回北京原址。秋天开学上课，教学秩序逐渐恢复正常。但当时“文革”并未结束，运动还在继续，“四人帮”还在台上指挥一切。1974年11月，我奉命继续担任教研室代主任工作，1976年9月毛主席逝世，接着“四人帮”被捕判刑，“文化大革命”宣告结束。全国各条战线（包括教育战线）逐渐拨乱反正，恢复正常秩序。但是“文革”在人民思想上的后遗症，尤其是“派性”，在相当时期内继续作怪，给工作和人际关系危害甚巨。我们面临十分艰巨的思想工作，既要大力恢复正常教学，又要谨慎小心处理好人际关系，消除“派性”，逐步恢复革命传统的同志友好关系。

当时考虑到，经过“文革”破坏以后，汉语教学的内容过于贫乏。老师们普遍要求教学内容应适当增加我中华固有文化遗产中一些优秀作品（例如先秦散文、唐诗、宋词、明清小说、小品等），于是，我们与一些外语院校（后来还扩大至个别的大学外语系科）的汉语教师协商，联合编印了一本《古代诗文选》，供各院校教学选用。当然，这本教材由于编选印行时间匆促，未及认真推敲研究，并不是很完善和理想的。但在当时起了应急的作用，聊胜于无，差强人意，曾被不少院校采用。

二

1979年以后，邓小平同志恢复工作，主持国政，中美复交，开始改革开放的新时期。北外由外交部改隶高等教育部领导，任命刘柯同志为院长，后高教部又派来三位同志加强领导力量，学校工作进行全面整顿。1981年3月，我奉命调回院长办公室工作。但一年后，1982年7月我又调至成立不久的外国留学生汉语进修部，第二次涉足汉语教学工作。但这一次面对外国留学生的汉语进修、培训，教学内容虽然大同小异，教学方法却有较大不同。而对外国学生的思想工作、生活管理又复杂得多。所谓“外事无小事”，一不小心就可能出大事。记得我到职不久就曾处理过一名日本学生的自杀事件，颇费一番周折。另外，还有一些送往迎来、组织参观旅游等活动，也耗费不少时间和精力。

1983年9月，与北外有校际交流的日本大东文化大学恰值建校60周年大庆，邀请北外派遣师生代表团赴日参加庆典。北外外事处处长陆兆淞与我奉命筹组有各系师生代表参加的代表团前往。我们一行17人，在东京逗留近半月，大东文化大学盛情接待。我们参加了他们建校60周年的各项活动，并签署两校今后校际交流协议，为两校长期协作交流奠定坚实的基础。后来以大东校长香坂顺一教授命名的“香坂班”，曾连续几年在北外开设，进行汉语培训，取得较好效果。

此外，两校教授还举行一些学术讲座，交流科研心得。北外当时派在大东任教的何建章教授作了关于先秦经典名著《战国策》的研究报告，赢得日方学者的好评。我们与大东大学有关系科的师生也举行过几次座谈，进行教学交流，彼此都觉得有所启发和收获。其间我亦应邀在日本国际教育协会欢迎我们访日的聚会上发表讲话，简介北外和中国有关院校招收外国留学生学汉语的情况。除了正式活动，日方还组织我们至东京附近的箱根、富士山等旅游景区参观游览。东瀛的旖旎风光和美丽山水给我们留下深刻印象。大东文化大学的领导和师生对我们热情友好，我们也感受良深，十分感谢。中日两国是一衣带水的友邦近邻，两国人民的确应该世世代代永远友好下去，共同为世界和平、人类福祉贡献我们的力量。

1984 年 10 月以后，一方面我已年逾花甲，面临离休；另一方面更重要的是，由于我国国际影响日益扩大，外国来华留学生逐年大量增加，教学任务日益艰巨。学校领导酝酿首先将汉语教研室与留学生汉语进修部合并，后又提升为中文学院，正准备物色几位较年轻的干部主持其事，以加强教学和领导，再加上当时全国各系统、各单位根据上级布置的“编史写志”任务，纷纷组织编委会，邀请一些年龄较老、在本单位工作时间较长的教职员工参加。北外亦成立“校史编委会”，我应邀参加编委会任副主任。编委会先后用了约两年时间，将《北外简史》编成付印。接着于 1986 年 9 月，北外举行规模空前的建校 45 周年庆典，并邀请 1941 年学校在延安创立以来历届校友如有可能都来参加。当时参加的人很多，十分热闹，极一时之盛。校庆结束，大功告成。我亦以 63 岁超龄服役，于 1987 年离休。我很高兴，此生有幸，得以在母校工作服务一辈子。亲历母校由小到大，由 1949 年仅有英俄法西德等几个常用语种的一所外国语学校，逐步发展成为多语种（现有 49 种外语）、多学科、高层次、特色鲜明、国内一流、具有重要国际影响的教学研究型大学的全过程。现在全球凡有五星红旗迎风飘扬的地方，都有我们北外人的身影和踪迹，怎不令人欢欣鼓舞，感到无比荣幸！

2011 年 4 月

“在北外，中文系的学生最累”

刘蓓蓓

刘蓓蓓，北京人，中共党员，副教授。1962年入北京大学中文系学习。1968年离校后先在内蒙乌梁素海边的解放军农场劳动锻炼，后在辽宁法库县任中学教师。1978年考入北京大学中文系为当代文学研究生。1981年获文学硕士学位，分配到中国文学艺术界联合会理论研究室工作，主要负责中篇小说的评论和研究。1992年调至北京外国语学院中文系任教，2001年退休。其间曾在日本东京大东文化大学任教一年。所著论文《我们欢迎这样的〈班主任〉》和《惶惑：面对1985年的中篇创作》在国内外产生影响；《魔幻现实主义·鬼文化及其他》、《母神崇拜与肥臀情结》和《从“测不准关系”的引进说开去》等文亦受好评。曾获北外的教学优秀奖。

我是1992年9月30日下午来北外报到的。此前不久，我决定离开中国文联理论研究室并四处求职时，才知道北外也有一个中文系。到了中文系才知道它每两年招一个班的学生，所以每年同时在校的学生只有两个班40人。在一些大的场合，比如校运动会，一个系只有那么“一小撮”人，难免令人气馁。

不过，我也听比我先来10多年的一位师兄说过：“在北外，中文系的学生最累。”进了北外的大门，却上了中文系，这令一些学生心里不平服；他们担心自己的外语水平低于外语专业的，汉语言文学水平又低于综合大学中文系的，于是在北外这样的环境中，他们的精力自然朝着英语倾斜。有的班在毕业前的有关考试中，几乎全班都达到了英语专业八级的水平；但同时他们还必须完成系里安排的教学计划，学好综合大学中文系的主干课程。后来，我用“第三种优势”鼓励学生：“和外语专业的比，你们的中文水平高；和中文系的比，你们的外语水平高！”这种优势还是有竞争力的：有一年外交部来我校毕业生中招聘时，按惯例学校不许我系学生去应考，但经过“斗争”，我们系一下子就有三名毕业生被外交部录用！

当然，系小也有小的好处。教师节时系里请学生和教师在留学生食堂聚餐、联欢，师生关系很亲密。老师很体贴学生的困难和需求，记得我们曾为毕业班的学生开了一个系列讲座，请各位老师宣讲自己新发表的论文，除讲解论文的主要观点，还要介绍自己的写作动机、资料准备、写作方法等论文形成过程。既让学生分享了老师最新的科研成果，又为学生写毕业论文做了示范，也促进了教师的科研工作。这自然又给师生增加了点负担。

所以，在北外，中文系的老师大概也是最累的。我们经常一个老师要同时承担两三门课的教学任务：本系中国学生和外国留学生的课，还有全校学生的公共课。且不说期末批阅公共课学生的一二百份试卷的繁重，编写教材就令人备尝艰辛：如我担任的中国当代文学，综合大学的中文系需用54课时至144课时，我却被限制在36课时、18课时甚至4课时内完成当代文学史的教学任务，我曾要求把我的讲义印成书弥补课时的不足，但我校的外研社明确表示“不出中文书”。我只好用以论带史的方法，在选择重点、决定取舍中冒险，削足适履。更有甚者，有时学校还布置一些简直令人啼笑皆非的教学任务要求我系完成。记得我到北外不久，教务处便根据“各系主任的强烈要求”令我系开设一门写作课，“教会学生写请假条等等”。我当时十分感慨我们系被“降级使用”到了何等地步：请假条应该是高小、初中学生就会写的呀！这能开成一门大学生的必修课吗？幸而我系领导和教师有足够的智慧，很快设计好了《现代汉语和写作》：讲授大学现代汉语，练习各种文体的写作，把综合大学的两门课并成一门课。既要写请假条，也要写计划、报告还有合同等应用文；我也被吸收进这个教学组，负责编选散文写作单元的范文。我既选了翦伯赞《内蒙访古》这样的严谨而又优美的学者型散文，又选了张抗抗的现代味十足、偏重于表达内心主观感受的《埃菲尔铁塔沉思》。教学组的同仁们通力合作，牺牲了暑假休息时间编写教材，还要负责印刷、运输和收钱卖教材等全部工作。我至今还记得两位年轻的男老师蹬着平板三轮车从印刷厂运回教材的情景。这门课是名副其实的“理论联系实际”：我们用课堂上所讲的逻辑和语法等方面的知识分析学生作文中的病句，他们感到帮助很大，有的学生特意找我说中学时没有老师能这样帮他们提高写作水平。而更令我激动的是学生们在写作时敞开心扉所坦露的真情实感：一个女生描述了她从自己因相貌平平而自卑到发奋用知识充实、提升自己的心路历程；一个男生则写了他的父亲乱伦所造成的家庭悲剧。我一直想找他们谈谈，给他们安慰和鼓励，却始终没找到双方都合适的时间。直到现在我还觉得辜负了他们对我的坦诚和信任。

后来我系主动为全校学生推出选修课《中国文化系列讲座》，由中文部语言专业和文学专业的老师轮番上阵，记得我讲课的题目（好像是）《从〈拯救大兵瑞恩〉引发的争论看文学作品中道德的主题》。在全国“文化热”的大潮中，学生们的文化意识也日益强烈，所以听课踊跃，用“门庭若市”来形容系列讲座的盛况并不夸张。连北外的邻居北京电视台都闻讯赶来录像并在晚间新闻中播出了那高朋满座的场面。为活跃学生的文化生活，我们中文系还联合教务处、校学生会等机构聘请校外专家学者来我校举办讲座，记得由我负责邀请的主讲人就有作家陆天明，作曲家、音乐教育家吴祖强和民俗学家刘锡诚。可惜由于校学生会和我系安排不当打乱了原计划，前两位都无法履约，只有刘锡诚来介绍了石头文化，讲座结束后仍有学生围住他请教英国的石头文化问题。我想，我们系教师种种努力的意义，不仅仅是增设一门课程，传播一种知识，而是对我校的办学理念和人才培养目标的一种调整和冲击。记得我曾在全校学生的公共课上直言不讳："如果你们的知识结构中没有丰富的文化内涵，特别是深厚的中国文化的底蕴，只是某种外语的听说能力强，那你充其量只是个学舌鹦鹉和传声筒！"

中文系师生就是这样凭借着自己的辛劳和自身蕴藏的中国文化的"软实力"，得以在被"边缘化"的困境中突围，逐步扩展着生存和发展的空间，提高着在北外的学术地位。我刚来北外时曾听说过去学生们最不爱上中文类的课，大家都挤在教室后面看专业书、做作业。而后来恰恰有学生在给中文系老师的贺年片上这样写着：老师身上"人格的力量"和"知识的力量""把我从教室的倒数第一排吸引到了正数第二排"！有个学生在当代文学课的期末总结中写道："每次课后都有一股人流涌向中文图书馆"，"经常出现几个人同借一本书的争执"。学校举行辩论或演讲比赛，学生会和各系学生都愿请中文系老师去指导；有时校刊也请中文系老师撰文介绍当前文学界、思想界的热点问题；我校外研社编辑《朝花惜拾·汉英对照·中国文学书系》时与我系合作，由我系老师为所选作品撰写导读。我甚至听说某些外语系老师去对象国进修前借走我系学生的文学等课的课堂笔记临阵磨枪，以备在对象国教汉语或进行文化交流的不时之需。

我在北外的"主业"是教授中国当代文学，在北外这样的环境中，我努力在中外文学、文化的交融上大做文章，开始涉猎比较文学领域，感到新鲜有趣。而更新鲜有趣的是还要承担对外汉语教学工作。我认为这门学科尚未发展得十分完备成熟，给我们留下了探讨摸索的广阔天地。记得我刚到中文系时就有一个强烈的感觉：有人认为对外汉语教学是语言学的世袭领地，似乎忘记了语言是一种文化的载体；讲课时往往把课文肢解成彼此孤立的字、词、句，而忽视课文的内容。有一本《汉语》教材中选用了台湾女作家龙应台的文章，留学生要求了解作者其人，任课教师听完我的介绍后抱怨说：“这哪儿叫对外汉语教学呀！”更令我至今不理解的一件事是：我系所设的中国文化研究中心曾组织很多教师利用暑假编写了一部《中国文化读本》，由商务印书馆出版。这本书的特色是：主要供中、高级班的外国留学生学习，但也适合我国有中等文化程度的人群阅读；编写体例上采取“以点带面”的方法，既重点突出生动有趣，又全面系统有一定深度。不料这本书却遭遇了“墙内开花墙外香”的命运：在我退休前系里似乎没有开设过与此书有关的课程，只有一位老师自行开了一门选修课，讲授了其中一小部分内容。然而我听说韩国的某些大学中文系就在使用这个读本，还有旅居海外的华人也用这本书教他的学生。最近我更听到了一个尚待落实的消息：外研社早已把《中国文化读本》译成多国文字，且影响很大。这种现象能不能说明当时我们系对外汉语教学中文化意识的淡漠呢？

我一直认为，绝大多数来学汉语的外国人都不会学究式地研究汉语本身，他们要认识中国的文化传统，了解中国的社会现实，同中国进行各方面的交流，甚至在中国生活工作。他们也许因听不懂汉语而显得“呆傻”，但他们都是在校大学生或大学毕业后工作多年的成年人，他们的生活阅历和文化修养都是不可小觑的。所以我们只有在教学中加大中国文化的“含金量”，才能多快好省地完成教学任务。我的一位在中央民族大学预科教化学的北大校友很支持我的看法：在预科学习的少数民族学生要听教师用汉语讲授有关自然科学和社会科学的各门课程，结果他们的“HSK”成绩普遍要比同时进校的汉语系的少数民族学生的高。我自己的经历也证实了我的想法：有一年夏天我被分配教一个短训班，学生都是来自瑞士的老年人，其中有记者、农场主、家庭主妇和公司老板等等。他们上午学汉语，下午游览北京。他们的汉语水平很低，有的人离开汉语拼音符号就一个汉字都读不出来，我的前任连最简单的课堂用语都要对他们说英语。（顺便说一句，我不赞同对母语非英语的留学生用英语来讲解汉语，这是不科学的；对英语水平较低的日本和韩国学生这样做就更不公平。）考虑到他们在北京逗留的时间很短，我的任务应该是加强他们对中国文化的兴趣，提高他们学习汉语的积极性，帮他们尽可能多地掌握与他们感兴趣的事物有关的字词句。于是我略去指定课本中的某些课文（诸如怎样办理入关手续）不讲，代之以像梁山伯与祝英台这样的故事。讲梁祝时我先引用了当年周恩来对外国驻华使节说的一句话：梁山伯与祝英台是“中国的罗密欧与朱丽叶”，老人们立刻心领神会地点了一下头，然后专注地听我用极慢的语速、尽可能简洁概括地讲述了这个悲剧，并抄下我写在黑板上、加注了汉语拼音的关键词：女扮男装、穷、坟墓和蝴蝶等等。最后我请他们欣赏了小提琴协奏曲《梁祝》。当天下午老人们便买了《梁祝》的CD，第二天早晨那位家庭主妇很完整地口头复述了梁祝的故事。这充分显示了教材的文化内涵对他们感情的震动所产生的力量。

短训班的教学可以这样地“实用主义”，其他学制的教学似乎也不该墨守成规。因为我系请来的那位加拿大汉学家和老师们座谈时说的话给我留下很深的印象：“外国人既然来到中国学汉语，就应该学活的汉语。”我也认为在中国这样的环境中学汉语，课型、教材和教学方法，肯定要和留学生们在自己国内“闭门造车”地学汉语明显不同；他们应该充分利用中国的环境，扩大教学活动的空间，密切接触中国社会的现实生活，加强汉语学习的实践，才能学到“活的汉语”。我刚到北外就奉命教留学生报刊课，很快和系里另两位“同行”取得共识：报刊课应该具有新闻性，我们所选教材要取自一周内的报纸（后来报刊课居然出了课本，21世纪的留学生要学习20个世纪80年代的中日联合声明之类的文章，这门课似应改个名目了），系里资料室亦备有多种报刊供我们剪裁；同时我们还认为报刊这一文体自身没有很多的知识点需留学生学习，报刊课要让学生在学习汉语知识的同时了解当前中国的社会生活。这样的教学目的和方法固然会使我们的备课紧张劳累，但受留学生的欢迎：有的学生课后经常自己购买中文报纸阅读；有的学生从报刊课上得知美术馆有罗丹等大师的作品展览便立即赶去参观，怕错失在自己国家内也不易得到的机会；有的学生学了有关艾滋病日的报道后认为中国对艾滋病防治的宣传比她自己国家的更有力。此外我开设了视听课《新时期的小说和电影》和视听唱课《中国民族歌曲经典MTV赏析》供留学生们选修。这些课给我带来很大快乐：我要向民间文学专家请教为什么《康定情歌》中反复吟唱“月亮弯弯”然后现趸现卖给学生；看到意大利学生随着颇有越剧风味的《化蝶》的旋律闭着眼睛摇头晃脑唱着“祝英——台”时我体验到何谓“陶醉”；而一位日本公司职员对电影《人生》主人公高加林命运分析的角度给了我很大启发，我收到了事半功倍的教学效果。

我退休前给日本本科生上“说话”课，曾和另外两位女老师配合教学内容带领全年级学生去“都一处”吃烧卖，登天安门城楼参观。对此学生们很兴奋，都有用汉语表达感受的强烈愿望，认真作了准备。我至今还记得期末口试时一位女生像演讲那样挥舞着手臂介绍天安门广场的概况；另一位长得像阿信的扮演者田中裕子的男生，平时金口难开，不得已时勉强吐出一两个字对付提问，这次问他对“都一处”的看法时他放开嗓门大喊着说：“我从来没吃过这么好吃的饭菜！”然后滔滔不绝地分析烧卖馅的配料和烧卖与包子的区别。我心里暗暗说：“我也从来没听见过你用汉语说过这么长的句子！”这次口试学生们都表现得词汇丰富、内容充实、语言流畅。这就是“活的汉语”给我们的教学带来的活力。

我退休 10 年了。中文学院已是今非昔比。然而，我校中文学院比其他综合大学的中文系有什么特色，培育出了什么强项？听说北外其他系也要招收外国留学生了，我院的对外汉语教学亦面临着竞争和挑战。看来，北外中文学院的师生将会更累了。

2011 年 5 月 15 日

我们学院的科学研究工作

马大品

马大品，男，河南柘城人。北京外国语大学中文学院教授，主要从事中国古典文学的教学与研究工作。主编的《中国佛道诗歌总汇》获国家图书三等奖，与人合著的《中国历代诗歌类编》获中南六省教育图书甲等奖。个人著有《中国历代爱情诗三百首》、《历代赠别诗选》、《老夫放歌集》；参与编写并任编委的大型工具书有：《中国诗歌大辞典》、《历代抒情诗分类鉴赏集成》、《中华典故全书》等。2001 年 4 月退休。

要写我们学院的历史有很多，考虑再三还是写写我们的科研吧。我 1965 年来学校任教至 2001 年退休，在我们系 36 年没动窝。我属于系里承上启下的一代，对系里的来龙去脉。发展变化还比较清楚。要说科研的情况，能给人留下深刻印象的就是建系后的那段时间了。改革开放后，我们中文学院由当初的教研室成了“对外汉语系”，原来只有 10 多个教员，一下子增加到 30 多人，50 多人，直到今天的近百人。当初主要讲授全校的汉语公共课，变成了有专业有分科的系。规模逐步扩大，建制逐步齐全。当时由于学校大张旗鼓地抓教学科研工作，形势一派大好。我们系就是在这一背景下，科研蔚然成风，硕果累累，叫人喜煞。我也是在这时走向科研之路的。今天回忆起往事都还记忆犹新，历历在目。现稍作回忆，叙述成文，以飨大家。

一、形势逼人，催人奋进

当初建立“对外汉语系”，这是中文学院一次脱胎换骨的变革。也是大家多年来梦寐以求的事，有说不出的高兴和喜悦，大有扬眉吐气、翻身得解放的感觉。以前我们系在北外地位低下，不被人瞧得起，好像可有可无，只是一个摆设罢了。老师长期有寄人篱下、当小媳妇的感受，很是憋气。因为只能讲授些简单的课程，老师的所好、特长完全被淹没，犹如老牛掉到井里，有力使不出。系的建立，命运大变，自己招收学生，自己设置专业。我们终于可以和外语系平起平坐了，不再担心别人瞧不起，而且凸显了自己的优势，带来的变化是叫人羡慕和佩服。老师也因有了施展才能的用武之地，无不跃跃欲试，好像蕴藏着一股要爆发的力量似的。

由于办学规模的扩大，课程门类的增多，特别是专业课的开设，分工更细，大家身上的担子也更重了。过去讲授公共课，任务单一，而且一些内容几十年不变，有的老师反复教了多遍，都烂熟于心，讲授起来并不需要花费什么大气力。而讲授专业课就复杂得多了，完全不同于过去，必须突出它的科学性和系统性。当时我们系对外汉语专业，单开设的专业课就有十几门之多，如“现代文学史”、“古代文学史”、“古汉语”、“现代汉语”、“文学理论”等，大学中文系的主要课程在我们系几乎都有。形势所迫，大家首先要定下自己的专业方向，然后各司其职。由于兴趣爱好和教授课程归于统一，老师不光是兴趣浓了，更重要的是责任心增强了。一时间，在我们系形成了一个认真钻研业务、下工夫教好专业课的热潮。由于业务上的精益求精，钻研的程度逐渐增深，这就自然促进了科学研究的蓬勃发展。一个教学科研的良好秩序在我们系逐步形成，一切都有条不紊地纳入了轨道，形成了前所未有的大好局面。加之学校当时要求摆正教学与科研的关系，以教学带科研，以科研促教学，做到教学科研的有机结合。实践证明这是完全正确的一条路子，因为二者是相辅相成、互相促进的。科研搞好了，教学的质量也就必然有提高。教育质量上去了，就必然促进科研。为了取得满意的成绩，学校还采取多种措施，鼓励大家上好每堂课，多出研究成果。像每年举行的科研报告会，对大家起到了激励鼓舞的促进作用。因为要展示就必须有“干货”，不是靠吹牛能办到的事。正如俗话所言，是骡子是马拉出来遛遛看（当时人都是苦干实干啊，哪里有什么不端行为）。第二是设立出版基金，资助大家出书，不少老师写的书因而得到顺利出版（我本人就有两部书受到学校的资助）。这些措施都很及时很给力，直接激励了科研工作的开展，促进了我校科研高潮的到来。当时大家都有种形势逼人、时不我待的感觉，必须快马加鞭，急起直追。在那段时间里，北外的科研工作蒸蒸日上，大有点儿热火朝天的景象。

就是在这种天时地利人和的条件下，我们系采取了多项措施，保证教学，促进科研。老师的教学科研工作开展得蓬蓬勃勃，有声有色。几年下来，不断有老师的文章发表、新书出版的消息，可谓喜讯连连。这前后大概有近 20 多年的光景，直到 90 年代后期，研究之风都不曾有减弱之势。

二、各显身手，硕果累累

由于我们北外科研蔚然成风，教学也显得朝气十足。这就是大家常说的，教学带动了科研，科研促进了教学的生动现实。一个生动活泼的教学秩序就这样在北外形成。我们中文系，是个年轻的系，与外语系既有许多相似之处，也有许多不同的地方。我们必须坚定地走出自己的路，办出自己的特色。所以对老师提出了比较高的要求，不论是讲授中文专业课还是为留学生上课，都必须教学科研两手硬，不可偏废。正是在这种环境下，我系的教学和科研才出现了蒸蒸日上的大好局面。教学秩序良好，科研成果突出，深得学校好评。

我面前放有当年学校出版的三本科研成果的书：一是1983年科学报告会的论文集（下），一是我校1949至1986年的科学成果目录汇编，一是我校1986至1990年的科学成果汇编。这是最雄辩、最有说服力的证据。它真实地反映了我校当年的科研成果及其所具有的实力。我们中文学院的成果在这三本汇编中显得格外耀眼，尤其是1986年后那本汇编，不论是质量还是数量我们都居全校第一位，这是我系历史上从来没有过的成绩。为什么能有这样的骄人成绩出现，首先离不开我们这个大环境，其次是有我们这里的小气候，否则就不会有这样的结果。就是在这样氛围中，大家展示了自己的敬业精神，展示了科研的实力。十多年里发表的文章、出版的书从没有间断过。大家备受鼓舞，一些动作慢的老师也急起直追，不甘落后。在我系无形之中形成了个不大不小的科研小高潮。

我们系虽然年轻，但历史很长。汉语的教学始终存在，只不过是一种从属地位罢了。开始仅有七八位老师，后来有近20位。但他们都经历不凡，全是名牌大学毕业，很具实力。像研究《史记》的程金造老先生，旧社会就是名扬海内外的专家了。还有阎崇璩、刘光华等老先生也都术业有专攻。尤其要一提的是我们的何建章老教授，如今他已八十有五，仍然孜孜不倦地研究他的《战国策》。他研究《战国策》可谓毕其一生之精力，成果突出，成为全国知名的专家。其著作《战国策注释》、《战国策今译》都是最流行的版本。我们系一些后辈也硕果累累，成绩斐然。而且有老师的书和文章还在全国或地区拿了大奖。

仅就上面提及的三本科研论文、成果汇编就收集我系论文和书110多篇（部）。其中不乏具有影响的著作，如《语法与修辞》、《汉语成语溯源》、《汉语会话读本》、《汉语惯用语词典》、《古今名段今译》、《古今称谓漫话》、《秦汉方言》、《祖国文化》、《华夏文化词典》等就是有影响的语言文化类的著作。文学方面的著作更是不可小觑，如《二宴词选》、《六一词选》、《鲁迅旧诗汇释》、《中国历代诗歌类编》、《中国历代赠别诗选》、《中国历代爱情诗三百首》、《中国历史文选》、《历代诗苑揽胜》、《中国散文选》等，都影响颇大，有的还流行于港台和海外。像《中国诗歌大辞典》、《历代抒情诗分类鉴赏集成》之类的工具书，在社会上同样颇具影响力。其中获奖的图书也不乏其例，如《中国历代诗歌类编》获得中南六省教育图书甲等奖。稍后出版的《中国佛道诗歌总汇》和《中国典故全书》也广泛流行于海内外，前者还获得了全国图书三等奖。至于文章获奖者就不一一说明了。

综上所述，不难看出我系科研的辉煌历史和具有的实力。但那只能说明过去，长江后浪推前浪，一浪更比一浪高，我们的后辈更是英姿勃发，后生可畏，更有作为。祝愿他们在科研的大道上高歌猛进，取得更加辉煌的成果！以上所述难免遗漏，不可能全面，只是述其大概，还望诸位老同志作补充。不妥之处均由我个人负责，请各位批评指正。

忆北外汉语写作学的创建

林三松

林三松，男，福建武平人，中共党员，副教授。1953 年厦门大学毕业后，在北京外国语学院中文系执教，先后任写作教研室主任、中文系首届本科生毕业班指导教师等。主要从事汉语写作学的教学与研究，主要出版物有：编著《写作导引》，主编全国高等学校教材《新编写作教程》，主编《外国写作教学辑评》、《写作艺术技巧辞典》，参编《中国写作理论辑评》丛书等。获首届全国普通高等学校教学优秀成果北京市级奖、中国写作学会首届优秀科研成果奖。1990 年 1 月离休。

1953年7月，林丰年主任指定杨天戈、李更新和我三人共同搞一个专题：围绕汉语课程的设置与改革，特别是如何提高学生写作能力问题展开研究，为第二年召开的全校学科研讨会做准备。由于责任重大，而且杨、李两位老师的工作头绪较多，实际工作只能由我来承担。

一、调查研究，学习借鉴，倡议开设汉语写作课

北外的培养目标是培养德才兼备的外语人才，要求学生除了必须学好外语专业外，还必须具有比较丰富的汉语知识和实用写作能力。对此，周恩来同志早有明确指示，他对外语院系师生说："学习总需要有几种工具，首先要把中国语文学好，不仅会说，而且会写。"许多毕业生在工作中也深有体会："我们除了做翻译工作外，还要起草文件，做联络和礼宾工作，要经常写请求、报告、简报、总结、声明、讲话稿和来往函电等，这都要求用词得当，表达确切，行文顺畅，符合格式等等，如果中方写作能力低，就容易出差错。"有的说："外语学院的学生要靠两条腿走路，一为外语二为中文，缺一而寸步难行，或行而难见成效。而中文则以实用的表达能力为最重要。"许多用人单位也纷纷反映，北外毕业生的外语水平不错，如果同时具备较好的中文写作能力的话，那将会如虎添翼。

为了做到心中有数，我们在校系有关领导的支持下，对近几届毕业生的汉语文字表达能力的适应情况作了问卷调查。共发出问卷100份，收回70份。统计结果：汉语文字表达不够通顺的20人，占三分之一弱；书写格式不对、标点符号有错误的，也占三分之一；近二分之一的人不会写调查报告、综合摘要、总结报告以及简报、合同、请示、函件、会议纪要等应用文；38人希望学校开设实用写作课，15人主张保留现代作品选、古代诗文选和语法修辞课。

我们还对英、俄、德在校三年级本科生布置了三次命题作文，参加者90人，评阅结果，发现错别字率3%—5%、病句2%—3%，主题不明20%，句段

之间缺乏逻辑性的约占 5%，不会写常用应用文的超过 70%。

1953 年开始，学校派我去承德、深圳、广州、漳州、牡丹江参加中国写作学会、现代写作学研究会的学术年会，参加筹组北京市写作学会，负责筹组全国外语院系写作教学研究会等，通过了解、学习、交流，大开了眼界，拓展了思路。得知全国高等学校中文系大多开设了写作课程，有一大批教师进行了写作理论与实践的研究，根据各校培养任务，编写出版了各具不同特点的写作教材，全国外语院系也正在进行汉语课的改革。大家都为“振兴写作学科”而团结、协作。我也深深认识到中文写作学犹如一大片处女地，召唤着有志者去开拓、耕耘、收获。

回顾我系多年开设的三门课程，即现代文选与写作、语法修辞和古代诗文选，我感到这些课程，对增长知识，丰富词汇，鉴赏文学作品，了解写作技巧等方面，无疑是有收获的，文选与习作课也让学生一学期写三四篇命题作文，也受到一定锻炼。但其内容大都从属于讲读课，局限于记叙、散文、评论之类。这些教学模式，明显不适应学生的实际需要和社会需求，很难达到我校人才培养的目标要求。

经过上述调查了解，我对全校汉语课程的设置与改革心中有了数、改革有了方向。于是由我执笔撰写了近万字的论文，题为《提高学生中文写作能力刍议》，并在学术会议上发言。论文多方面论证了开设汉语写作课的重要性、必要性，对编写教材、创新教学方法、采取有效的措施和配备任课教师诸方面，作了初步设计，得到领导和许多老师的理解和支持。

二、教学实践，探索改革，开创发展汉语写作学

（一）勇于试验开设汉语写作课

1984 年 1 月学校批准开设汉语写作课，并指定我负责写作试验班教学。当

时，一无教材，二无教学经验，三无充分时间准备。写作试验班共31名学生，由英语、亚非专业学生组成，教学时间为一学期（约16周）。由于学生的学习劲头和汉语程度各不相同，且学习时间短，见效难。为做足功课，我用了整个寒假来深入了解和分析学生情况，制订教学计划，编写相关教材等。课程安排方面，我按立意、选材、谋篇、措辞、修改等文章构成要素，分五个单元，分别讲授了写作理论知识，评析了26篇范文，指导学生自学了10篇文章，讲授了有关文体知识，作了9次作文，总结讲解了多数学生作文的优缺点，等等。一学期的写作教学试验结束了，根据学生历次作文、考试情况、学生期末小结、我自己的教学实践等综合分析，取得如下经验：

1. 学生对开设写作课进行写作训练有潜在的愿望和较高积极性。开课时31人中只有8人愿学，到期末则有30人认为十分必要了。

2. 写作教学采取讲写作理论、评析范文和写作训练三结合的路子是可行的。

3. 一学期时间虽短，但效果显著：50%的学生作文水平有明显提高；错别字从千分之三点八下降到千分之一点一，病句从千分之三下降到千分之一，有半数以上已不出现错别字和语句不通现象；期末考试成绩，半数超过80分，没有不及格的。

4. 要搞好教学改革，必须从实际出发，敢于创新，排除非议，肯于牺牲个人时间和精力。功夫不负有心人。

尽管如此，由于时间短，没经验，教学中仍然存在以下一些问题：

第一，教师讲得过多，教法不够灵活多样，影响了学生独立思考和学习的兴趣。

第二，教材、讲稿，贪多求全，不够重点突出，影响学生接受；教学时间少，写作训练缺乏集中反复，学生写作能力不够巩固；语言文字的训练比较薄弱。

第三，部分学生写作基础较差，又没有足够的时间因材施教，着力辅导，致使最后考试成绩只能将就“及格”。

1984年8月，领导又让我继续进行写作试验，并把时间从半年延长为一年。

为此，我在总结经验教训的基础上修订了教学计划，利用暑假改编了全部教材，修改了部分讲稿，改进了教学方法。我决心吸取经验，克服不足，虚心学习，全力工作，以取得改革的新成就。

（二）编著出版《写作导引》

我在近两年的写作教学实践中，一方面不断学习他人成果，一方面认真总结自己的经验，使之系统化、科学化，编写成专著。

全书32万余字，1987年6月由语文出版社出版发行，以供全国大学生文科的写作教材使用，也为社会青年提供自学材料。全书分12章，计有导论、立意、选材、谋篇、措辞、修改及消息、通讯、散文、评论、讲演稿、调查报告和总结。每章都有写作理论的阐述、例文的简析、习作的评改三项内容，形成一个个由知识转化为能力的完整单元。写作理论，力求简明通俗，重点突出，有翔实例证；例文，题材多样，富有特色，以求印证理论；习作，水平适中，各有评点，为练笔提供借鉴。这样的设计，能使自学者“学”有指导，“写”有根据，“练”有可鉴，是一条比较切实、有效提高实用写作能力的路子。该书由文化部顾问、中国写作学会顾问林默涵作序，肯定本书是读者“非常需要的”，它“对提高青年的写作能力将会起到积极的作用”。还得到北京师范大学教授、中国写作学会副会长刘锡庆的具体评价。他认为本书有三大优点，即：“一、间架好，所讲题目都是需要、切用的，但选得又‘精’；二、体例好，有知识，有例文，有思考，有学生习作，一个‘单元’相当完整，这是很有助于‘能力’培养的；三、从全书总体看，知识讲得实在，通俗明了，例文选得比较典型，切合学生实际。”

（三）改革、创新建设基础写作学

两年多的数学试验证明，开设具有独立体系的汉语写作课，是能够在较短时间内提高学生的写作能力的。局面打开了，怀疑论者少了。但是，我也感到以文章构成要素的理论体系，主要是研究静态写作成品，而非探索动态的成品制作；选编名家名篇做范文，离学生生活较远，实用性差；课堂教学讲授知识多，写作训练欠充分。这些都是不利于培养学生实用写作能力的，需要进一步改革和创新。

1985 年秋，经教务处核准，中文系对外汉语专业班开设两门写作课，即：基础写作和应用写作。这两门课均由我先后开设。我回顾自己的教学经历，认为过去以文章构成要素和以常用文体为体系的汉语写作教学，都没有抓到培养学生基础写作能力的根本。

为此，我一方面潜心学习心理学、思维学、逻辑学、语言学，深入研究当前写作学界的各种论著，去芜取精、由表及里、举一反三，终于探究出提高学生写作能力的根本在于培养他们的思维能力与语言表达能力。另一方面，我试行以摄取、运思、表达、检修等写作行为过程中的基本能力为核心的新体系，并为之作系统性、科学性的理论阐述。随后，改编写作文选，选入新近发表的短小精悍的实用体文章，还精选了不少优秀习作。在实施教学中我力求少讲，引导学生多动脑、多动口、多动笔，做到每堂课全班学生都做多种笔头练习，近半学生或朗读、或评析，进行口头训练；课下组织观察、采访、调查、阅读、观看影视、听讲座和座谈评论等活动，要求学生把这些活动作为素材在下次上课时或在全班作口头汇报，或写成书面文章。这样，教学面目一新，学生学习的积极性也被调动起来，经过短短半年的训练，学习思维能力和语言表达能力有了明显的提高。

刘燕同学在总结时写道：“这半年的写作课，把写作全过程分为不同阶段来学习，改变了过去按文章构成要素的旧体系，使我们在写作过程中的观察、分析、综合、铺陈、解说、论辩能力有了提高，从根本上培养了我的写作能力。”

盛玉芳同学写道：“我在老师的指导和帮助下，写作水平有了明显提高。首先，通过各种基本能力训练，观察、分析事物的能力有了进步；其次，重视了语言文字的表达，作文时不随便用词、造句；再次，培养了阅读和写作的兴趣。

从前，我对写作的兴趣不大，也不爱动笔写东西，阅读书籍也少，现在我产生了写作兴趣，碰到什么有意义的事，就会动笔写下来。”

（四）主编出版《新编写作教程》教材

1986年初我受国家教委委托负责全国外语院校汉语写作教材的编写工作。首先，从全国几十所外语院校的写作教师中选出不超过10人作为编委，既要考虑“面广”，有代表性；又要考量“质量”，能够胜任。经过多方联系、商量请示，最后确定西安外语学院的孙欣伟、四川外语学院的郭久麟、大连外语学院的李震国、广州外语学院的蒲丽田、杭州大学的朱丽云、国际关系学院的孔壁和北外的林三松，总共七校七人组成编委会，推选我为召集人。接着，草拟编写大纲，每位编委写出一份。经过交换、比较，最后大家同意以我的编写大纲为基础，在吸收其他同志的意见之后，提供编委会讨论。然后，商量解决编辑经费和出版问题，最后由北外外语教学与研究出版社提供活动经费并负责出版。

1986年4月20日，我与外语教学与研究出版社靳平妥总编一起乘机飞到广州外语学院，主持召开全国外语院系汉语写作教材第一次编辑会议。经过五天紧张讨论研究，终于确定了编写原则、编写内容、撰稿分工、完稿期限，确定我与孙欣伟分别担任主编、副主编，请著名语言学家张志公先生主审并作序，等等。会议开得很成功，大家无保留地展开学术争论，最后达成一致，显示了团结、认真、虚心、求实的精神。到1986年8月，各人撰稿汇齐。我邀西外孙欣伟、川外郭公麟、杭大朱丽云一起到杭州西湖进行统稿和修改。11月，我又专程赴西安外语学院，与孙欣伟就书稿中的一些遗留问题，再作磋商、修改，最后定稿。12月，我将书稿再次整理后定名为《新编写作教程》，并亲自书写书名，送张志公先生写序言。1987年2月送出版社。1988年6月由外语教学与研究出版社出版发行。封面冠以“高等学校教材”。全书41万余字，第一版第一次印刷1万册。

这又是一次创新，该教材突破了传统写作教材以主题、题材、结构、语言等知识为体系的旧体系，而代之以培养写作行为过程中的基本能力为核心的新体系；前者是研究静态的写作成品，后者是探索动态的成品制作。全书分上下两编。上编是基本能力训练，包括写作行为过程中的摄取、运思、表达、检修四个阶段。摄取，是写作的基础，着重进行接收、感受、储存三种能力训练；运思是写作的关键，着重进行联想与想象、分析与综合、抽象与概括、设计与布局等思维能力训练；表达，是将“思维”转化成“文章”，变“无形”为“有形”的必不可少的阶段，在这个阶段中着重进行铺陈、解说、论辩、选技、措辞等表达能力训练；检修，是写作的完善阶段，着重训练检查与修改文章的能力。下编为实用文体训练，包括新闻、评论、记叙、散文、应用文和翻译中的汉语表达，并简介诗歌、小说、戏剧、影视等文学体裁知识。上编为“本”，下编为“标”。“本”是基础，“标”是实用，两者结合起来，就既能从根本上提高写作能力，又能适应当前工作中的实际需要。本书针对写作自身的特点，十分注重写作训练。全书各章除理论阐述外，还精选了若干例文做借鉴，更设计了十几、二十几道训练题目，供学生练习，训练题大都提供了具体材料，方式多种多样。

本书体系和内容，在现有众多写作专著中是较有特色和较有新意的，它受到著名语言学家张志公先生的赞赏。他在《序》中说：“……这部《新编写作教程》教材，重视培养思维能力这个根本问题，重视结合实际应用。我赞赏这个路子，认为很值得提倡，值得尝试。”本书出版后被许多高等学校采用，连续多次再版，1990 年 6 月荣获中国写作学会首届优秀科研成果三等奖。

（五）适应需要，普遍开设应用写作课

《新编写作教程》教材，对于我校中文系的基础写作课是适合的，有显著成效的。但是作为全校各外语专业的汉语公共写作课是否还应有更合适的教材呢？我带着问题，又一次进行了调查研究。多数受调查者认为：学生要提高的固然有基础写作问题，但当前更为急需的是在有限的时间内解决应用写作的问

题。于是，我向校系领导提议在各外语系本科生高年级开设应用写作课，以适应他们毕业后工作的需要。

1987年5月，学校批准在全校外语本科三年级普遍开设《应用写作》必修课。中文系系里成立了“写作教研室”，派了六七位老师担任该课教学，委任我为主任。我们几位老师立即分工编写了近20种应用文体的写作教材，每种文体均含写作要领、正反例文、练习设计等等内容。我一人撰写了其中三分之一篇章，并对全部教材做了统稿和定稿，定名为《应用写作》，打印出版，供校内使用。

我在应用写作教学中以基本能力训练为核心，以应用文体训练为载体，着重进行练习设计和作文批改，配合教学进程指导，组织了调查、采访、演讲、信息搜集与交流、欣赏电影及写作评论，请来了著名记者、艺术大师给学生讲新闻写作和电影艺术鉴赏，举办了演讲比赛等等活动，使学生受到实际锻炼，在有限的时间内收到比较切实的效果，较大幅度地提高学生写作能力。学生反映：“一年的写作课，如及时雨，浇灌了久已干涸的大脑”；“庆幸自己获得了难得的学习机会”；“老师一篇篇作文的眉批、总批，给了不少启示”；“每次作文讲评都是恰到好处，指出优劣得失，使我悟出了许多写作门道”；等等。

三、总结经验，收获荣誉，应用写作课受到肯定

1988年底，我根据自己的认识和教学实践，回顾总结了写作教学的经验，撰写了长篇论文《加强应用写作，适应社会需求》，在中文系科研交流会上宣读，并被收入北外1988年社科论文集中。论文在论述应用写作能力是当今一切人才必备的条件、外语院校更加迫切需要之后，着重阐明了以下四方面的问题，即：一、认清学科特点，选讲主要体式；二、掌握文体程式，培养基本能力；三、注重写作实践，开展多种活动；四、稳定师资队伍，提高老师水平。这篇总结性的论文，是我多年来艰苦创业的心血结晶，是向后继者奉献的一份礼物。

至此，我艰难开创的写作课得到了巩固和发展：课程设置，由汉语实用写作发展到基础写作和应用写作；开设年级，由本科一年级扩展到本科一年级和三年级同时开设；开设专业，由中文系对外汉语专业普及到全校各外语院系；任课教师，由我一人独闯发展到六七位教师加入的写作教研室集体。当我看到北外汉语写作有如此兴旺局面时，我心中感到无比欣慰和自豪！在这期间，我把教学实践和深入学习积累起来的理论、经验加以系统化、科学化，编著出版了《写作导引》和《新编写作教程》两本专著向全国发行，为全国振兴写作事业作出了贡献。

1989 年，国家教委发下通知，奖励十年来全国高等学校在教学改革、教学质量方面的优秀教学成果，以迎接全国第一次高等学校教学工作表彰大会的召开。1989 年 1 月，经全校逐级评审，我的《外语院校实用写作学教学改革成果》被评定为北外 13 项优秀教学成果之一。为了让全校各教学单位互相学习，推动全校教学改革，进而从中评选出更优秀的教学成果参加北京市和国家优秀教学成果的评审，学校决定于 1989 年 2 月在东院主楼举办校级优秀教学成果展。我应邀参加，展出了从 1982—1989 年从事高中语文教学、大学本科写作试验班、基础写作课、应用写作课等一系列教学改革的成果，展出了我编著的《作文指导》、《新编写作教程》、《应用写作》(校内发行)，《写作导引》等 4 部专著及 6 篇论文、自编的《写作文选》、百余篇讲稿、学生作文评改、学生写的收获小结等，还有专家评价、载入《中国当代写作理论家》、《中国当代教坛名人传略选》、《中国写作教育家》等书所记载的种种事迹和材料。这些展品，由我系学生蔡剑锋设计图表配合展示出来，可谓丰富、充实、清晰可见。

校级 13 项优秀教学成果的展品均逐一展示，向全校师生开放，让群众参观和评议。数日之后，在广泛听取各方面意见的基础上，校评审委员会以无记名投票的方式选出四项优秀教学成果参加北京市评比。

1989 年 11 月北京市召开“一九八九年北京市普通高等学校优秀教学成果颁奖大会”，我及北外其他两项成果获得北京市级奖励。我在接受获奖证书及奖章时，激动得流下热泪！我在 8 年来从事写作教学与理论研究中深切体会到：

只有根据社会需求，确立以提高青年写作能力为目的，抱着从实际出发、不断改革创新的态度，具有无私奉献的“傻子”精神，才能勇担重任，开拓前进，取得成果！北外是以外语教学为主体，汉语教学一向不被人重视，中文写作课尤为不少人所不了解，更受到冷落。我的汉语应用写作课成果，能够在北外几十个教学单位，数十门学科中脱颖而出，占据北京市三个奖项之一，实在感到意外。这是对我8年来，或者说，数十年来所付出的劳动、所取得的成果的最充分肯定和最大鼓励。这一荣誉的取得，是和校系领导、老师和广大同学们的支持、帮助分不开的，我要深深地感谢他们！

2011年7月16日

对外汉语教学中的快速阅读训练

——回忆一次教学科研活动

鲁宝元

鲁宝元，男，汉族，北京人。教授。中国民主促进会会员。世界汉语教学学会会员，中国对外汉语教学学会会员，北京语言学会会员，常务理事。1960—1963 年在北京宣武师范学校学习，毕业后进入北京外国语学院（现北京外国语大学）附属学校任语文教师。1980—1985 年在北京师范大学中文系在职学习，本科毕业。1984 年进入北京外国语学院中文系，从事对外汉语教学与研究工作。1989—1991 年在日本福井县县立足羽高等学校任汉语教师。1996 年任北京外国语大学中文学院副院长。1996—1998 年受学校派遣到日本名古屋商科大学担任汉语教学工作。发表论文多篇，其中《对外汉语教学中的快速阅读训练》获北京市政府“北京市普通高等学校优秀教学成果一等奖”。

快速阅读是在保证基本理解的前提上，以尽可能快的速度进行的阅读活动。1980年代以来，许多国家的第二语言教学都非常重视快速阅读的训练。这是因为在现代社会里，一个学习和应用外语的人，他所接触的外文资料比以往大大增加，不具备快速阅读的能力，就很难适应学习和工作的需要。再则，快速阅读可以大大增加学习者的阅读量，扩大阅读面，丰富语感。对于提高学生听、说、写等方面的语言能力也有很大促进作用。对外汉语教学属于第二语言教学的范围，因此，在具备了一定汉语水平的中高级班里，进行快速阅读的训练是可能和必要的。

我从1983年转入对外汉语教学工作，开始关注阅读教学，对快速阅读训练很感兴趣。教学之余，就以这个课题进行了研究和实验。

一、快速阅读的基础理论研究

为探讨对外汉语教学中快速阅读训练的规律，我首先进行了一定的基础理论的学习和研究工作。其中包括，阅读的生理基础；阅读的心理过程；从阅读角度看汉语文章的基本特点等等。在此基础上进一步研究了汉语快速阅读的条件和决定阅读速度的几个主要因素。

（一）阅读的生理基础和阅读的心理过程

根据心理学家们的研究，阅读的心理过程包括两个主要阶段：

其一是认知阶段。阅读者通过眼球的运动，捕捉读物上的文字符号。文字符号以光波的形式，反映到人的视网膜上，引起兴奋，然后由视神经传入大脑的言语区，从而认知了这些文字符号。

其二是理解阶段。文字符号在大脑的言语区引起一系列的思维活动，从而理解这些文字符号所表达的意义。

从阅读过程的两个阶段看，阅读速度也取决于两个方面：一个是认知文字符号的速度；一个是理解文字符号意义的速度。

从认知方面看，认知的方式直接影响阅读速度。认知文字符号有两种不同的方式：一种是看到文字，同时发出声音，通过视觉和听觉的共同活动，识别文字符号，这种认知方式表现为诵读。一种是看到文字，直接在大脑中唤起意思，这种认知方式表现为默读。由于直接认知不经过听觉而直接由视觉吸收信号，达到识别，因此，认知的速度要比通过视觉和听觉同时认知要快得多。据研究，汉语书面语诵读每分钟平均是150—200字，而默读每分钟可达400—600字。

认知的方式是影响阅读速度的另一个重要因素。据观察，在阅读活动中，人的眼球并不是连续不断向下移动的，而是时动时停地向下跳动。眼停的时候感知文字。眼动的时候转而注视下面的文字，一次眼停的时间大约是三分之一秒左右，每次眼停认知的字数最少不到一个，最多的可达6—7个。一次眼停认知的字数叫"视距"。由此可以知道，认知的速度取决于一次眼停认知的字数。认知的方法有两种：

一种是合成式认知，即一次眼停认知一个字或一个词，一字一停或一词一停，而后合起来理解意思。

一种是整体认知，即一次眼停认知一个词组成一个短句，整体地理解其意思。整体认知一次眼停认知的字数多，因此速度高于合成认知。实验表明，逐个辨认不成词句的汉字，每分钟仅能辨认100个左右，而整体辨认组成词句的汉字，每分钟可达300个左右。

从理解阶段看，理解的速度主要取决于对组成读物的各级语言单位的理解的技巧。一个读者如果了解汉语书面语的词、句、段、篇的特点，而又能针对它们的特点熟练地运用各种技巧，阅读速度必快；反之，必慢。

认知的速度和理解的速度是相辅相成的。认知得快，有助于理解，理解得快也有助于认知。两者都是决定阅读速度的关键因素。

（二）汉语文字的特点与快速阅读

汉语文字的特点与快速阅读具有独特的联系。

第一，作为汉语书面语最小的表示符号——汉字，是以象形文字为基础发展起来的图形文字。其突出特点是字形与字义的联结比字形与字音的联结要紧密。有的汉字形体直接反映意义，如“日”、“月”等象形字；有的汉字形体虽不直接反映意义，但形体与意义有一定关联，如“本”、“末”等会意字；占汉字绝大部分的形声字，由于有表义的偏旁，字形与字义也是有联系的。通过偏旁可以了解这个汉字所表示的事物的种属、范围、材料等，如“忿”“怒”这两个字，可以根据“心”这个偏旁知道它们属于心理活动的范围。汉字的这种表义特点决定了在已经习得这些汉字的基础上，阅读时看到文字，可以更直接地在脑子里唤起意义，而不经过明显的声音转换。汉字的这种表义性质还决定了在阅读尚未习得的汉字肘，可以根据字形推测字义。据测算，阅读中碰到不认识的形声字，先看声旁，再结合形旁去确定字义，成功的概率在30%左右。汉字的表义特点为提高阅读速度提供了天然有利的条件。

第二，作为汉语书面语的基本单元——汉字，是一种语素文字，90%的汉字对应于汉语的一个语素。这些语素常用的不过4000多个，但它们的构词能力却很强，现代汉语的数万个词，就是由这4000多个语素构成的。只要掌握了这4000多个语素义，绝大部分合成词的意思就能无师自通。例如“诚挚”一词，根据“诚”与“挚”这两个字的语素义可以推测它是诚恳、真挚的意思。汉字这一语素文字构词能力强的特点，也为快速阅读提供了有利条件。

第三，汉字是一种方块状的图形文字，它的书写长度和印刷长度都比拼音文字短。词语数量相同的文章，中文用汉字排印比英文、法文、德文、俄文用拼音字母排印，长度都要小得多。汉字的这一特点也为提高阅读速度创造了天然有利的条件。70年代，一些海外的学者曾做过中文与英文、德文阅读速度的对比实验，结果发现，中文的默读速度较英文、德文的默读速度都快。

从以上分析中可以看出，对汉语书面语进行快速阅读是可能的，开展速读训练应该是有效的。

二、决定阅读速度的几个主要因素

根据上述对阅读的生理基础、阅读的心理过程、汉语文章的基本特点，可以看出决定阅读速度的主要因素是：

1. 认知方式。看到文字，不发出声音，直接理解意义的默读比看到文字、发出声音、理解意义的诵读速度要快。一次“眼停”认知一个词组或一个短句的整体认读比一次“眼停”只认知一个词的合成认读速度要快。

2. 理解技巧。掌握汉语文章字、词、句、段、篇的特点，并针对其特点运用相应的理解方法，阅读速度必然加快。

三、快速阅读的训练项目

由于阅读速度取决于认知和理解的速度，因此，只有让学生掌握科学的认知方法和理解技巧，才能有效地提高他们的快速阅读能力。快速阅读的训练应该包括以下项目：

（一）克服诵读的毛病，养成默读的习惯

纠正阅读时发声或虽不发声，喉部却做出发声动作的毛病，培养学生看到文字直接想到意思的好习惯。

（二）扩大视距，整体认知

指导学生克服那种一字一认或一词一认的捡豆子式的认知习惯。加强以词组和短句为单位的认知练习，循序渐进，逐步增加一次眼停认知的字数，扩大视距，养成整体认知的习惯。

（三）词语理解的技巧

1. 根据字形和造字法推测词义。例如阅读下面这个句子：

在渐渐发白的晨曦中，可以清楚地看见他的背影。

句中的“曦”字是个形声字，形旁是“日”表示字义与太阳有关，联系全句，可以推测是阳光的意思。

2. 根据构词法推测词义。例如阅读下句子：

“文化革命”开始时，许多知识分子感到惶恐不安。

“惶恐”一词是由两个大致相同的词素联合构成的。“惶”是惊慌的意思，“恐”是害怕的意思，由此可以推测这个词是惊慌害怕之意。

3. 联系全句和上下句推测词义。例如阅读下句：

为了寻求解放，秋瑾冲破家庭的羁绊东渡日本留学，并参加了同盟会。

“羁绊”一词在全句中处于宾语位置，联系上句可知是为寻求解放必须冲破的东西，据此可以推测“羁绊”是喻指家庭对她的束缚和牵制。

（四）句子理解的技巧

1. 用压缩的方法理解长单句。即从整体着眼，抓住句子的主要成分：主语、谓语、宾语，显现句子的主干，以加快理解。例如阅读下句：

那天下午，我们在大雨的海滩上和内滩的农民家里听到许多工农群众

为反对美军侵占农田做打靶场奋起斗争终于胜利的种种可歌可泣的事迹。(冰心《樱花赞》)

经过压缩，可以看出这个长句的主干是：“我们听到了什么事迹。”其他成分有的说明时间，有的说明地点，有的说明事迹的具体内容。抓住主干，理清枝叶，句子的意思就不难理解了。

2. 根据关联词语理解复句，例如阅读下句：

只要我们为人民的利益坚持好的，为人民的利益改正错的，我们这个队伍就一定会兴旺起来。(《毛泽东选集》)

根据“只要……就……”这一对关联词语，可以弄清句子前一部分说的是两个必要条件，后一部分说的是在这一条件下会出现的结果。

3. 根据句子的修辞特点和上下文理解难句。

在有些文艺语体的读物中，为了使思想表达得更深刻更丰富，常常使用一些意思含蓄的句子，这类句子的表层意思不难理解，但它所包含的言外之意、弦外之音往往不易明白。阅读中碰到这类句子应根据它的修辞特点联系上下文乃至全文来把握句意。例如下面这段话：

就拿吃雪来说吧，我在这里吃雪，正是为了祖国人民不吃雪。他们可以坐在挺豁亮的屋子里，泡上一壶茶，守住个小炉子，想吃点什么就做点什么。(魏巍《谁是最可爱的人》)

这段话采用了婉曲的修辞手法，表面上说的是吃雪，实际上包含着很高尚的思想认识，联系上下文可以看出战士所要表达的言外之意是宁愿自己吃苦，也要让祖国人民过上幸福生活的高尚理想。

（五）段落的理解技巧

1. 根据段落主句抓住段落主旨。段落主句是指段落开头、结尾标示段落中心思想的句子。敏锐地识别段落主句，就能较快地抓住段落的主旨。例如阅读下面这段话：

感人的歌声留给人的记忆是长远的。无论哪一首激动人心的歌，最初在哪里听过，哪里的情景就会深深留在记忆里。环境、天气、人物、色彩，甚至听歌时的感触，都会烙印在记忆的深处，象是在记忆里摄下了声音的影片一样。（吴伯箫《歌声》）

这段话的主句是开头第一句话，抓住了这个句子也就抓住了段落的主旨。

2. 根据段落中的提示词语把握段落的内容。组成段落的句子都是围绕主旨，按照一定的意义联系和结构形式展开的，其中常常使用一些表明层次和逻辑关系的提示词语。如“首先”、“接着”、“然后”、“第一”“第二”、“第三”，“因为”、“所以”、“虽然”、“但是”等等。抓住这些词语可以帮助我们理解段落的内容。例如阅读下面这段话：

有三类图书拥有者，第一类人拥有许多高标准的成套书和畅销书，但是从来没有读过，也没有摸过。实际上，这种人拥有的是纸浆和油墨而不是图书。第二类人有很多书，他读完其中很少几本，翻阅了大部分，但所有的书都像刚买来那样干净。这类人也许喜欢把图书变成自己的财产，对图书外表的虚假的尊敬限制了他。第三类人有一些书或有许多书每一本都被折了页，由于不断使用而松散，从头到尾被画上了记号，写上了字。这种人才是图书的真正拥有者。

根据段中“第一”、“第二”、“第三”这些表示序数的提示语，可知这段话主要介绍三类不同的图书拥有者。根据“但是”、“实际上”这类提示语可以知道这些图书拥有者表面与实质上的特点。

（六）文章主题的理解技巧

1. 分析文章的标题。文章的标题往往是概括文章内容、反映文章核心思想的。分析标题可以启发我们认识文章的主题。例如邓小平文选中《实践是检验真理的唯一标准》一文，文章的标题实际就是主题。

2. 寻找文章中的主题段、主题句，把握文章的中心思想。有些文章往往在开头或结尾用一段话或一句话点明文章的中心思想，找到了这样的句、段，有助于把握文章的中心思想。例如朱德同志的《母亲的回忆》开头第一段写道：

> 得到母亲去世的消息，我很悲痛。我爱母亲，特别是她勤劳一生，很多事情是值得我永远记忆的。

这段话开门见山地点明了沉痛悼念母亲，赞扬母亲勤劳一生的主题。抓住了这个开头段，把握文章的中心思想就比较容易了。

四、快速阅读训练的实验

（一）编写训练用教材

为了保证快速阅读训练能有计划地、系统地进行，为实际训练编写了供训练使用的材料。教材可按快速阅读技巧的训练项目加以编排。学习量按每周两课时，每学期 16 周进行安排。

教材采用以下体例：

1. 介绍汉语书面语的有关特点和速读技巧。

2. 为掌握速读技巧的多项练习。

3. 为检验练习效果的测试卷。

快速阅读训练教材中用于训练的文章内容比较广泛，不局限于某一种文体。以反映当代中国社会生活的小说、散文、政论、通信、报告文学为主，以使外国学生了解中国，加强有关中国文化的修养，促进语言能力的提高。文章的内容有一定的生动性，以求引起学生的阅读兴趣。文章长度在1500—2000字之内，文章的难度略高于学生当时已有的汉语水平，每篇文章的生词量大约在20个。

（二）实验的设计和过程

1980年代末，我在一个外国留学生中级班中对学生进行了首次汉语快速阅读训练。具体情况如下：

1. 学生的汉语水平

该班学生15名左右。大部分是日本、韩国学生。他们在本国学过汉语，具有中级汉语专业水平。能够阅读一般汉语文章。日常汉语会话比较流利。

在进行汉语快速阅读训练前，进行了一次汉语阅读水平测试。限定时间阅读一篇文章。然后完成文章后面的测试题。对学生的阅读速度和理解率作了统计分析，记录了测试成绩。

2. 进行每周2课时的快速阅读训练，共进行12次。训练内容为：

（1）举例向学生介绍该单元所要学习的有关汉语文章的知识和速读技巧。

（2）作一定数量的分解练习，以熟练掌握所学技巧。

（3）用成篇的文章针对训练内容作速读练习和测试。

每次练习和测试，首先记下开始阅读的时间，然后让学生以尽量快的速度阅读文章，读完后把结束的时间记下来，算出阅读时间，用文章的字数除以时间，算出每分钟阅读的字数，即阅读速度。

接着做测试题，做完后与标准答案核对，算出所得分数，测试题总分是

100，所得分数除以总分为理解率。每分钟阅读的字数越多，理解率得分越高，说明学生的快速阅读能力高。把全部训练所得出的阅读速度和理解率制成图表，以观察学生阅读能力变化的情况。

最后进行一次全面考察所练阅读技巧的总测试。与训练前的测试成绩对照，分析阅读能力提高的情况。

这样的实验设计，限于当时的条件和科研水平，在今天看来还不够科学和严密。

第一，没有设置对照组，不能肯定地说经过训练和没有经过训练的学生阅读能力存在差别。

第二，在进行快速阅读训练的过程中，学生还通过每周 6 课时的精读课学习汉语，随着时间的推移，对其阅读能力的提高同时发生作用。因此很难说学生阅读能力的提高完全是快速阅读训练所起的作用。

但是在实验过程中，让实验组系统地、反复地接受某种处理。每处理一次，就测试一次。

训练 1…测试 1…；训练 2…测试 2…；训练 3…测试 3…；训练 4…测试 4…；训练 5…测试 5…；训练…12…测试 12

采用多次处理、多次测试的方式，就在一定程度上弥补了上述所说的不足，可以看出训练所产生的效果。

（三）实验效果

汉语快速阅读训练在进行了第一轮试验后，统计结果表明，大多数学生在经过一个学期的 12 次训练后，能够掌握汉语文章的特点及阅读技巧，阅读速度和理解率都有一定提高。此后，又用同样的方法、同样的内容在另一班级进行了快速阅读训练的实验。取得的结果基本相同。实验过程可以重复，结论又具有普遍性，所以实验结果具有一定的信度和效度。

学生反映：

第一，通过快速阅读训练，了解了汉字这种特有的文字特点，以及由汉字构成的汉语词汇、句子、段落、文章的特点，能够针对这些特点去学习汉语了。

第二，通过快速阅读训练，掌握了认知和汉语文章的理解技巧，对汉语的理解能力有了较大的提高。

第三，由于快速阅读训练带有一定的强制性，阅读量比泛读课有所增加。词汇、句型重现率高，对全面提高汉语听、说、写的能力有一定帮助。

五、对外汉语快速阅读训练研究和实验的意义与价值

对外汉语教学中的快速阅读训练是在研究了阅读生理基础、阅读心理过程以及汉字、汉语文章的基本特点的基础上进行的。训练项目的确立、教材的编写和训练方法都有一定的科学依据。因此具有一定的理论和实践意义。

该项教学研究成果曾于 1989 年在全国第三次对外汉语教学科研讨论会上宣读过，后收入讨论会论文集，由北京语言学院出版社出版，在对外汉语教学界引起一定注意。也有些兄弟院校在对外汉语教学中，参考此项成果，开设汉语快速阅读训练课。这说明该成果具有一定的推广价值。

1993 年，对外汉语速读训练这一科研成果经中文学院和学校的推荐，上报到北京市，获得了“1993 年北京市普通高等学校优秀教学成果奖”。

时间已经过去近 20 年，回忆一下所做的一项并不十分成熟的科研活动，仅以此纪念北外建校 70 周年，中文教育开展 60 周年。

（本文根据作者以下两篇论文整理、修改而成。1.《中国对外汉语教学学会第三次学术讨论会论文选》、《对外汉语教学中的快速阅读训练》，中国对外汉语教学学会编，北京语言学院出版社 1990 年 5 月出版；2.《1993 年北京市普通高等学校优秀教学成果奖介绍》、《对外汉语教学中的快速阅读训练》，北京市高教局编，首都师范大学出版社 1994 年 1 月出版。）

在对外汉语教学中如何开辟第二课堂

李传槐

李传槐，原北京外国语学院（现北京外国语大学）院务委员会委员，汉语部对外汉语教研室主任，中文系副主任、副教授。曾任北京语言学会会员、中国高教学会对外汉语教学研究会会员、世界汉语教学学会会员、《中文信息》杂志优秀记者。20世纪80年代初至90年代初任职期间，致力于在对外汉语教学中如何开辟第二课堂的尝试和计算机用于对外汉语教学的前沿动力与成果的探索。参加多次高等级学术会议并发表论文或论文集，编著有：《中文信息处理技术的现状与发展》、《红楼梦人物辞典》等。

一、为什么要提倡开辟第二课堂

课堂是学生获得基本知识、训练基本技能的主要场所，如何努力提高课堂教学质量，是每位教师应尽的义务。但是，与此同时，如何开辟第二课堂，让学生有更多的机会接触生活实际，进行社会实践，使课堂获得的感性知识，通过社会实践上升到理性的高度，也是必要的。“实践出真知”，这是一条颠扑不破的真理；“耳听百遍，不如手做一遍”，这是中国的一句有益的格言。特别是对外国留学生来说，他们来华学习汉语，虽然目的不尽相同，但归纳起来，仍然不外乎是：学习汉语，掌握工具，认识东方，了解中国，沟通文化交流，加强友好往来。不过，如果仅仅是这样，那么他们即使不来中国，就在各自的国家和地区学习汉语，甚至通过母语也是可以达到目的的。但是，既然不远万里来到了中国，也就是来到了汉语的故乡，就理应有更优越的学习语言的环境，以收到更加良好的学习效果，使自己真正做到“学以致用”，感到“不虚此行”，岂不更好吗？因此，我们在教学中，除为他们精心设计教学内容，相应采取先进的教学手段和行之有效的教学方法，努力提高课堂教学质量外，还很有必要开展多种形式的教学活动，努力开辟好第二课堂。

二、如何开展活动，开辟第二课堂

基于这一考虑，我认为我们在课堂教学的备课中，不仅要备内容、备方法，而且要备对象。在条件允许的情况下，还要根据需要，抓紧时机，选择场合，开展活动进行实践，以便把书上的语言文字变为有声有色的实际行动，把有限的课堂扩大为无限的空间，让学生煞有其事、真刀真枪地在实践中使用和练习。因此，我们提倡和鼓励他们利用课余时间，和中国学生交朋友，挂钩，互助互学（在这一点上，我们北外是有条件的，因为我们拥有28个语种的中国学生）；或在和中国人交谈中，接触错综复杂的事，学习生动活泼的话。有时，根据课文内容，结合教学需要，还带领学生走出课堂，走向社会。如讲“北京风味小吃”时，我们要求学生在逛农贸市场和夜市时，有意识地去看一看，听一听，问一问，说一说，尝一尝。在讲“我们的学校”时，出于名目繁多的建筑物的名称、坐落、分布及其彼此间的联系等原因，要讲得清楚明白，就难免要用一些如“东、西、南、北”，“前、后、左、右”和“一直走”、“丁字街”、“十字路口”、“顶头”、“拐弯”之类的词语和句式，但究竟情况和概貌如何，这对于一个“人生地不熟”的人来说，在脑子里是不太容易形成印象的，在课堂上更无异于“纸上谈兵”。因此，我们常常是带领学生拿着课本，依次在校园内转上一圈，边走边学，边讲边练，比在课堂上又定坐标又画图的效果要好得多。而当讲“进城”、“问路”时，老师所布置的作业之一就是“问路”，让学生把规定到达的目的地和可以通往目的地的种种路线问清楚，写明白，说出来。在给日本留学生讲冰心的《樱花赞》时，我们选择了樱花盛开的季节，带领学生来到玉渊潭公园中日青年亲手栽培的樱花树下，边讲述，边欣赏，并留心观察周围游人的言谈话语、音容笑貌，真是书声琅琅，鸟语花香，此情此景，耐人寻味。在每次组织学生参观访问工厂、农村、部队，游览名胜古迹和听音乐、看京剧时，我们都注意到将课文内容和活动项目有机结合，或事前介绍，或事后座谈，都收到了良好的效果。日本每日交流公司留学生代表、鹿儿岛大学文法学部汉语副教授下定雅弘先生，在1985年8月17日结业式答谢辞中说：“我们来中国的第一个目的，当然是学汉语。关于这方面有一件事，我很受感动。这个学院把课本的内容和实际的情况或活动结合起来，教育和帮助我们。比如说8月12号，我们学习了第十八课《看戏》，那么13日晚上，我们就在学院的礼堂看了京戏。这时演出的节目内容，和课堂上学习的东西一样：《游湖借伞》、《三岔口》，都是课文里介绍过的。8月13日下午，我们去颐和园，那么14日我们又学了第二十课《游颐和园》。这样通过实际的体验，哪一个词，哪一句话，都很生动具体，所以我们很容易地就掌握了它的含义和用法。当然，这不能不说是课文编排得好，教师掌握运用得好。”

与此同时，从1981年以来，我们还作了一条不成文的规定，即无论是长期班还是短期班的学生，在结业前夕，或春节前后，都要举办“汉语汇报演出”，或“作文竞赛”和“书法展览”。由于这项活动的开展，不但调动了学生学习的积极性，而且也引起了社会各界的关注和好评。1981 年我们曾将日本及欧美等各国留学生在华学习、旅游的活动情况和生活片段摄制成《盛夏结友情》的录像，反映了对外汉语教学的一般情况和留学生学习生活的概貌。以后，每当新生入校时，我们都组织观看一遍，对新教师掌握教学特点、熟悉教学业务和新同学了解和熟悉生活环境，都收到了较好的效果。1982 至 1986 年连续五年举办“汉语汇报演出”，同学们又演出了大量形式多样、生动活泼的文艺节目，我们也大都作了录音、录像。如朝鲜留学生金明玉在演出中讲述的民间故事《雪姑娘》时，吐字清楚，口齿伶俐，感情真挚，语句流畅，博得大家一致好评。苏联留学生西蒙尼扬和米洛夫说的相声《汉语中的方言土语》，通过一个说、一个捧，把汉语中的方言土语的若干现象和特点，简洁明快地展示出来，学得那么逼真，说得那么传神，受到了热烈的欢迎。苏联留学生巴尔斯基的单口相声《汉语的多音词》，说得也恰到好处，非常出色。美国留学生华大威、法国留学生阿涅丝、日本留学生平田隆和崛岗泰志等，根据课文内容改编的化装表演《画蛇添足》、《请客》、《三个笨人》、《渔夫和金鱼的故事》等，通过反复钻研课文内容，加工处理情节和台词，都起到了复习巩固、加深理解课堂知识的作用，是一项十分有意义的再现艺术形象的创造性的活动。其中的日本留学生，不知是中日文化比较接近，还是他们的特殊喜好，他们的每次演出，固然唱歌、讲故事的不乏其人，然而更多的却是爱好排演话剧和朗诵唐诗。几年来，他们先后演出的著名话剧有曹禺的《日出》、巴金的《家》、老舍的《茶馆》和《神拳》的片段以及优秀电视连续剧《吉祥胡同甲五号·绝情》。在教师的指点下，他们自选材料，自排自演，不仅在服装设计、道具选择以及灯光、音响的配备上，做到了因陋就简，取舍得体，而且在台词处理、人物刻画方面，也颇有深度，给观众留下了深刻的印象。为此，1984 年 4 月号《人民中国》曾刊发他们演出的巨幅剧照，日本大东文化大学校长香坂教授也应邀观看演出，并和他们一起合影留念。1984 年 12 月 22 日《中国青年报》以

《汉语声声寄深情》、1985 年 1 月 10 日北京外国语学院院刊以“冬天里的春天”为题，均作了详细的报道和热情的赞扬。国际电台朝、日、俄语组都分别进行了采访和对外广播。中央电视台电视教育部也派出摄制组，前来我院进行为期一周的采编工作，摄制了电视教学片《日本留学生在北京》安排在“星期天日语”栏目中轮播。美国留学生威廉还应邀参加了电影摄制工作，出演了中美合作影片中的角色。几年来，他们还在《人民中国》、《大众电视》等杂志及院刊上发表了《东瀛来雁》、《看了〈流亡大学〉后》、《龙马精神——三菱公司的根》、《友谊的花束献给中国母校》等文章十余篇，发表了《鹏程万里》、《明月不沉归碧海》、《让人非我弱，得志莫离群》等书法作品多件。1987 年春夏之交，我们又大力动员、积极组织各国留学生参加由北京市高教局、中国青年报、中国国际广播电台、中央电视台联合举办的“在京外国留学生‘中国通’健力宝杯大赛”，并组织班子，责成专人进行训练，以帮助他们理解题意，消化知识，巩固记忆，练习技巧。参赛结果，在预赛和复赛中，都取得了较好的成绩。日本留学生冈智子同学在笔试中表现得非常出色，仅用了二三十分钟的时间，做完了预计一百分钟完成的试卷。在一二百名应试者中她交了头卷，而且基本上没有什么差错。当时在场的《中国青年报》记者对她进行了采访，并于 4 月 25 日见报。所有这些，都大大地增强了他们学好汉语的信心，提高了勇气，培养了兴趣，从而进一步增进了相互间的了解和信任。发展了师生友谊，加强了各国人民之间的友好往来，使许多留学生和进修教师感慨不已。法国汉语学会秘书长、巴黎阿尔萨斯学校教师白乐桑先生说：“在这里，我们不但学习了汉语，而且还学习了书法。听了民风民俗讲座，研讨了翻译鲁迅作品中所遇到的问题，参观了许多名胜古迹，度过了一个充实而愉快的暑假。”意大利的一位留学生说：“在中国，人与人之间的关系很真诚，领导和群众，老师和学生都是平等的。而在我们那里，人们不说真心话，每个人都像是一个弧岛。”一位日本留学生代表还说：“来到这个学院之前，我们只知道它的校名，现在北京外国语学院已成为我们的母校了，我们人生的新的出发点就在这儿。我们回国后，一定继续学习汉语，在每个人工作的地方，在每个人学习的地方，都推进为了日中两国人民的友谊的活动。”

以上所列举的事例和反映，都在一定程度上，说明了努力提高课堂教学质量和开展与课堂教学相适应的教学活动，开辟第二课堂的重要性，问题在于如何使它的效果更为明显突出，并作出进一步的思考和安排。

诚然，良好效果的取得是有原因的，但良好效果的取得也是来之不易的。我们深深感到，对于外国留学生学习汉语中的听、说、读、写、译诸方面的训练，要以听、说领先，读、写跟上，才能收到预期的效果。由于留学生各自受其母语的影响，要克服和解决一些发音和语法规则上不甚准确和严重夹生的现象和问题，并非是一朝一夕所能奏效的。只有优先抓住听、说训练这一环节，随着听、说能力的逐步加强，进而在读、写方面不断练习，才能得到相应的克服和解决。但是，语音、语调的训练和连续表达能力的培养，却要通过提供条件，开展活动，接触实际，多听多说才能完成。而诸如唱歌、朗诵、讲故事、说相声、开展讲演、排练话剧等活动，对于语音、语调的训练以及连续表达能力的培养，都是大有补益的；对于那些一看就懂、一说就错（语音、语调、语法）的学生来说，就更为需要。大家知道，现实生活和文学作品中的语言，除了有着各自的含义外，还贯串着明确的态度和鲜明的形象。这对初学者来说，尤其不可忽视。有的人往往只是一知半解、似是而非地念出了某个词的声音，而对于这个声音中所固有的意义、态度和形象，则予以不应有的忽略，或者全然不知，那是达不到表达目的的。而对于一个句子来说，究竟是陈述、疑问，还是祈使、感叹？不同的语气语调，会造成效果上的差异，甚至适得其反，这个道理也是尽人皆知、中外皆同的。因此，那种“只能意会，不能言传”，或“能看能写，而不能听、不能说”的“茶壶里煮饺子”的“聋哑”现象，不能说是学好了汉语。但如果我们既能紧紧抓住课堂教学，又能冲破约束，跳出课堂，创造有利的条件，让学生在参与活动、接触实际中去听、去说，甚至粉墨登场地去演出，这对培养和锻炼学生是大有好处的。

三、几点体会

首先，做到了堂上与堂下，课内与课外的有机结合，弥补了课堂教学因时间有限，人员集中所造成的训练不足的缺陷，从而加深了对课文内容的理解，巩固了形象记忆。例如对口相声《汉语中的方言土语》，单口相声《汉语的多音词》的演出，便形象地反映了课堂教学中有关汉语的某些特点和要求。所不同的是，通过文艺形式的演出，比在课堂中的零星讲解更典型、形象、集中，因而理解也更为深刻罢了。《吉祥胡同甲五号·绝情》、《画蛇添足》、《三个笨人》、《雪姑娘》、《请客》等，则正是课堂教学中所使用过的教材，而一旦当学生通过加工处理，搬上舞台当众演出时，那种“我要用汉语演出了”、“我能用汉语演出了”的无可名状的内心喜悦，更加强了他们“一定要演好”的责任心和“一定能演好”的荣誉感，从而大大激发了他们的学习热情。真是一遍又一遍地背诵台词，分秒必争；一次又一次地排演，起早贪黑。日本留学生岩上敦司、西出义和等演出的《神拳》，仅排演就达9次之多，而且扮演剧中人物的同学，无论台词多少，每次全部到场，无人缺席，其严肃认真的态度，许多老师和同学都为此赞叹不已。

其次，经受了使用语言文字表达思想感情的严格训练。语言是进行思维、表达思想感情、开展社会交际的工具，而使用的清楚、明确、娴熟与否，其影响和效果是大不相同的。对于外国留学生来说，要使他们在发音准确、口齿清楚、掌握一定词汇量的基础上，逐步要求他们进行连续表达，则又是至关重要的。而唱歌、朗诵、讲故事、说相声、搞演讲、排话剧等，则正是有利于这种能力的培养和水平的提高的得力措施。在演出过程中，我们要求学生从模仿入手，并按照对原文的理解、记忆来背诵台词。在训练中要求他们务必做到不多念、不漏读，在吐词清楚、发音准确、字正腔圆的基础上，然后融会贯通，进入角色。因此语音、语调的问题，也就在演出过程中受到了训练，得到了提高。那种把“老师”说成“老西”，把“日本”说成“一本”的现象减少了；把“会见朋友”说成“见面朋友”的现象也减少了。君不见有些南方人在和人交谈中，常常“南腔北调”、“荒腔走板”，而一旦唱起歌来，或演起京剧来，那种“南腔北调”、“荒腔走板”的现象就少多了吗？岂不闻有些生来“口吃”的人，通过唱歌、演说的训练矫正了口吃，从而涉入政界，成为著名的演说家的事例吗？中国人尚且如此，“南腔北调”可以在训练中得到改变，外国人的“洋腔洋调”，又何尝不能在训练中得到改变呢？

第三，活跃了气氛，丰富了文化生活，增进了彼此间的了解，加强了相互间的友好往来。一般说来，一个外国留学生远离故国家园，来至异国他乡，由于条件的改变、环境的生疏，在紧张学习之余，也难免会流露一点儿思乡的情绪，产生一点儿寂寞的感觉，而作为主人的热情好客的中国人民，作为肩负传授知识、传播友谊使命、从事对外汉语教学的老师，就更应该为他们着想，在了解与熟悉他们、关心与帮助他们的前提下，开展一些与教学相适应的活动，寓帮助教育于各种形式的活动中，使他们真正感受到，在学习上生动活泼，“力所能及，学有所得”；在生活中丰富多彩，美好愉快，“宾至如归”。这岂不是一举多得？这样的好事，又何乐而不为呢？

综上所述，努力提高课堂教学质量，是我们的宗旨，而开展多种形式的活动，开辟第二课堂，使堂上堂下、课内课外有机结合，使二者相辅相成、相得益彰的尝试，则是我们围绕提高教学质量所采取的一项具体措施和检查教学效果的一种检测手段。虽然这一尝试在我们来说还仅仅是开始，但我们将继续深入地开展下去，并寄希望于在实践中不断探索，在探索中有所前进与提高！

1987 年 8 月第二届国际汉语教学研讨会，在北京西三旗饭店举行，我为大会提交论文《在对外汉语教学中如何开辟第二课堂的尝试》，并应邀参加会议，成为首批世界汉语教学会会员。同年该文在北京高等学校外国留学生工作研究会主办的《外国留学生工作研究》杂志 1987 年第三期中全文刊载。

为了验证这一思考和实践的效果，特附短讯三则以资查询：

1.《冬天里的春天》见北京外国语学院（附刊）1985 年 1 月 10 日（复）第六期。

2.《有朋自远方来——外国留学生学习生活点滴录》，见外语教学与研究出版社出版《课外学习》杂志 1987 年第 6 期（总 143 期）。

3.《腊梅初绽话友情——北京外国语学院留学生“汉语汇报演出”侧记》，见北京高等学校外国留学生工作研究会：《外国留学生工作研究》1987 年第三期。

我的哈佛之路

孔繁非

孔繁非，女，江苏南京市人，中共党员。2007 年考入北京外国语大学中国语言文学学院对外汉语专业学习，2011 年获学士学位。曾担任中国语言文学学院团学联副主席、校学生会宣传部副部长等职务，组织和直接参与了大量的学生活动和社会活动，曾为北外青年志愿者协会语言服务部、北京多语言服务中心等组织和全国台胞千人夏令营等活动提供了优质的志愿服务。2011 年 6 月同时被国外多所大学录取，现入美国哈佛大学教育学院攻读教育硕士。

毕业典礼刚刚结束不久，我们2011届的本科毕业生纷纷背起行囊离开北京，奔赴世界的各个角落，继续追寻各自的目标，书写各自的辉煌。回首我转瞬即逝的大学四年，我真的很庆幸：遇见的每一个人、经历的每一件事、收获的每一点经验，都是我值得珍藏的回忆，也是开启我去哈佛继续求学之路的宝贵的钥匙。

刚刚进入北外的时候也是我第一次离开父母独自生活的时候，是中文学院为我拉开了大学生活学习丰富多彩的帷幕。入学之初，我还和许多同学一样，并不了解自己选择的中文专业，但是中文学院老师们课上的神采飞扬、课后耐心的答疑解惑，很快就让我适应了大学学习的节奏，教会了我学习的方法。这四年来，他们丰富的学识、严谨的治学态度、独特的个人魅力为我展示了汉语语言、文学、文化、教育学、心理学等各个领域的知识，使我们充分领略了中文专业的魅力。“兴趣是最好的老师”，正因为我受到这些老师们的影响，真正热爱着语言教学这个领域，热爱着“对外汉语”这个专业，所以我的学习总是积极的、快乐的，成绩自然也是理想的。也正是前三年高而稳的GPA让我在抉择毕业之后到底是出国、保研或是工作时显得从容而自信。最终选择了出国也要感谢中文学院为我们所有中国学生提供了一个留学生接触交流的平台。在涉外交流的过程中我认识到我们肩上担着“把中国介绍给世界”的重任，也体会到要同时保持“中国灵魂”和“世界胸怀”是多么的重要。中文学院的学习和生活培养了我的“中国灵魂”，而国外的学习生活经历无疑能够最有效地赋予我“世界胸怀”，因此我才坚定地选择了申请留学之路。

另一方面，大学的前几年确实是我最充实最丰富多彩的时光。当初我也兴致勃勃地被卷入“百团大战”，紧接着奔波于各种例会之中。大一在青年志愿者协会语言服务部参加了各种各样的志愿活动，大二在校学生会宣传部任副部长，在院学生会兼任副主席。语言志愿活动给我提供了各种各样不同的教学经历，也让我对英语语言教学产生了自己的看法和认识，并在后来转化为Personal Statement的核心内容。后来我也发现，越是名校就越是看重课外活动经历，越是希望学生在各种活动中体现出领导能力，所以在成绩同样优秀的时候，这些活动和经历无疑能给我的申请增加砝码。其实之所以参加了这些而不是其他活动，我完全是凭兴趣、凭感觉选择我真正热爱的活动。虽然我当时并不清楚不知道这些经历日后到底有多大意义，但是现在以一个“过来人”的身份看来，以后无论就业还是出国，这些看似微不足道的经历总会在人生的某一时刻聚沙成塔，助我一臂之力。再退一步说，这些经历即使以后也不能对我有什么直接帮助，但至少参与其中的我是快乐的，足矣!

大三这一年，我在权衡利弊之后果断放弃了自己所负责的学生工作和社团活动，全心全意学习专业课和复习，准备出国考试。其实大三的专业课最多，因此成绩也是三年中最重要的一年，虽然还要同时准备 GRE、TOEFL 考试让我一度忙得有些不可开交，但是对于自己所选择的梦想的执念和梦想带来的动力使我始终保持乐观，得以坚持到底。我最终在 GPA 保持 3.7 的同时取得了 GRE1520+5.0 和 TOEFL116 分的成绩。考高分必然有运气的成分，不过我还是相信，考场上的淡定从容总是来自考前精心的准备：一周内每天 5 小时专项练习口语，一个月写了上百篇作文提纲以及60多篇完整的文章,3个月内“红宝书”翻来覆去地背了不下 10 遍……这些单纯努力的时光现在看来真的是弥足珍贵。

由于我打算申请的专业是教育，因此教学经历也是申请中最为重要的环节之一。我很感谢中文学院从我们大二时就提供给我们为美国学生进行一对一中文辅导的机会，能够将课本中学到的知识付诸实践让我受益匪浅，每一个学生不仅都和我成为了好朋友，也为我提供了宝贵的教学素材和心得。大四的毕业实习，我也有幸通过学院第一次进行了大班的汉语教学，紧接着，我又通过公开招聘进入了北京新东方学校，正式走上讲台至今已带课 165 个小时。大班的教学经历带我了解了学生的水平、需求、个性等诸多因素，虽然这段经历没来得及被写进申请的材料中，但是相信也为我硕士期间的研究打下了好的基础。

大四时的课业负担减轻了，我也开始把重心转向申请的各个方面，包括和老师进行学术沟通确定申请方向，向我的美国室友请教申请的要领，反反复复地修改文书，网申，寄材料……这时候才真正开始申请这个过程，但其实，大学前三年学习成绩、学术能力和社团活动才是决定是否被录取的标准，而我很幸运能在回首时感受到沉甸甸的收获，在我写出第一版的简历时自己也不禁感慨：我终于知道前几年我到底在焦头烂额地忙什么了！即使申请不顺利，这段时光也将是我一生的财富。正是背着这样的收获，我在选校的时候在教育专业排名前 20 名里进行了仔细的筛选，最终申请了 6 所心仪的学校，获得了其中四所（包括所有三所常青藤学校）的录取，并最终选择了通往世界顶级学府哈佛大学的那条路。

我还记得投递材料结束之后是漫长的等待期，那时候我连续几个月每天强迫症似的刷邮箱，甚至到了现在我还保持着这个“坏习惯”。现在回头看来，那时候焦虑和忐忑的自己大概是因为付出了太多精力、投入了太多感情。有些事现在不做，一辈子都不会做了，出国可能就是这样的一件事吧。

我在跨入北外校门那一刻从没有想过我这辈子能和哈佛大学有什么样的联系，然而四年过后，它竟然对我敞开了它绯红色的校门。在北外 70 年校庆之前我就将赴美求学，希望我能够用更优异的表现在异国为母校送上最好的生日礼物！感谢母校、感谢中文学院在本科四年里灌输我知识，提供我机遇，教会我成长！也祝愿母校的明天更加美好！

2011 年 7 月 2 日

第三编

岁月如歌　青春无悔

“问不倒”的阎崇璩

石云涛　续三义

石云涛，男，河南太康人，中共党员，教授，博士生导师。中国唐史学会会员，中国中外关系史学会理事，河南省许昌学院兼职教授。武汉大学博士。1995年7月在中华全国总工会政策研究室工作。1996年调入北京外国语大学任教。2001年3月至2002年2月任韩国诚信女子大学客座教授。2010年3月至2011年3月任日本大东文化大学客员教授。主要从事魏晋南北朝隋唐史、唐代文学、丝绸之路与中外文化交流史、比较文学与比较文化的教学和研究。主要著作有：《走出玄武门：李世民的治国谋略》、《唐代幕府制度研究》、《建安唐宋文学考论》《早期中西交通与交流史稿》、《三至六世纪丝绸之路的变迁》、《中古文史探微》、《安史之乱：大唐盛衰记》等，主编教材、编著多种，发表学术论文90余篇。1987年荣获“河南省先进教育工作者”称号，2001年获北京市高等教育教学成果二等奖，2010年获北京外国语大学园丁奖。

今年是辛亥革命100周年、北外建校70周年、中文学科建设60周年，我院老教师阎崇璩先生适逢百岁荣寿。受中文学院党政领导的委托，我们带着礼品，从东京专程前往日本爱知县稻泽市，探望了这位百岁老人。阎先生虽年事已高，腿脚有些不便，但身体康健，思路清晰，精神矍铄，忆及往事，侃侃而谈，谈到激动之处，眼里不时闪着泪花。阎先生向我们讲述了他在北外中文学院的执教经历和退休后的生活。他自1952年起，在北外中文学院执教32年。1984年退休后，曾受聘于日本大东文化大学，参与《中国语大辞典》的编撰。现定居日本爱知县稻泽市。

一、旧中国时期的曲折经历

阎崇璩先生是天津市杨柳青镇人，辛亥革命（1911）出生于一个小雇员家庭。父亲起初做小生意，后受雇于新疆一家商铺做雇员，以微薄薪水供养儿子读书。阎先生因成绩优异考入清华大学中国语文系，1934年本科毕业后，至保定六中任高中国文教员。教然后知不足，立志读书。1935年又考取北京大学研究院，师从胡适等先生，学习早期白话。先生天资聪颖，以宋哲元为首的冀察委员会招收北平、天津和保定三地大学生从政，报考者千余人，阎先生以第10名入选。他还记得当时考试的题目是"士先器识而后文艺"。之后又参加了第二场文艺专业考试，又以第4名录取。1936年底，被任命为东光县县长。

日军南侵时，阎先生沿津浦、京汉线撤退，行至德州，遇著名学者查良钊。阎先生与其侄为好友，查与广西教育厅厅长某交好，因得查推荐至广西，到桂林广西省立中学任教。一年后，日本空袭，长沙大火，威胁到桂林。先生欲返天津，因广州失守，转从香港经海路回天津。途中幸得一年轻人相助，始成此行。先生从天津到北京始知年轻人原来是著名银行家、北洋保商银行行长王毓霖之子。因得王毓霖赏识，在储才馆挂名，后又被荐至民政部任科员，做翻

阎崇璩先生近照（石云涛 2011 年 5 月摄于日本）

译。王毓霖担任交通银行北京行常务董事，阎先生又调至银行任科长。在北平的这段时间，先生还在北平女子师范学院、北京师范大学兼职教课，以养家糊口。1945 年日本投降后，阎先生到天津外事局任秘书。后遇到南开中学的校友王锡钧［哈佛大学研究生毕业，回国后曾任天津光复后国民政府任命的第一任交通水运水利局局长，1951 年调至北京外国语学校（今北京外国语大学）任教］，于是转入交通水运水利局任秘书文书科科长。1949 年北平和平解放后，阎先生加入民革，不久又考入北京大学，师从刚从美国回国的罗常培先生，研究音韵学，同时在北京税务学校兼课，挣钱养家。1952 年 9 月，阎先生调至北外任教。阎先生国学功底深厚，又精通日语，被同学们称为“问不倒的人”。

二、耕耘在北京外国语学院

1952 年，全国搞“三反”，许多知识分子受到冲击。阎崇璩在北大中文系师生组，交代历史清楚，并请求到新疆去工作，但被分配到北京外国语学校，校址在颐和园附近的华北革大的第八营房。同年 9 月，他报到后被分配到汉语组，教授中国语文，后任汉语组组长。那时他的名字叫阎慎修。跟他一起从事中文教学的还有陈振宜、刘光华、黎明、翟贞元、辜远等，后来调进了李方。当时在校的学生，本是报名参加抗美援朝的高中生，因没有走上战场，而被安排到外国语学校学习外语，当时使用的汉语教材，是阎先生依吕叔湘先生的《中国文法要略》体例编写的。

1954 年，西院的北京外国语学校改名北京外国语学院，东院的俄语专科学校改名为俄语学院。1958 年 10 月，两个学院合并，成立北京外国语学院。两院合并后，阎先生坚决辞去汉语组组长职务，由原俄语学院的刘仲群任主任，林丰年任副主任。根据林丰年的安排，阎先生任中文系语法小组组长，并负责编写一本新的教材，体例仍依吕叔湘的《中国文法要略》，而举例则全部取自《毛泽东文选》。在新的学院里共同教汉语课的还有林杏光、程金造、杨天戈等先生。

在 1957 年反“右”以前，北京外国语学院有一个机构，叫顾问学术委员会，曾确定阎崇璩为副教授，但没有公布，可能是因为反“右”运动而取消了。在“文化大革命”中，阎崇璩跟其他老师一样，挨过斗，被下放到湖北沙洋“五七干校”进行劳动改造。从 1954 年至 1980 年，阎崇璩一直作为讲师在北外任教。“文化大革命”结束后，恢复职称评审制度，阎崇璩被评为副教授，1982 年晋升为教授。阎先生夫人是日本人，1975 年回日本。1983 年，阎崇璩赴日探亲，并应日本大东文化大学之聘，协助编撰《中国语大辞典》。1984 年从北京外国语学院（今北京外国语大学）退休。1990 年 10 月，经原国家教委（教育部）老干部局确认，阎崇璩由退休改为离休，并享受司局级政治生活待遇。

三、渊博的学识

阎崇璩学识渊博，在北外有“问不倒”的雅称。

阎崇璩早年师从胡适先生学习早期白话文，新中国成立后师从罗常培先生研究音韵学，在北京外国语学院任教期间研究中国语文法，加之天资聪颖，其主要著述有《李长吉年谱》、《敦煌变文词语汇释》、《京本通俗小说词语汇释》、《全相平话五种词语汇释》、《臧晋叔元曲选词汇释》（合著）、《新编五代史平话词语汇释》、《匋斋存牍考证》等。由于历史原因和后来阎崇璩长期留居日本，他的著作又多在域外和台湾地区出版，致使国内学术界对阎氏了解较少。

《李长吉年谱》是阎崇璩在清华大学读本科时的毕业论文，惜未出版。尽管如此，这部论文仍常为人征引。后来朱自清先生撰《李贺年谱》，曾提到这部论文。虽然有的地方朱先生与阎先生观点不同，却对阎先生的这部论文给予很高评价。他说：“阎崇璩君作《李长吉年谱》，独主贺出小郑王后；然其说难自树立。”又说：

> 阎君谓两《唐书》于小郑王后，俱标出“郑王”字，与记大郑王后异，此为文例。然所引诸传，“郑王”下皆系“元懿”，无单称者。阎君爰举《唐书》一七六《李宗闵传》云：“自天宝艰难之后，宗室子弟贤而立功者，唯‘郑王’曹王子孙耳。夷简再从季父汧国公勉，德宗朝宰相，夷简诸弟夷亮、夷则、夷范皆登进士第。宗闵弟宗冉，宗冉子深汤；汤累官至给事中，咸通中践更台阁，知名于时。”谓是“郑王”单称，以指元懿之证。但《贺传》系称“宗室郑王”而不名，举单称“郑王”异。而《新书》七十《宗室世系表》之末，明以“郑王房”与“小郑王房”对举，其《贺传》所云“系出郑王后”，更为大郑王无疑也。《阎谱》用力甚勤，本篇他处颇有采录，附此致谢。

在朱谱中，有时特意交代：“此节采《阎谱》。”

敦煌变文词语的研究是从早年师从胡适先生时就着手进行的一项研究，曾得到胡先生的启发、帮助和指导。后来的《敦煌变文词语汇释》是阎崇璩多年心血的结晶，1983年，由大东文化大学影印刊行。在日期间，阎崇璩获得了非常有利的学术条件。首先协助日方完成了《中国语大辞典》的编撰，此书可供日语学习以及日本人学习中文参考之用。署名为大东文化大学中国语大辞典编纂室编，香坂顺一主编。此书于1994年由日本角川书店出版，1998年经角川书店授权，由中国北京大学出版社影印出版，取名《现代汉日辞海》，1999年出版。皇皇巨著，260万字，其中包含着阎崇璩的心血，后记里充分肯定了阎崇璩对这本书的贡献。

在协助日方完成了《中国语大辞典》一书编撰的同时，阎崇璩还独立完成了几部极有影响的著作。清末的《匋斋存牍》是收藏晚清贵胄、高官、名流与清末大臣端方来往的手札，内容丰富，史料价值极高。但因为是手稿，字体潦草。阎崇璩细加辨认，认真考释，完成了《〈匋斋存牍〉考证》一书。1996年由台北“中央研究院”近代史研究所作为史料丛刊第30期出版，对研究晚清历史文化具有极重要的价值。

此次采访共持续了4个多小时。谈话之间，85岁的阎夫人，为我们备好了晚餐。席间再谈。老人对北外充满感情，深情祝福北外越办越好。他说：“一个人要立志，一个学校也要立志，北外人应该有远大志向，将北外办成世界一流大学，这就是我对北外的希望！”

桃“李”芬芳

——记李莎教授的越南班教学经历

卢奕君　刘小艳

李莎，女，原名叶丽萨维塔·基什金娜，苏联萨拉托夫州人，1964年加入中国籍，专家级教授。李莎早年就读于莫斯科外国语师范学院法语系，毕业后担任中学教员等，后到中国进行俄语教学工作。李莎在俄罗斯语言文学方面造诣颇深，对俄语词汇教学和语言学的发展不断有新的研究，数十年来在俄语教学、教材建设、师资培养方面一直起着专家的作用。她多次担任《毛泽东选集》、《周恩来选集》等重要著作俄文版的审定稿工作，多次参与校内外多种辞书、教材的编写和审稿工作。先后被聘为北京大学西语系顾问、中国社科院语言研究所顾问等职。1999年被聘为中俄友好协会理事，并被授予俄中友协荣誉奖章和俄罗斯文化部颁发的普希金奖章。

北京外国语大学是新中国成立后，最早接收来华留学生的学校。第一批来华留学生，主要来自越南、朝鲜等国家。越南学生则在北外前身、当时的俄文专科学校学习俄语，朝鲜留学生被安排在外国语学校英语系、法语系学习英语、法语等。他们除了学习外语外，还用大量时间辅修汉语，从而形成了外国留学生外语和汉语兼修的特色教学。

当时负责越南班教学任务的老师是全国著名的俄语教授李莎。李莎，原名叶丽萨维塔·基什金娜，原籍俄罗斯。1914 年 3 月 20 日生于俄罗斯萨拉托夫州的一个贵族家庭，1931 年在莫斯科印刷技术学校毕业后，自愿赴苏联远东工作。1936 年与我们党的优秀党员、无产阶级革命家、中国工人运动的杰出领导人之一李立三同志结婚并于 1946 年随其来中国定居。1964 年加入中国国籍。

来华后，李莎教授一直从事俄语教学工作，先在哈尔滨俄语专科学校任教，后调至北京外国语大学工作。至今，李莎教授在我国俄语教育战线上已经奋斗了 60 余年，为我国的俄语教育事业倾注了全部的精力和心血，培养了一代又一代优秀俄语人才，同时，为加深中俄友谊作出了突出的贡献。李莎十分钟爱自己的俄语教学事业，除教授中国学生俄语之外，她还担任过两届越南留学生的俄语教学任务。

值此我校建校 70 周年之际，为了了解李莎教授与中国的那份不解之缘，为了铭记她为我国俄语教学事业所作出的卓越贡献，更为了记忆共和国初创时期，北外教授外国留学生及开展对外汉语教学的历史经验，我们特邀请李莎教授和大家一起分享其越南班的教学经历。

一、教学缘起

1950 年 9 月 1 日，新学年第一天，李莎教授被指派为越南学生上课。这是一个很特殊的班级，确切地说是两个班，是越南有史以来第一批学习俄语的青年学生。

越方之所以派遣学生来中国学俄语，也许是由于当时的越南形势和微妙的国际关系。50年代初的越南还是法国的殖民地，经历过长期抗日战争的越南人民在“二战”结束后，不愿接受法国殖民主义者卷土重来的局面，终于发动了起义，为争取民族解放与法国占领军展开了英勇斗争。越南人民的革命斗争得到了中国共产党的无私援助，其中包括教育与文化建设方面的支持。经过艰苦卓绝的斗争而获得民族独立的越南，在革命胜利后建立了社会主义国家。为了给自己培养一批通晓俄语的外事干部和外语人才，越南共产党经过严格挑选，秘密派遣两批留学人员到中国学习俄语和汉语。当时这批学生出国，不是坐火车，更不是乘飞机，而是迈开双腿，长途跋涉，步行到越中边界的。一路遇到了许多艰险，克服了无数困难。他们跋山涉水，徒步穿越人迹罕至的热带丛林。法国殖民者的飞机在空中飞来飞去，搜寻着向中国边境方向移动的目标，一旦发现就立即扫射。这批青年只能白天藏身在灌木林中，等到天黑才出来赶路。所幸的是，他们经过长途跋涉，终于全部安全到达越中边界，被中国同志接应过来。据这些越南学生回忆说，当时几个年纪最小的孩子已精疲力竭，走不动了，中国哥哥们就主动把他们抱起来，背他们一直走到目的地。

刚到中国的时候，这些越南学生不懂中文，无法跟中国老师沟通，这就首先给俄语系的教学安排造成了困难。学校得知他们中有不少人在国内曾上过法国教会学校，能讲法语，特别是年龄大点的几个，还讲得相当流利，便把这个特殊的教学任务交给李莎教授来完成。李莎教授认为自己责无旁贷，也觉得是一件乐事。课上课下，她都和学生用法语交流，所有课都由她一人承担，用法语讲解课文，甚至连俄语语法也用法语来讲。很多课都要事先把俄语教材翻译成法语，讲义也得用双语准备。这样一来，她的教学负担就成了平时的两倍。爱岗敬业的李莎老师非常投入，尽管当时并没有额外的奖金和补贴，但她出色地完成了这份双倍于常人工作量的教学任务。她感到了自己从这项工作中收获的喜悦和自豪，是不能用金钱来衡量和计算的。

二、教学轶事

李莎教授非常喜欢这些越南学生，据她描述："这些越南学生年龄不过 18 到 20 岁，但因个头瘦小，看上去比实际年龄还要小，简直就是一群稚气十足的孩子。圆圆的眼睛，个个显得清纯、可爱。"

有一次，越南学生为参加学校举办的俄语晚会，自己编写了一出反映越南人民抗击法国殖民者的小话剧，排演时特别邀请李莎教授给予指导。李莎教授很爽快地答应了同学们的请求。她先把剧本译成俄语，并多次到现场指导他们排演。这是她有生以来第一次、也是最后一次充当话剧导演。

越南学生一般都习惯打赤脚，穿人字拖鞋。进教室坐下来后，就干脆把鞋脱下来，甩到一边。当李莎教授要叫某个学生到黑板前时，看到的第一个动作就是这个学生慌里慌张地在课桌底下来回动脚，寻找自己的拖鞋，那模样和神色令人忍俊不禁。有时她会故作生气地说："快点站起来回答问题！赤脚也无所谓，反正我又看不见你脚穿没穿鞋。"

11 月末的一天，他们在课间休息时一起走出教室，在校园里休息。突然，天上纷纷扬扬地飘起雪花来。这是当年冬天的初雪，格外令人欣喜。越南孩子们第一次见到下雪，顿时欢呼雀跃起来："我们终于看到雪了。"李莎教授对他们说："你们头一次见到下雪，我呢，头一次见到没见过下雪的人！无独有偶啊！"学生们听她这么一说，都被逗得哈哈大笑。李莎教授和学生们一生都记住了这番既简短、又不寻常的对话。在彼此的交往中，师生双方经常能从不同的角度发现一些新奇的事，获得崭新的感受，丰富了对世界的认识。

有一次课堂上，读起了普希金的诗句："太阳和严寒，合成了绝妙的一天。"后排的一个越南学生举起手来，不解地问："严寒的日子，又怎能说是绝妙的一天呢？"李莎教授只好对他解释："俄罗斯人对冬天、对大自然的严寒有着不同寻常的爱，也可说是情有独钟吧。对俄罗斯人来说一年四季没有不好的时令，冬天同样是美丽的。"

还有一次，李莎教授在一个学生的作文中读到了这样的句子："花园里飞翔着天蓝色的小鸟。”当时她很惊愕，凭借自己的生活经验，判断这是学生的错误，于是不假思索地提笔在作业反面随手写了句批语：“生活中的鸟不可能是天蓝色的！”因为在她看来，天蓝色的鸟只有在童话故事中才会有。这位学生看到批语，委屈地跑来，嘟囔道：“可是我们家乡到处都可以看见蓝羽毛的鸟呀！”后来，到中国南方，到越南，李莎教授确实亲眼看到了天蓝色的小鸟，才知道过去用自己的偏见错怪了这位学生。李莎教授说：“我切身感到，世界上的人们彼此了解得毕竟太少，但又往往轻易地作出一些主观论断，随便发表评论。”

三、严师慈母

这些越南学生很敬重李莎教授，热爱她，乐于和她交往。李莎教授是他们所结识的第一个俄罗斯女性、第一个苏联教师。在他们心目中，她不单纯是俄罗斯语言的传授者，而且在某种程度上还是他们所崇敬的苏联人民的代表。许多年后，一个越南学生在回忆这份师生情谊时讲道：“过去在法国学校，我们总是管那里的法国女教师叫‘女士’。但在北京，当我们这样称呼您的时候，您却马上纠正说：‘不要叫女士，要称同志。’这种称呼对我们来说是那么温馨，那么令人感动。”

同时，由于越南学生在北京学习是对外保密的，组织上为他们规定了严格的纪律。他们成天关在学校里，在本班范围内活动，不许随便外出，也从不跟外界有任何接触和交往。除了学校为他们配备的一个中国辅导员外，李莎教授就是这些越南青年同周围世界取得联系的唯一纽带了。他们很多人年龄尚小，身处异国他乡，更加思念亲人，在他们心目中她不仅是老师，还是他们的“妈妈”。

四、师生情谊

越南学生在学习上十分勤奋刻苦，为了克服俄语发音和语法中的各种困难，他们学而不厌，奋力拼搏，终于取得了优良的成绩。

他们当中最出色的要数班长阮孟琴。他才华出众，思维敏捷，在同学中享有极高的威望。在李莎教授的记忆中，似乎从来没有什么问题可以难住他。别人回答不了的问题，她总是点他的名，让课堂活动顺利进行下去。因为他是班长，所以课上课下李莎老师和他接触最多。不到毕业，阮孟琴就被越方选送到莫斯科国际广播电台工作，参与创建越南语广播室。但师生之间的友情一直保持下去。1952 年李莎教授去莫斯科探亲，阮孟琴得知后，带着新婚夫人到李莎教授的住处来看望她。1954 年越南民主共和国成立后，他到外交部任职，因为精通俄语，长期在越南驻苏大使馆工作。后来由于种种原因，他们曾一度失去了联系。80 年代末，李莎教授在家收看苏联电视台的节目时，看到阮孟琴以越南驻苏联特命全权大使的身份出现在屏幕上。90 年代初的某一天，李莎教授又突然接到中国外交部打来的电话，说正在北京访问的越南外交部部长四处打听她的消息，希望能与她见面。很快外交部派车把李莎教授和两个女儿接到钓鱼台国宾馆。站在宾馆大厅的门口迎候她们到来的正是阮孟琴。据李莎教授回忆："第一眼我就发现他老了不少，两鬓也开始变白了，不过他还是显得那样的干练，充满了热情与旺盛的精力。"一见面，阮孟琴就立即上前与她热情拥抱。这次会见，大家都非常激动，然而真挚深厚的师生情谊却又很难用语言表达。以后，阮孟琴每次来中国访问或者从北京过境，总是争取机会同李莎教授见面，要不就亲自打个电话问候，完全没有部长的派头。用他自己的话说，在他心中李莎教授永远是"一位值得尊敬的老师，也是一位令人爱戴的妈妈"。

五、师生重聚

阮孟琴在升任越南劳动党政治局委员、越南政府副总理后，于 1998 年春，特地邀请李莎教授和家人访问越南。李莎教授回忆说，这是一次终生难忘的旅行。这不单是因为李莎教授在那里受到了国宾般的最高礼遇，也是因为她在越南无时无刻不感受到众多学子们的爱戴和尊敬。他们乘坐的火车比时刻表预定的时间提早抵达了河内。他们走出包厢，站在空无一人的月台上发愣。突然，一大群人高举着花束，挥动手臂奔跑过来。李莎教授刚开始以为是群众游行，忽然听他们高呼着：“老师，老师！叶丽萨维塔·基什金娜！”原来这群人都是她的学生！他们将李莎教授团团围住，欢呼雀跃，如同孩子一般，许多人的眼中含着幸福的热泪。据李莎教授回忆说：“其实，那时最激动、最幸福的是我。眼望这些早已年过半百的学生，我深感自己终身从事的教育事业的确是世界上最崇高、最令人羡慕的事业。”

阮孟琴没能来车站，同学们说，他出国访问，现正在从欧洲归国的途中，要到晚上才能回到河内。李莎教授一行人被安排在国宾馆。第二天早上，阮孟琴就不顾旅途劳顿，兴冲冲地来到宾馆看望她。一见面他就再三道歉，说没能亲自到车站欢迎，真是太不应该了。

这天，阮孟琴特地安排了李莎教授和同班同学的会面。这位政府副总理和他昔日的同学们一起谈笑风生，没有丝毫高官的派头，仍保持着当年做班长的本色。他把李莎教授请到荣誉席入座，同学们簇拥着她，围着桌子坐下。接着，他们根据班长安排的顺序起立，恭恭敬敬地向她汇报这些年他们的经历和成就，他们开口第一句话都是这样说的：“亲爱的老师，请允许我向您汇报一下，这些年我做了些什么！”

李莎教授怀着激动的心情聆听着如今也已是两鬓斑白的学生们的叙述。他们中有的是资深的外交官，有的是身经百战的高级将领，还有的成了越南劳动党中央委员，有两名还是政治局委员……最后，轮到阮孟琴讲话，他面对着李莎教授站起来，叫了一声：“妈妈！”又十分动容地说道：“是的，妈妈，对于我们，您既是一位博学的先生，也是一位伟大的母亲。我们永远记得您的教诲，记得您的恩惠。我要终身感谢您，妈妈！您教给我们的俄语，不仅仅是一门外语，而且也是一把打开人生之门的钥匙，我们用它打开了知识的宝库和通往新世界的大门。因而，在这个意义上可以说，我们一生中所做的一切，都应归功于您。”全场学生报以热烈的掌声，表达了内心的共鸣。李莎教授再次感到了一种由衷的荣耀和自豪，体会到了作为一名普通教师的崇高和幸福！

李莎教授将其一生的心血都倾注在了中国的俄语教学和翻译工作中，为新中国培育出一批又一批优秀俄语人才，也为我校的留学生教学积累了经验。1990 年 8 月李莎被聘为国际俄语教师协会第七次世界大会特邀代表；1999 年她被聘为中俄友好协会理事，并被授予俄中友协荣誉奖章和俄罗斯文化部颁发的普希金奖章。

在我国综合国力不断增强、中国语言文化不断走向世界、融入国际社会的今天，在世界“汉语热”、学习汉语的人数日益增长的当下，我们需要继续学习和借鉴新中国成立初年留学生教学的历史经验，学习和弘扬李莎教授那种孜孜不倦的敬业精神，当好文化使者，为把中国介绍给世界作出我们的贡献。

（2009 级中外文学比较专业研究生卢奕君，
2011 级汉语研究专业研究生刘小艳）

跨越半个世纪的回忆

——采访原汉语组主任林丰年先生

王迪　苗雨

林丰年，男，上海崇明县人，中共党员。1944 年至 1948 年先后就读于成都金陵大学和上海苏州东吴大学。1948 年 10 月入苏北盐城华中大学学习，曾任苏州地区筹粮队队长、支前队副队长。1949 年先后入北京俄文专科学校和北京中央团校学习，毕业后先后担任北京俄文专科学校校报编辑、教务处秘书、秘书长等职。从 1956 年至 1985 年曾五度出任北京俄语学院、北京外国学院（今北京外国语大学）中国语文教研室副主任、第一副主任、主任等职。1985 年离休。

林丰年先生是中文学院第一任副主任，也是第一个从事实际工作的负责人；他是半路出家的中文教员，却为了工作累垮了身体；跨越了半个世纪，回忆依旧清晰；走过了60年的风雨，感情仍然深切——这就是86岁高龄的林丰年老先生对中文学院跨越了半个多世纪的浓情厚意。

得知要采访林丰年老人，我们特意从网上搜索林老先生的简历，可是活跃于20世纪五六十年代的他，资料仅限于互联网，只知道他已年近九旬，知道他长期担任过中文学院的前身——中文教研室的第一任副主任，为中文学院后来60多年的涓流不息掘开了第一眼喷涌的泉源。探向北外西院西南角幽深处，我们找到了林老先生居住的单元楼，一座古朴甚至有些破旧的教工宿舍楼。踏进林老先生的家，倒是一派温馨，老先生引我们到书房里，上午阳光透进朝南的窗子，照在排满了古书的书架上。书架对面的墙上挂着“厚德载物”四个大字，笔锋苍劲有力。采访之前，采访组已将采访提纲送与林老，以便他能提前做些准备。作为2000年的在校生，我们最想知道的，莫过于林老任教的那个年代的故事：最早的中文学院是怎么来的？那时的学生和现在的有什么不同？中文课程的设置又是怎样？五六十年前的老师是不是和现在的老师一样学识渊博？林先生在书桌前坐下，拿出已经准备好的稿件，开始了他跨越半个世纪的回忆。

一、关于学院的来源

“现在的北京外国语大学，是原来的外语学院和俄语学院合并起来的。”林老先生从学校的来源开始讲起，“两个学院原来都是专科类的学校，后来升级为学院，这和北大清华是不一样的。”林老先生告诉我们，最早的时候外语学校是隶属于外交部的，俄语学校则隶属于党中央直属机关的，虽然都是专科学校，但当时两个学院的地位很高。

“中文教研室（中文学院的前身）一度叫做汉语教研室，因为这样叫更准确。”简单讲述完学校的历史，林老先生便给我们讲起中文学院的起源：“（中文学院）最早在外语学院叫汉语教研室，是1952年成立的；在俄语学院叫中文教研室，是1953年成立的。两个学校（指外语学院和俄语学院）合并以后，两院的两个教研室也就合并了。当时是由我负责，我当时是副主任，也是实际工作的负责人。”林老先生说，那时中文教研室有一个主任，不过他年事已高，身体又不好，实际上教学工作和日常事务都是由林丰年先生管理和负责的。可以说，林老先生是负责中文教研室的第一人。

二、关于课程

听林先生说，那时的中文课只是公共课，虽然所有院系的学生都要学习，但是学校安排教学的总课时非常少。“中文课程一般是一周三节课，设在每周二和周四，有一段时间也有四节课。课程的内容主要有现代汉语（以语法知识为主）、古代汉语和现代文学。文学课中还插入了一些写作知识和文学史知识。”林先生在谈及中文课程的问题时，一直在强调中文基础对于翻译的重要性：“做翻译工作，应该对文史方面的知识了解得更多一些。”林先生还强调，“打好中文基础，最重要的还是靠学生自己的努力”，因为“单靠课上的一点点内容是学不到什么东西的”。林老先生语重心长的话，到现在仍然如此中肯和适用。

除了课程的设置，林老先生还向我们介绍了当时使用的教材。据林老先生讲，当时的教材全部都是教师自己“编选”的，文学部分以“选”为主，现代汉语语法的内容就纯粹是我们老师自己编写的。当时，全国还没有成型的语法教材，教材资源的缺乏也成了限制学科发展的因素之一。

三、关于教员

其实，在以培养翻译人才为主要目标的外语院校中，中文学科的地位本身就是辅助性的，再加之学生少，教员人数寥寥无几也就可以理解了。林老先生回忆起，中文教研室的教员，最少的时候只有十来个人，包括图书资料员在内，后来才慢慢增加到二十几个。到了“文革”之后，这二十几个教员中的一部分，还被分到了汉语部，专门教授外国留学生学习中文。除了少数人术有专攻外，早期教员的专业水平也参差不齐。当然，他们中有来自北师大的教授，也有来自北大和清华的高才生，但是也有个别教员是没有中文专业的学业背景的。1959 年前后，学校招聘了一批中文教师，有北师大的、西南师大的、厦门大学的，也有北大的，教员缺少的状况才得到了缓解。

四、关于学生

关于那时的学生，林先生这样告诉我们：“北外最早的一批学生有一部分是调来的，学校其实是完成组织上分配的任务，另外一部分是招考进来的，他们有的是大学生，有的是高中生，有的是已经走上工作岗位的社会青年，他们学习外语，不一定完全出于自己的兴趣。第二批学生，大概是从 1961 年起的那批学生，能来到北外很不容易，他们大多出身较好，生活朴素，学习刻苦，对自己各方面的要求都很高。”当我们问到“那时的学生和现在的学生有什么不同”时，林老先生笑着说：“当时的学生使命感和纪律性都很强，思想上积极要求进步，专业学习非常刻苦。现在的学生很开放，和那个时候的学生大有不同啊！多元化的文化对当代学生的影响还是很大的！”

老先生开怀而慈祥的笑，让我们感受到他对学生真切的关爱，以及对 60 多年来时代变化的感慨。说到兴致之至，林老先生还给我们讲述了他当年是如何来到北外，来到中文教研室的。从他回忆的神情中，我们仿佛看到了当年一个英姿飒爽的学生领袖，带着满腔的激情从江苏常熟被派到首都北京，为的是学习中央精神，回乡建设共产主义青年团；我们又仿佛看到一个为着理想追求而硬着头皮来北外学习俄语的大学生党员，一个服从学校工作需要留校任教并逐步成为中文系领导的青年才俊；我们也仿佛看到了一个积劳成疾、拖着尚未痊愈的身体，忙碌在工作第一线的模范身影……老人家曾遗憾地说："到 1957 年 8 月份的时候，我身体就垮了。"那时候，他还不到 40 岁，是一个人一生中最应该有作为的黄金年龄。不过，林老如今已近九旬，虽谈不上精神矍铄，但眼明耳顺，身体也算是健康的。林老还表示，校庆的时候一定要回学院看看！

临别之前，我们提到了北外建校 70 周年和中文学科建设 60 周年，希望老先生能留一点寄语。林老语重心长地说："中文非常重要！"并衷心地祝愿中文学科能"越来越兴旺"！

临别前再看一眼林老，他满头花白的头发印证了中文学科半个世纪走过的沧桑。我们，作为后学，真心地祝福他身体健康！

虚怀若谷　立言著书

——原北外中文系主任何建章教授采访手记

傅芳周　王雯璐

何建章，男，陕西汉中人，中共党员，教授。1946 年考取陕西医专，1947 年分配至复旦大学先修班，1948 年考入上海同济大学医学院。1950 年分配至上海市委组织部，开始正式参加工作。1952 年 9 月，调至北京俄文专修学校留苏预备部任团总支部书记，1953 年调至北京俄文专修学校（即现在的北京外国语大学）汉语教研室。1982 年作为交换学者前往日本大东文化大学讲学，并被聘为该校教授。1987 年 2 月至 1990 年 9 月，任北京外国语大学中文系汉语部主任。

北京的4月，总是暖洋洋的，阳光洒满何老先生的书房。何建章老先生已经80多岁了，清瘦慈祥，温和儒雅，目光中透着老一辈人对孩子的疼爱之情，没有一丁点儿学者的架子，仿佛自家外公般亲切。刚刚坐定，我们环顾四周，只见何老先生十几平米的书房里满满地塞下了四五个大大的书橱，书橱里、案几上、小柜里满满的都是书卷以及老先生自己的学术手稿。采访开始前，何老先生曾仔细地阅读了我们提交的采访大纲，十分认真地对我们说："你们在采访大纲中称我为学者，但我还不能接受'学者'的称呼，我只不过是一个普普通通的教员。至于'为中文学院作出了巨大的贡献'，亦不敢担当，我所做的不过是一个普通老师的本职：教书和育人。"何老先生用他虚怀若谷、谦逊内敛的心态为本次采访定下一个朴实的基调，徐徐拉开本次采访的帷幕……

一、历程简述

（一）学生时代

何建章先生出生于陕西汉中，地处盆地，交通十分不便。1946年何老师从当地高中毕业，由于父亲是中医，便考取了西安医专。一年后，何建章发现学校的教学条件十分简陋，设备也非常不齐备，全校只有一具尸体供师生进行医学实践，根本没有办法获得良好的医学教育。于是，一年以后他离开了学校，前往上海重新参加了考试，但没有被所报学校录取。在同乡于右任（时任检察院院长）的帮助下，进行过几次分配调整，于1947被分配至复旦大学先修班学习。

1948年，何建章报名参加高考，考入了上海同济大学医学院。在上海同济大学医学院期间，周围的党员同志对他进行了长期而秘密的观察，认为他符合一个共产党员的素质和觉悟，在1948年顺利发展何建章成为共产党员。加入党组织后，由于解放前的国内动乱，何建章和其他党员同志基本上都是在进行地下活动。直到解放前几个月，他突然接到组织上的通知，国民党要开始大逮捕了，要他赶快离开学校转移至某同学家躲起来。第二天，他又转移至另一位名叫穆罗逸（音）的同学家，其父是穆木天（音）。何建章平时就躲在穆罗逸家中，时常能够接收到上级的指示，并在解放前与当地党员同志一起组织了纠察队。

解放以后，学校开始了组建共青团的工作。组织上任命何建章为带头人，先后发展了四个外围组织和大批的优秀团员。在这期间，何建章还与其中10名优秀的团员一起参加了第二期中央团校的学习，先后有多位中央负责的部长委员为他们亲自授课，使他们接受了严肃而系统的思想政治教育。一年以后，组织把何建章调回上海青年团市委、中国新民主主义上海市共青团委员会。

（二）工作经历

1950年，何建章被分配至上海组织部，开始正式参加工作。适逢镇压反革命运动，被调至上海市公安局。1952年9月，何建章被调到北京俄文专修学校（后来与北京外语学院、北京俄语学院合并为北京外国语大学）附设的留苏预备部任团总支书记。在当时的国际形势下，中苏关系十分密切，全国每年都会招收1000多名高中生、大学生到留苏预备部学习俄语，作为出访苏联留学访问的储备人才，何建章就负责替国家给这些学员作政治审查。

1952年中央下发了关于知识分子归队的批件，组织上为何建章提供了马列主义教研室和汉语教研室两个去向。何建章选择了去中文系任教，在正式授课之前，何建章花了一年时间在北大中文系、北京师范大学中文系以及教师进修学院旁听各门专业课。经常是白天骑车去各个学校听名师讲课，晚上回来整理笔记，并坚持为古书做标记。一年后，何建章正式转至北京俄文专修学校（即现在的北京外国语大学）汉语教研室，直到2000年才离休。

（三）一次“政治”错误，二十年“白旗”生活

何建章亲身经历了1958年的“大跃进”，看到当时人们盲目冶炼钢铁、夸

大主观能动性的现实，何建章感到十分忧虑和担心。于是在一次内部党员大会上，他表达了自己的观点，认为这次活动是错误的，“大跃进”没有给人们带来幸福的生活，反而导致了经济的衰退和人民生活水平的下降，这是非常得不偿失的。他没有想到，当时彭德怀也提出了相同的观点，在当时错误的政治形势下，彭德怀因为这样一句话被打成了“右派”。何建章也因此被扣上“反对大跃进”、“反对三面红旗”、“反对社会主义”三项罪名，遭到开除党籍的处分。

何建章回忆这段历史时，情绪不由得激动起来，眼里隐现着闪闪泪光。他说：“这个事情对我的刺激太大了。1952 年至 1955 年期间，我曾担任学校留苏预备部的团总支部书记，经常要在全体大会上做思想政治教育的讲话和报告。大家都认识我，群众、团员、党员都听过我的报告，然而突然被开除党籍，成为全校的众矢之的，心里非常难过。”何建章回忆到，当时的思想斗争特别激烈，情绪波动非常大，时常会想到司马迁的《报任安书》，文中提到一个词叫做“如芒刺背”，这个词可以非常贴切地形容他当时的感受。从 1956 到 1976 年的 20 年间，何建章默默地承受着外界对他的一切指责与批斗，忍受着内心的委屈与痛苦，全心专注于汉语教学和研究事业。这 20 年中的辛酸苦辣、内心的煎熬，也许只有何建章先生自己才能够全部体会。他说：“那时，我被认为是一个共产党不要的人。‘文化大革命’时，人们贴大字报公开说我是‘共产党不要的何建章’。心里真的特别难过。”在这样的气氛里，何建章忍辱负重，20 年来默默专心于教书科研工作。直到 1979 年他才得以平反，组织上撤除了对他开除党籍的错误决定，恢复了他的党籍。“20 年内，一有运动就首先批斗我。虽然如此，同学们都非常喜欢我，他们喜欢我的课。”说到这里，何建章先生嘴角上翘，方才愁云满布的脸上露出幸福的微笑。

（四）从中文教研室到中文系，从教师到系主任

1981 年，何建章在恢复党籍两年后，完成了《战国策注释》的编写工作，并由中华书局出版刊印。同年，何建章被学校评为副教授职称。1982 年，何建

章作为交换学者前往日本大东文化大学讲学，并被聘为该校教授，教授教员和学生们汉语及讲解《战国策》。何建章在日本教学期间，得知北京外国语大学要进行组织调整，要将原来的中文教研室改为中文系。何建章很赞成这次教研室改系的想法，于是立即动笔给当时的系主任林丰年写了一封信，表示了对此次调整的大力支持，并提出了具体的改组建议。讲到这里，何建章老先生起身从书柜中找出了当时他写给林丰年的信稿，一字一句地为我们读了全信的内容，言辞讲究，建议中肯，字里行间充溢着对改组一事的喜悦与希冀。1984 年，中文教研室成功改组为中文系，何建章回国后担任了中文系的第一任系主任及直属党支部书记。

二、科研工作

在采访开始前，我们就有一个疑问：医学院出身的何建章，为何最后成为了一名专注于《战国策》研究的学者大家？对于这个问题，何老师沉思片刻，目光转向窗外，用沉重略带沙哑的声音为我们讲述了那段黯淡曲折的人生历程。

“开除党籍以后，我感到一切都完了。解放前我就积极参与反蒋斗争，中学时就是班里的文艺骨干，宣传党的进步思想，大学时加入中国共产党，协助组织进行地下活动。然而却因为几句话便被开除党籍，实在想不通。我在中央团校接受了一年的教育，学习如何做个好党员，党委教育我们要说真话，而我说了真话却受到处分，我真的想不通。‘文革’期间好多人都自杀了，我那时也不知道今后怎么办。”

处于极度痛苦中的何建章突然想到了屈原、司马迁、柳宗元等人的故事，他们命途多舛、人生坎坷，却没有向命运屈服，用自己有限的人生实践了对理想的执着坚守。他们不畏困难的精神深深鼓励了何建章，激励着何建章埋首书卷、专心科研。后来，何建章去参观了天文馆，看到馆中模拟出的浩渺星空，顿时心胸豁然开朗：宇宙广阔无边，地球只是宇宙中不起眼的一颗行星，而我更只不过是地球 60 亿人中的沧海一粟。这种“我不算什么”的认知心态使他趋于平和，对苦难有了更达观的审视，从而重新整理心情，心无旁骛地将一切热情与精力投放在教学和科研上。

正是在那开除党籍的20年里，何先生一边教书，一边对《战国策》进行了细致的研读与分析，对史料和前人的论述进行了系统的整理和总结，以惊人的毅力完成了《战国策》的全部注释工作。然而，《战国策注释》一书完成时正值"文化大革命"，居心叵测之人以不让图书出版为要挟条件，要求何建章揭发别人的言行过失。何建章坚持做人的原则，拒绝向反面势力妥协，于是他自己找到中华书局的总编辑，向他说了情况。总编辑当即表明不会因此而阻碍何老先生的著作出版，坚决不会受其他方面的干预，这使何建章心里颇为安慰。

眼下，何老师对自己80年代出版的《〈战国策〉注释》又有了新想法和新认识，于是着手重新编写《战国策》的注释，已经写了100多万字，目前正在为《韩策》作注。何老先生说："我现在所有的时间都花在这个上面，我做这个是因为兴趣。古书里的有些字句到现在仍有存疑，经过了两千年，经过了多少代人，却仍不能恢复到原来的面目，是十分遗憾的。因此，首先就要从整理古书的内容入手，重新尝试解读古人，使他们的思想能够得以顺利延续。汉代就有人开始了对《战国策》的注解，宋代、元代、清代、解放以后，《战国策》的注解工作也一直没有停过。解放后，研究战国策的人大概也有四五个，我把解放后所有出版的《战国策》论著都买了，作为学习和借鉴的参考。我编著的版本既综合了前人的观点，也融入了自己的想法。其实，我现在做的不过是一些笨功夫，沉下心来认真在做文献的整理工作，没有什么特别的，所以亦不敢担当学者的名号。我所能做的，不过是踏踏实实地作文本研究，用'坐稳冷板凳'的心态去耐心发现一些新东西而已。"

三、对北外的希望

在谈到北外的建设时，何建章老先生语重心长地说："我们没有解决的一个问题是：北大有北大的特点，清华有清华的特点，而北京外国语大学的特点是什么？当初我在考虑这个问题的时候，曾经作过几年的研究。我认为'语言'是主要的特点，以前北外有28种语言，现在是五十几种，但是不管是哪一种语言，'表达'都是最终的目的。我们必须要用汉语来表达你所知道的外国的这个语言。外国语大学的主要目的应该是提高学生外语的和汉语的表达能力，北京外国语大学就是要提高学生汉语表达能力。因为我们的学生会到各个行业，以前是外交，后来逐渐各个行业都需要外语人才，不管是去到哪个行业，我们很多学生都是中外语言文化的一个桥梁，许多的工作是沟通、交际，这些工作对表达能力的要求都非常高，而汉语表达能力提高了，你才能胜任外语的表达。比如我们很多同学在翻译的时候，明明能理解某一段外文，但是不能用确切的中文形式表达出来，这就是我们同学中文基础、中文的表达能力欠缺的体现。"

"当初我们意识到这个问题的时候，用了好几年时间试图通过加强作文练习解决这个问题，我认为在当时的情况下加强作文练习是一种办法，即使不能算是好办法，因为这是一种实践，不管学生拿到什么题目都需要他们抓住题目的中心去表达。我们要求老师对于学生的作文精批细改，给写得好的同学评奖。几年以后，老师们觉得精批细改对老师时间精力的要求很高，慢慢就不太同意这样的做法，后来就不写作文了。我认为，虽然批改作文对教师来说很辛苦，但是对学生来讲，能够提高学生的中文表达能力，是有很大益处的。"

四、对青年人的寄语

在采访的最后，何老先生根据自己的人生体会，向当代青年人提出了殷切的希望。他说："人偶然来到了这个地球，虽说机缘偶然，但不能白白度过人生一世。地球存在着就有人的存在，人存在着就有社会的存在，而社会是非常非常复杂的。地球将来总是要毁灭的，在没有毁灭以前，我们应该给这个社会留点痕迹。每个人的能力、作为和贡献大小不尽一样，我们不要求人们留下超出自己能力范围的印记，但至少要在力所能及的范围内为社会作出贡献，为整个人类留下你存在的痕迹和意义。”

何老先生还希望青年人要有不断追求更好、不断进取的心态，做人如此，做学问更应如此。“我选择做《战国策》注释的原因就是因为发现了这方面的工作还不是十全十美，既然认为不是十全十美的，就应该努力往接近于十全十美的方向去做，我能够活多大年龄，就让它多接近十全十美。以后还会有源源不断的研究者，那样我的努力就能够给后人提供方便。”

五、采访后记

采访结束后，我们一边收拾采访设备，一边与何老师闲聊，何老师很关切地问起中文学院目前的课程设置、中外学生的学习情况，当得知中文学院目前已经有几千外国留学生和400余名中国学生，拥有高水平的师资队伍以及先进的教学设备，何老先生的喜悦之情溢于言表，并特意嘱咐我们代他转达对北京外国语大学成立70年的祝贺，祝福北京外国语大学中国语言文学学院的明天更美好！

（2007级汉语言文学专业本科生傅芳周，
2007级对外汉语专业本科生王雯璐）

李方教授访谈录

彭芃　黄月蛟

今年87岁的李方教授是研究政治学和中国古代文学的大师，也是北京外国语大学的老校友、中国语言文学学院的老教师。

李方老师是湖南常德人，幼读私塾。1945年，李老师从国立师范学院附属中学高中理科班毕业后考取了南京中央大学政治系，1949毕业获得法学士学位。1951年，李老师从北京外国语大学法语系毕业，获得文学学士学位。1952到1979年期间，李老师在北外教授古代汉语和中国文学史。1980年，李老师来到中国社会科学院政治学研究所工作，其间担任研究员、研究室主任，同时任中国社会科学院研究生院政治系主任。

李老师是北京大学、南京大学等十余所高校的兼职教授，曾任中国翻译工作者协会第一届理事，中国行政学会第一届常务理事，中国政治体制改革研究会第一届理事，《中国大百科全书行政学》分卷副主编。李老师学贯中西，先后应邀在美、日、英、荷、澳等国多所大学或研究机构做访问学者、客座研究员。李老师著有《行政管理学纲要》、《行政管理学基础》（主编）、《非暴力斗争》、《诗词曲格律新释》等著作10余本，论文《试论中国封建社会的基本特征》、《中国改革的世界意义和历史意义》、《论官本位制》等数十篇，英、法语译作约200万字。

北外70周年校庆之际，我们带着对老一辈学者学术生涯的尊敬和对母校历史的好奇，策划了本次采访。

2011年4月13日星期三下午，我们如约来到李老师家中。李老师和爱人毫无前辈学者的架子，热情地接待了我们。不等我们开口，李老师就主动和我们拉起了家常，亲切地聊了我们的家乡、学习、生活等情况，又十分关心地询问了北外中文学院师资、学生、教学等方面的现状，我们一一作了介绍。

一、25年教书育人

李老师首先向我们介绍了自己初到北外时中文学科建设的一些基本情况。

1949年北外刚从解放区搬进北京城，并且大规模招生。只有第一批学员因为年龄较大，多为大专以上文化水平，因而只学外语和政治。往后历届学生，包括1952年参加军事干部学校的那批，都开设有汉语课。因为学校领导认为：无论外事或翻译干部，汉语不好，很难胜任工作；而且汉语不好，外语也很难学好。可以说，北外进城的历史有多长，中文教学的历史就有多长。从建校初始，学校领导对中文教学的重视就达到了一定高度。

当时北外尚未开设中文专业，中文教学的对象主要是一些外语专业的学生。学校虽然重视汉语，但究竟应该开设一些什么课程，最初并无明确的计划，而是经过不断的摸索，逐步改进的。最初教师队伍人数很少，要是作业多了，往往请外语系里文笔较好的干部帮助批改。受教学对象的专业水平限制，当时的中文课程设置是以中学语文式的古今著名篇目学习为主。课文则是选一些鲁迅的文章、毛泽东著作和比较有影响的白话散文，如《谁是最可爱的人》、《荔枝蜜》等，也选取少量的传诵已久的古文，如《岳阳楼记》、《师说》、《捕蛇者说》等，每学期还要求学生写若干篇作文。此外，还讲授一些基本语法知识，还曾开设供学生选修的“中国文学史”。后来汉语组又自己编写了一套“写作基本知识”，教学效果也还不错。

我们得知，在北外的 20 多年里，李老师从学生变成教师，既担任了一定的行政工作，又长期从事教学，便询问了一些相关情况。

临近解放时，相当于现在外交部的民国外事处设在南京，各国大使聚集在那里，其中不乏司徒雷登等知名人士，而李老师正好就在那里工作。解放后，这些人都想与新中国搞好关系。恰逢北外在南京招生，于是李老师和陈琳等一批当时的英语骨干借机一起来到了北京，成为了北外进城以后的第一批学生。

李老师介绍说，自己来到北外以后以学习英语为主，成绩很好，但由于国家当时十分缺乏掌握法语、德语等非英语的语言人才，而他在大学里又选修了第二外语法语，并到法语组参加了八个月的培训，之后，就留在法语组（今法语系）从事行政管理工作，做辅导员和系务秘书。

同时，李老师还教过一段翻译和法国史。但可能与成长经历有关，慢慢地，他发觉自己还是对汉语更感兴趣。小时候，李老师念的是私塾，在古典文学的熏染下，逐渐对中文产生了浓厚的兴趣。虽然在外国语大学汉语相对于法语来说属于比较冷门的专业，但他还是在 1956 年主动要求调到中文学院的前身汉语教研室工作。

当时，北外会在外语专业的学生二年级时对他们的汉语能力进行考察，如果能力实在不够就认为他们也不适合学外语，就会分配他们到别的系或者做别的工作。在汉语组的那段时间，李老师第一次通过亲身体会意识到，学外语的人，汉语一定要好，汉语是基础。也正因为这样，汉语的课程慢慢加多。

说起自己教授的选修课程“中国文学史”，李老师更是如数家珍，和我们分享了自己教学过程中的宝贵经验。

“中国文学史”课程从先秦一直讲到“五四”，学生由于专业所限，汉语文史知识并不太丰富。“分析作品时，如果讲得太快，学生在理解方面就会跟不上，因而必须对典型的代表作比较详尽的分析。”为此，李老师特地按照文学史的线索，选择《中国文学史作品选》上下册，并详加注释，发给学生作为基本教材。“比如讲《楚辞》、《诗经》，就一定要让学生欣赏原文，否则空谈理论，并不能让学生真正理解其中奥妙。”谈到阅读原文的重要性，李老师当即和我们一起，十分熟练地背诵了《诗经》中的名篇《氓》，并赞扬了女主人公的反抗精神。年近九十，离开教学岗位和文学研究30年的李老师仍然对古人名篇熟记于心，这种对专业的热爱让我们感到由衷的钦佩，也深深折服于传统文化的魅力。

李老师喜欢在课堂上提出一些启发学生思考的问题。他常说应该学习古人的成就，但不应迷信古人，例如王勃的《滕王阁序》、欧阳修的《南歌子》虽为千古传颂的佳作，却也会有某种瑕疵。这样能够激发学生的思考能力，活跃课堂气氛。

此外，李老师非常看重因材施教。学习外国语的学生比较熟悉外国文学，他便通过课堂上中外文学的对比充分调动了学生的积极性。如讲授诗词平仄与格律时，联系西方诗歌中的抑扬高低格律和用韵的知识，引起了外语专业学生的兴趣。

二、漫漫学术路

离开北外后，李老师来到中国社会科学院从事政治学研究，但他对文学的热爱从未淡去。李老师告诉我们："我在南京大学读的是政治系，但我深觉学习政治和搞政治都很难，尤其是文人从政，像鲁迅，在蒋介石统治时期几乎丢掉性命。但政治学的研究还是很必要的，鉴于我的学习经历，后来就被调到社科院研究政治学了。虽然主要研究的内容不是文学了，但我对文学研究和教学一直保持着兴趣。”

说到这里，李老师向我们介绍了他2009年新作《诗词曲格律新释》中对诗词格律教学的一些看法。他并不注重让学生机械地记忆公式，而是总结其中规律，让学生去推，从而轻松掌握声韵规律。早在教学的时候，李老师就常常和学生探讨中国的诗为何是五言和七言，什么是入声，究竟有没有入声等问题。当时李老师的学生就非常欣赏他的思路，十分期盼老师将这些想法集合成册、正式出版。后来因为工作繁忙，直到退休后，李老师才专心写了这本书，得以和更多人分享研究成果。

李老师在北外和社科院都工作了相当长的时间，我们不由对这其中的区别产生了兴趣，很想了解在研究所里做学问和在大学里做学问到底有什么不同。

李老师向我们介绍说：那个时候，社科院是专门搞研究的，管理也很严格，对于文章发表的数量和质量都有很高的要求。而大学里的老师，首要任务就是要把课教好，然后结合教学搞研究。李老师告诉我们，名师授课是中国的一个好传统，不论一位教授多有名，都必须教课，比如鲁迅从北师大转到厦门大学去教书，很多学生就追随而去。而现在，情况有了一定变化，很多名教授已经告别课堂，教师队伍年轻化。李老师进而指出："教师还是应该结合教学搞研究，先把自己教授的课程研究透彻，教起来驾轻就熟，研究的时间也就有了。"

接下来，我们向李老师请教了他在专业问题上的一些看法。

80年代以后，西方思潮大量涌入中国，用西方的理论来阐释中国传统的作品成为一种新的潮流。而李老师认为，西学东渐以来，西方的研究方法对古典文学、语言学的影响一直很大，中西结合的研究方法是我国的学术传统，并不是一个近30年才有的重大改变。拿音韵学来说，过去音韵学如天书一般，很难懂，因为以前我们没有拼音符号，传统的注音方法太抽象。后来赵元任、罗常培等大家用外国的语音学来解释中国的声韵学就解决了过去很长时间没能解决的问题。从中可以看出，很多研究要借助外国的研究方法来做。再比如说语法，中国长期以来没有自己的语法体系，直到清末马建忠借助西方语法编写了《马氏文通》，中国才有了第一本语法书。李老师还对希望从事比较文学研究的后辈学生提出了自己的希望："凡是搞比较文学研究的人，中西方文学修养都要好才行。"

有很多人说，古典文学研究做到今天，已经研究尽了，我们不过是把鲁迅、王国维等大家的只言片语进行扩展或对其观点进行重复。李老师对于这种看法却并不赞同，他举了这样一个例子：鲁迅有一种观点，他认为旧体诗已经被唐人写尽了，所有的意象、手法等都被用过了。但事实上，不同时期人们的创作手法不同，像台湾的很多学者，在国民党的严格统治下，不敢随便发表言论，就把唐诗拼起来表达思乡等情感，发现想表达什么感情都可以在唐诗里找到抒发同样情感的诗句。鲁迅自己也写古体诗，现代很多人也写，写出来的味道和古人还是不同的。"搞研究也是一样，"李老师对我们说，"不同时代的人研究视角是不同的，但要想搞好研究，学习前人的成果是很有必要的，这样既可以避免重复研究，又可以站在巨人的肩膀上更上一层楼。"

现代人的功利心都比较强，人文学科渐渐成了冷门专业，对于人文学科对社会的贡献，李老师有着自己的看法。李老师说，现代人做事讲究立竿见影，讲实用主义，但从人类社会的发展来看，主要的危机还不是经济、科学的不发达，而是由于人类追求眼前利益造成的世界性信仰危机。过去欧洲有人文主义思潮，讲民主、自由，中国有孔孟之道引领道德风尚，后来又有马克思主义掀起世界风潮，而现如今，人们的目光短浅，很少有人去追求高层次的东西了。"所以，人文科学这些精神层面的东西是最应该提倡的。"而从个人角度来讲，李老师认为，一个人只追求物质利益是会迷失自己的。比如在外国，很多有钱人在晚年时把自己的财产捐给教会，就是因为在年轻时为了获得经济利益做了很多不该做的事，所以想通过这种方法得到精神上的救赎。"精神层面的东西对人来说还是不可或缺的。"

三、对后辈的期望

今年 9 月份是北外 70 周年校庆，李老师也借此机会表达了对母校的祝愿，并对中文学院的学生提出了自己的期望。作为中文专业的学生，扎实的专业基础是第一位。李老师希望我们不论在文学还是语言学的研究上，都能够充分了解前人的成果。

"我希望中文学院的学生在学习古典文学时，最好是能透彻地学习。"李老师说："首先是要欣赏名篇名句，不断地朗诵，最后达到背诵，这个过程本身也可以提高我们的文学修养。其次是能写。写作一定是要经过刻苦的练习才能写好的。”李老师提到自己当年考大学时，有要求用文言写作的题目，如果事先没有系统的练习，是一定不会过关的。

李老师也极为重视对古代汉语的学习。他指出：外语，像英语，现代英语对古英语的承袭很少；但汉语不同，古代汉语对现代汉语的影响很大。所以学习现代汉语，特别是研究语言学的人，古汉语的基础一定要打好，否则对个人发展是有很大限制的。古代汉语博大精深，我们要想全部掌握是有困难的，但一些经典篇目还是要读的。“王力先生编的《古代汉语》中收的一些篇目就很好。他还讲了一些古汉语语法，从中我们可以看出，除了宾语前置等少数几条不同外，古汉语语法和现代汉语语法还是很相似的，因此学习古汉语语法对现代汉语的学习是很有帮助的。”

同时，李老师也对我们的外语学习提出了要求，认为中文专业、特别是有意从事对外汉语教学工作的学生，掌握一门外语是非常重要的。“在过去，我们把外语当专业来学，现在学好外语只能说掌握了一种工具，所以外语学院的学生汉语和中国文史知识也一定要学好，否则很难有大发展。同样的，外语学院中文系的学生，在别人看来中文根底也许不如综合性大学中文系的学生好，但你们有外语优势，在学好外语的同时，通过自己的努力好好学中文，是很有前途的。”

最后，我们对李方老师表示感谢，并代表学院向其赠送了学院院刊《麟台》、论文集《中文丛刊》作为礼物。

短短几个小时的采访，我们收获颇多。大师学者的人格魅力和治学态度让我们心怀敬仰和感动；对历史的回顾加深了我们对母校和学院的热爱；面对前辈的谆谆教诲和殷切希望，我们作为年轻学子，更深深感到自己的不足和对未来的责任。

（2010级对外汉语教学理论专业研究生彭芃，
2010级国际教育专业研究生 黄月姣）

为了梦想，风雨兼程
——访原中文学院院长杨天戈教授

陈月　马艳娇

杨天戈，男，四川成都人，中共党员，教授。1959年毕业于西南师范学院中文系。1959年分配至北京外国语学院汉语教研室任教。曾任北外中文教研室副主任、中文系主任以及中文学院院长。曾任世界汉语教学学会理事、中国对外汉语教学学会常务理事以及北京市语言学会常务理事。国务院特殊津贴获得者。曾主编《外国人学中国话》系列教材（含英、法、德、俄、西、日、韩、阿拉伯8种文本），曾在《中国语文》等杂志上发表汉语史专业论文10余篇，其中“了”字综合研究系列论文于1990年获北京市高校优秀社科论文奖。其他出版过的著作还有《汉语成语溯源》、《古文名段今译》（与人合著）、《华夏文化词典》（主编之一）、《汉语常用词搭配词典》（与人合著、全书统稿）。

既然选择了远方，那就不必在意脚下的泥泞，既然有了方向，那就风雨兼程，笑看云卷云舒。也许，梦想对于我们而言，只是口上随便说说而已，可是对于杨天戈来说，做人类灵魂工程师的梦想是值得为之奋斗一辈子的事业。

一、满怀梦想，踏上教师之路

杨天戈出生于四川成都。巴蜀之地人杰地灵，杨天戈在钟灵毓秀的环境中长大，自小就怀抱着理想主义的精神。在他上中学的时候，他曾看了两部苏联电影：第一部叫做《乡村女教师》，讲述了女主人公将从大学毕业后的青葱时光一直到白发苍苍的老年岁月都献给了教育事业的故事；第二部叫做《教育的诗篇》，讲述了苏联教育学家马卡连科投身教育事业，让很多人眼中的“调皮鬼”最终成为合格的共青团员的故事。当时，他正处在价值观形成的关键阶段，受到两个主人公奉献主义精神的触动，因此立志成为一名人民教师。后来，在高考填报志愿的时候，杨天戈放弃了综合大学，把所有志愿都填上师范大学，最终，他成功地被西南师范学院（今西南大学）录取，走出了实现教师梦的第一步。

二、饱含深情，回顾学院历史

1959 年秋，杨天戈从西南师范学院毕业，分配到北外汉语教研室任教，在接下来的 30 年中，他躬身力行，扎根北外，从讲师一直晋升到教授。

最初的汉语教研室规模很小，不是一个独立的机构，主要的任务就是为各个外语院系讲授中文必修课和选修课，直到 1984 年，因为学校的政策变革，汉语教研室扩大了规模，才正式成为中文系。历经 10 年，到 1994 年中文系又更名为中文学院，而杨天戈被任命为中文学院第一任院长。

纵观北外中文学院的历史，它的发展壮大是与整个对外汉语事业的发展息息相关的。在新中国成立初期，对外汉语就开始萌芽，而当时北外就已经接收外国学生，成为最早开始对外汉语教学的大学之一。后来，50年代至60年代初，对外汉语事业进一步发展，有许多亚非拉国家的学生来中国学习汉语。面对对外汉语快速发展的形势以及北外汉语教研室的实际状况，杨天戈作出了重大的决定——在北外这所以外语为特色的高校成立中文系。乍看来，杨天戈的决定还欠考虑，但实际上，他早已审时度势，成竹在胸。当时，国家的新闻出版和外事外贸行业急需大量既具备良好的汉语功底又有外语特长的人才，而实际情况是，学习外语的人中文功底比较薄弱，而学习中文的人外语又不过关。针对这种中外文兼长人才匮乏的现状，杨天戈指出北外中文系的人才培养目标就是，既夯实学生的中文功底，又培养学生的外语能力。最终，他富有创新意义的决定得到了校领导的认可，而中文系也在艰难的条件中办立起来。在建立最初，中文系没有专门的教室，也没有电脑等设备，只有一个电教室和一个资料室。当时的师资也很缺乏，没有教授英语的老师，所以杨天戈和其他老师只能外聘专家。尽管条件艰苦，他和他的部下依然不放弃，始终坚持中文系的培养目标，坚信北外中文系所输出的人才一定会在国家的发展中作出有益的贡献。由于杨天戈和其他老师的努力，中文系的各项工作逐步步入正轨，他们的努力与坚持也为今天中文学院的良好发展奠定了坚实的基础。

三、踏实严谨，追求学问真知

杨天戈是一个认真严谨的人，在做学问的道路上，他孜孜不倦地追寻真知，虽路漫漫，但他仍上下求索。

在阅读王筠的《说文句读》时，他注意到了“盖经典无了字”这句话。他不禁思索：难道经典著作中真的没有“了”字吗？带着这个疑问，他调查了《论语》、《孟子》及汉魏南北朝典籍中“了”字的词义和词性，以及使用频率，借以探究“了”出现的时代以及古时“了”的用法与近现代“了”字用法的内在关系。当时作研究的条件不像我们现在这样方便，由于没有电子版的检索，杨天戈就一部部地读经典，并把其中有“了”字的例子抄下来。最后，吕叔湘先生在看了他的论文后，还作了“此文甚见功夫”的评语，肯定了他的辛苦研究。

除了致力于汉语本体方面的研究外，杨天戈还从事了多年的对外汉语教学工作，主持编写了《外国人学中国话》系列教材，得到了学界的肯定。当时，对外汉语教材中的主导方法是结构法，就是注重语言结构的分析，在课堂中大量进行句子的扩充、减省、变换的练习。而杨天戈主持编写的《外国人学中国话》推崇功能交际法，即提倡学习语言的目的是为了交际，课堂中的练习应该有目的，不能单纯地为练习而练习。在这种教学法的指导下，杨天戈倡导将教材中的句子分为提问、回答和陈述等类型，以便于学生的应用。同时，《外国人学中国话》一共有英、法、德、俄、西、日、韩、阿拉伯 8 种文本，目的是为了使各个国别的学生更好地学习汉语。在 8 种文本的教材编写前，杨先生预先写了一本中文底稿，然后请北外其他语系的老师根据这个底稿编写相应国别的教材。而国别不同，教材中涉及的语言点和文化点也各有侧重。例如，针对日本学生的教材中，汉语词汇的比例就比其他国别的少，原因是日语中本身就有很多汉语词，对于学生而言，理解词义相对容易。而针对阿拉伯学生的教材就删去了饮酒这一带有中国传统文化印记的内容，原因是在阿拉伯国家，饮酒被认为是一种罪恶。杨天戈主持编写的这套教材打破了传统的以结构主义教学为主的方法，尝试了新的功能交际法，又针对国别有所区别，加入了中国传统文化的元素，这一切在当时都是一种创新。

四、情意拳拳，寄厚望于我辈

杨天戈立足于教师行业多年，积累了丰富的教学经验，他以身作则，是学生眼中公认的好老师。他总结出了衡量优秀教师的三个标准，也一直以这些标准严格地要求自己。第一，他认为好的教师应该有丰厚、广泛的专业知识。对此，杨天戈打了个通俗的比方：如果老师传授给学生一杯水，那他至少就该有一桶水，推而广之，那些大师级老师的专业知识就该像水池甚至大江大海一样渊博。第二，他认为好的教师应该要有好的教学方法和好的语言表达能力。他指出，老师不该像装饺子的茶壶一样，虽然肚子里有东西，却倒不出来。他总结说专业知识是基础，而教学方法和语言表达能力则是充当传播知识的媒介。最后，他认为好的老师应该爱自己的学生，与学生建立起良好的师生关系。杨天戈强调说师生之间良好的互动关系能为教学工作锦上添花，而他之所以能够保持年轻的心态，也是受到了年轻学生的影响。

杨天戈有多年的海外教学经验，接触了不少通过奋斗成功留在外国的华人。面对现在的出国留学热现象，他对当今学子表达了内心的瞩望。他总结说：在国外，那些外语不太好的华人会选择开中国饭馆或杂货铺；而外语能力稍好些的华人会选择从事中外经贸交流行业；最后，那些外语能力最好的华人往往会选择在高等学府中教授中文。因此，杨天戈嘱咐现在学习外语的学生，一定在提高外语水平的同时也巩固好自己的中文基础，因为学习外语的目的不是成为外国人，而是要成为中国和外部世界交流的桥梁。

针对中文学院现在的发展状况，杨天戈老师感叹道，中文学院现在的硬件设施比他当时好了很多。他希望中文学院现在的学生能够坚守传统的道德观念，对学术要有敬业精神，对老师应该尊敬，和老师保持和谐融洽的师生关系。他还希望中文学院的学生在打好中文和英文基础的同时，还应该再往深研究，在对外汉语、海外汉学、语言文化对比等学科上多作出成绩。

杨天戈那一代人是真正怀有理想主义精神的一代人。中学时的小小梦想让杨天戈铭记在心，并为之奋斗了一辈子，直到现在仍然无怨无悔。他见证了北外中文学院的成长，他将自己对教学的热情、对学生的热爱倾注在中文学院中。他对于优秀老师的衡量标准给了当今的老师以启示；他做学问严谨认真的态度能为今天的学生树立良好的榜样；他主持编写教材的经验能够为今天对外汉语教材的编纂所用……的确，杨天戈为了梦想，风雨兼程，也最终有所成就。他用自己一生对教师职业的崇敬与坚持为我们书写了理想之歌，也激励当今的年轻人树立自己远大的理想。

（2007级对外汉语专业陈月、马艳娇）

里程之碑，启航之石

——访原中文学院院长程裕祯教授

于晓洁　张然

兔年仲春，满城飞絮扑打人们的双眼。带着春天午后特有的困乏，我们如约来到了程裕祯教授位于北京城东郊的家。一路上我们在抱怨天气干燥的同时，也隐隐担心这是否会影响到我们的采访。一进程老家里，一股清凉之气扑面而来，仿佛走进了一处幽静的山林，古色古香的装饰和花花草草的点缀，让我们的不安与担心随之消失。程老为了我们的采访作了精心的准备：穿上了一件象征春天生命力的草绿色的毛衣，泡好了三杯清香四溢的热茶。

我们很自然地开始了我们的采访。说是采访，倒不如说是闲谈更恰当，我们成了程老的忘年交，分享着这位历经沧桑而又精神矍铄的智者的丰富经历。

一、北大学子结缘对外汉语

程老是1958年被保送到北京大学中文系的。这与他自幼喜欢文学有直接关系，他在高中写的诗，一再受到时任班主任的语文老师的赞扬。北大五年他受到更好的文学熏陶，曾梦想日后进入作家协会，做一名诗人。可是毕业时被选为“出国汉语储备师资”，先要到北京外国语学院学习法语。那时候，“祖国的需要就是自己的志愿”，从此他走上了对外汉语教学这条路，并为之献出了一生，直到2006年正式退休。

程老属于国家最早培养的对外汉语师资。相比今天对外汉语教学事业的繁盛，那时的对外汉语教学刚刚起步，甚至连“对外汉语”这个概念都没有产生。在那个文学热情空前的年代，程老坦言，自己感觉很失望，很羡慕那些从事文化工作的同学。三年的法语学习刚刚结束，正好赶上“文革”，他接到去老挝工作的命令。当时的老挝是越南战争的后方，经常受到美国飞机的狂轰滥炸。他与同伴从越南秘密进入老挝解放区，令他想象不到的是，生活条件非常艰苦，不但教室、宿舍要自行搭建，而且还要自己背粮种菜。为了防卫敌特，床头放着冲锋枪，出门带着驳壳枪。老挝虽然是法国的前殖民地，但下层民众都不会讲法语，为此聘了一个当地华侨做教学翻译。班上的学生都是和尚，却向往中国，崇拜毛主席，因此学习汉语的热情很高。一年半以后，他按照国内指示回国休假，却因时局变化再没有回去。程老感慨地说，这是他一生中最艰苦的一段时光，但也是最宝贵的一段经历。

回国以后，程老到北大，那时正值“文革”后期，工人、解放军已经进驻高校，只有“斗、批、改”，没有教学任务，他被调到机关工作，主要负责编辑《新北大》，后来担任党委办公室秘书，主要撰写各种报告。1971年联合国教科文组织恢复了中国的合法席位，中国于次年派出政府代表团参加在法国举行的该组织第十七届大会，要北大推荐一名通晓中法文的同志担任中文秘书，程老自然就成了不二人选。大会期间，主要负责起草报告、发言以及发出向中央汇报情况的电报。之后，他又连续数年从事教育外事管理。对于这些经历，程老强调自己并不后悔，这对开阔视野、增长见识、锤炼笔杆子都大有益处，事实上，他后来的教学与管理，都得益于这些锻炼。

1981年程老来到北外，真正回归教学与科研。他开玩笑地说，自己返回教学岗位已经比较晚了，之前的许多年单从学术上考虑是一种浪费。好在有北大中文系的底蕴，科研上急赶直追。程老喜欢文学，尤其是唐诗，于是着手研究唐诗，而且主要是一些边缘唐诗，因为它们远没有被开发。他的第一篇学术论文就是《唐代的诗僧和僧诗》，随即引起学术界的关注，成为研究诗僧的第一人。他在收集唐代诗僧的过程中发现那些相关的寺庙保存至今，这引起他对佛教文化的浓厚兴趣，并扩展到所有名胜古迹，遂与几位朋友联手编撰了《中国名胜古迹概览》，由此开始了对中国文化的研究，并于1985年率先在全校开设“中国文化概况”选修课，一时间选课学生甚众，不得不一周重复讲授两次，并在后来获得北京市高校优秀课程二等奖。

二、励精图治于北外

程老于1981年到北外，2006年正式退休，见证了北外中文学院从无到有、从分散到整合的全过程，在他担任中文学院院长之后，更是起到了至关重要的作用。

程老回忆说，他初到北外时，只有一个公共汉语教研组，负责全校外语专业的公共汉语课，如大学语文、写作、专题讲座等。随后，日本大东文化大学派遣学生于暑期进修汉语，汉语教研组的老师就有一部分抽调去教日本学生，组成汉语部，初步具备了系的功能，另一部分老师继续教授公共汉语。到了1985年两个部分合并成立了中文系，设置了“对外汉语专业”，由此，北外的中文教育发生了质的变化。1990年，日本国际交流事业团派学生来北外读本科，学校为此成立了国际交流学院，专门管理日本本科班。原来的“中文系”改名“中文学院”，负责教授中国学生和其他外国留学生。于是，中文学院和国际交流学院并行存在，形成了两个对外汉语教学机构。西院的国际交流学院楼（俗称小白楼）由两院共用，中文学院在上层，国际交流学院在下屋。

1993年，奉教育部派遣，程老及其爱人一同赴意大利那不勒斯东方大学任教两年，1995年底回国，他出任中文学院院长。在后来的任职期间，他认为自己主要做了两件大事：第一件是合并两院。首先，程老说到，两院分割是完全没有必要的。对外汉语不同于传统的英语或汉语专业，它是一个新兴的学科，有它自身的特殊性，需要集中力量去发展它，如果硬把它一分为二，无疑是分割了它的内在力量，不利于学科的发展。程老说他提出这一想法后，得到陈乃芳校长的积极反应。在后来的实际操作中，名称沿用“国际交流学院”，一方面是为了照顾日方继续有效招生，另一方面也要考虑到原国际交流学院教师的归属感。实际上两院合并是学科整合，不是单纯的机构合并。从专业的角度讲，“国际交流学院”不是一个学术单位的名称，更像是一个办事机构，因此再改回中文学院是不可避免的，是名副其实的。第二件事是两个机构的设立，即海外汉学研究中心和国际汉语教学信息中心。事情的缘起是，程老在意大利期间，对欧洲的汉学研究成果甚感惊叹，而国内对他们却重视不够。正是在意大利的经历，使他对海外汉学产生了全新的认识，而且综合以往经历，把重视与研究海外汉学上升到国家战略的高度，并为此不遗余力地推动汉学研究。他认为，学校成立的海外汉学研究中心必须是一个有编制、有经费的实体机构，这样才有利于它的发展与壮大。1996 年汉学中心正式成立，隶属于中文学院，如今汉学中心在张西平老师的带领下发展得很好，成为一个独立运作的科研机构，验证了程老当时的远见卓识。国际汉语教学信息中心的情况略有不同，它不一定要求必须是一个实体，因为它的目的是收集和综合国外汉语教学的信息，作为我们教学与科研的参考，可以借鉴并提供理论研究的实例，可以编辑内部刊物《国际汉语教学动态与研究》，进行信息分享。

三、智者寄语

程老的主要著作有《中国名胜古迹概览》、《中国名胜词典》、《中国文化要略》，并主编《中国学术通览》、《新中国对外汉语教学发展史》。由此可见，程老的文化文学功底十分深厚。多年的教学经验、勤勉的工作态度，加之本身热爱写作，对中国文化又有深入的研究，程老当之无愧为一名杰出的对外汉语教育工作者。

当下汉语热正席卷全球，为了配合对外汉语教育的需求，国内各大高校积极培养对外汉语师资。程老就对外汉语教师应具备的中国文化涵养问题谈了自己的看法。关于对外汉语教师的培养，一直存在着“重技能，还是重涵养”的问题。教学技能，是对外汉语教师必须掌握的，有关的教学理论也是应当学习的，这可能要占用一定的时间，但是文化涵养是对外汉语教师必不可少的素质，不能以一个简单的百分比来规定“技能”与“涵养”所占的比重。我们只能说，对外汉语教师应该具备“相当”的文化涵养。所谓“相当”，是说在不同的条件下有不同的要求。以他自己为例，当初他毕业于北京大学中文系，接受了为时五年的汉语言文学教育，毕业后才学的法语，因此在教学过程中并没有文化涵养不足的问题。而现今对外汉语教师的培养，由于学生有的属于汉语言文学专业，有的属于对外汉语专业，有的属于小语种专业，这就造成中国文化涵养方面的良莠不齐。这些差异是很容易看出来的。中文系毕业的学生，经过一段时间的实践，可以很快地掌握汉语教学的基本要领，但是非中文系毕业的学生，经过培训和实践，在以后的教学过程中补充文化知识，就有些难度了。因为中国文化涵养是需要经过长时间地积淀的。针对这个情况，程老建议无论是中文专业还是非中文专业的学生，都应该将中国文化作为自己的第一兴趣，努力吸取，不断积累，以丰富自己的文化底蕴。

作为中国对外汉语教育事业的前辈，程老在几十年里目睹了我国对外汉语教育发生的巨大变化。他感叹道，如今的对外汉语教学规模惊人地扩大了。这是他们这批过来人所欣慰的。规模扩大，主要表现在国家对于对外汉语教学的重视，方针的导向，政策的扶持，资金的投入。全国高校对于对外汉语教学人才的培养也越来越重视。以前仅北京、上海四所高校有对外汉语教学专业，到现在全国各省市的许多高校都开设了对外汉语教学专业，说明人们对这项事业的关注度空前地提升了。程老指出，随着规模的扩大，很多问题也不可避免地伴随而生。如对外汉语专业的学科规范就是一个亟待解决的问题。对如何培养，培养成什么模样，以及技能和文化涵养如何平衡等问题，都需要有更多的思考。

程老虽然已经退休，但是他身上仍然散发着对事业的激情。他关注着一切变化，他思考着随之而生的问题，年逾古稀的老人仍然具有的活力状态十分有感染力。在北外70周年校庆之际，程老送上了自己对北外、对中文学院、对对外汉语教育事业的祝福。他说，现在是中文学院的辉煌时期，希望它发展得越来越好。北外的中文学院永远都不会和北大的一样，因为它有自己的特色，希望它的学子们多多在文化涵养方面下工夫，打基础；也希望北外越办越好，成为将外国的优秀文化吸收进来，又将中国文化传播出去的地方！

四、"酎泉老人"

程老已到了颐养天年的时候，眼下的生活忙碌而惬意，忙着照顾自己的老伴，忙着打理自己的博客，在以"酎泉老人"为名的新浪博客上，大多是他写作的古体诗词，在此附录一首五古以飨读者：

《五古 · 寿日自述三百四十言，时年七十有二》

余于1939年3月5日生于山西太谷，时逢日寇侵华，铁蹄践晋，举家避难，落地草野。曾祖虽为晋商大户，至父辈已然败落，所余房田无多，解放时定为中农，亦幸事也，否则为另一史也。今日思之，唏嘘再三，所述为事，并无寄托。

原非星堕地，荒野起微尘。其时逢国难，旋作亡国民。
渴饮酎泉水，困倚松柏身。人随草木长，自与泥土亲。
童眸窥国共，杀伐不知因。尸骨抛山野，鲜血染水滨。
长夜天方曙，读书孔家邻[(1)]。初识诗赋好，懵懂不得真。
履踏迎泽路[(2)]，晋祠阅龙麟[(3)]。三载攀书岭，一朝驾天轮。
负笈京华去，博雅[(4)]育精神。燕园有奇宝，晨夕探源津。

惜未得旨要，还好觅些珍。带薪习法语，以备五洲春。

世界分三个，“文革”起烟尘。衔命老挝去，荷枪历苦辛。

密林授汉语，沙弥别样淳[(5)]。岁余栖日下，复称“北大人”。

时云“斗批改”，捉笔度昏晨。雷池未敢越，执事益恂恂。

有道巴黎美，滥竽充嘉宾[(6)]；一色中山服，视我九州神。[(7)]

归来涉外事，文牍俱上陈。左右交相顾，唯恐言不臻。

终以翰致祸，闭门受拷询。重回绛帐里，立坛宣蹈仁。

旅欧传汉学，璀璨识大秦。钦赞西儒子[(8)]，功垂史不湮。

遂乃走麟笔，秉心述经伦。不谋名利达，但求日日新。

乌兔驰如电，恍惚逾七旬。静坐林泉下，犹抱一天钧。

虽不为昆玉，聊可作片珉。韵宇焉能老？长梦守贞筠！

注释：

（1）校址为孔祥熙接待蒋介石购买的宅院，距孔家很近。

（2）指太原市迎泽大街。

（3）唐太宗所书《晋祠之铭并序》。

（4）博雅塔为北大标志性建筑，在未名湖畔。

（5）在老挝解放区教授汉语，学生均为和尚。

（6）1972 年 10 月任联合国教科文组织 17 届大会中国政府代表团秘书。

（7）当时出国的官方代表团很少，巴黎市民对一批身着中山装的中国人十分惊奇。

（8）时在意大利那不勒斯东方大学任教，西儒即意大利传教士利玛窦。

（2007 级汉语言文学专业于晓洁、张然）

为天地立“三”心，为汉学开通途

——记中文学院副院长、海外汉学中心主任张西平教授

尹璇子

在保持共产党员先进性教育期间，有同学告诉我，张西平老师为了开好一个国际性学术会议在办公室连续度过了三个不眠之夜。怀着一种景仰和好奇的心情，我走进了张老师的办公室。在与他的交谈中，我感到张西平老师对人对事都有一种火一样的热情，治学严谨，笔耕不辍。一年来，他不仅主持完成了国家大型科研项目国家清史编纂之“外国来华传教士文献整理”项目，还协助国家清史编纂委员会组织、翻译和出版了近50万字的《中国近事报导》和《中国新史》，而且在国家汉办的支持下，首次代表我校承办了“世界汉语大会”系列活动之一的“海外汉学学术研讨会”，为推动汉语在海外的传播作出了突出的贡献，用自己的行动实践着一名党员知识分子“为天地立‘三’心，为汉学开通途”的新事业。

一、师者，父母心

“一日为师，终身为父”，学生心目中的张老师，可是个真正意义上的“严父”。他坦言做他的学生不容易，很辛苦很累，除

了课业比较繁重，研究项目比较多，还要从零开始学习拉丁文，不了解的人还会觉得张老师对学生太苛求了。但是正所谓“父母之爱子，则为之计深远”，张老师的严格要求正饱含着他对学生们严父般深沉的爱。正因为有了他的这种高要求，才使得学生在研究领域有了显著的成绩。所有他指导过的学生在研究生期间都能公开发表一至两篇论文（其中，洛洁、杨慧玲等同学的研究论文发表在国内的核心期刊上），毕业后又都纷纷有了自己的学术上、翻译上的著作。他的学生杨莉在罗马大学学习期间，学校用意大利文授课，结果她的七门课程中有四门得了满分。他派到德国、中国台湾和香港地区去学习的学生也都很出色。他的学生普遍感到，若没有张老师的严格要求和自己平时一点一滴打下的牢固的基本功，就不会取得这样的好成绩。

张西平老师在相关学科领域有丰富的科研成果并得到了国内外学术界的普遍认可。他利用自己在学术上的影响不断为学生的学术研究和交流开辟新的路径和搭建新的平台，创造条件让他们在学习期间根据需要出国深造，参加国内外举办的有关学术会议，努力使他们在学术上尽快地成长起来。在他的努力下，我院许多研究生都怀着一颗求学之心，从位于北京西三环魏公村西口的北外出发，奔赴意大利、德国、中国的香港和台湾地区，奔向世界各地，海角天涯，又从世界各地带回了新的学术思想，新的研究方法，新的知识，新的眼界，以及更加紧密的学术联系。他们在学术上的成长是和张老师的全力帮助和悉心指导分不开的。《庄子·逍遥游》中说：“鹏之徙于南冥也，水击三千里，抟扶摇而上者九万里，去以六月息者也。”如果将张老师的学生比作学术界未来“水击三千里，抟扶摇而上者九万里”的大鹏，那么张老师就是他们的“六月大息”，他心甘情愿地让学生乘己而行，在学术的天空中逍遥远游。张老师说：“读研读博阶段是一个人求学过程中的最后阶段，是一个十分重要的阶段，也是十分需要帮助的阶段。尽管现在的研究生已是成年人，但要进入一个完全陌生的领域，仍然需要像小孩子一样蹒跚学步，你要带他学会写文章，认识导师，认识一个未知或知之不多的新领域。这种工作也许会很辛苦，但学生的出色表现就是一个老师最大的骄傲！”而他为之感到骄傲的学生们也都对他敬爱不已，待他如父如友。

“古之教者，莫难严师，师严道尊，教乃可施。”能遇上张西平老师这样的“严父”，是每一位真心求学的学生之大幸；能拥有张西平老师这样有责任心的老师，是我们学院的大幸；而海外汉学研究多一些像张西平老师这样重视后继人才培养的学者，将会是汉学之大幸。

二、学者，社会良心

曾经无数次听人说过，张老师的讲话会让人热血沸腾，直到坐在他的面前才有了切身的体会。他的那种雄踞天下、舌辩三千又从容自得的个人魅力不仅仅来自他儒雅的气质、丰富的学识、清晰的思路、敏锐的反应和一种永不服输的血性和热情，更来自他对于自身知识分子身份的定位，即中国传统文人兼济天下的情怀和新时期共产党人历史责任感、使命感的结合。用他在全校选修课上的第一句话来说就是“知识分子是社会的良心”。这是对“五四”知识分子精神的一种继承，同时也是一位有着34年党龄的老党员对于学术、社会和自身责任的体验。

他认为大学生要学习的不仅仅是一种技能、一种生存手段，还要树立一个知识分子所具有的“先天下之忧而忧，后天下之乐而乐”的情怀。他提到了宋朝儒学大师张载的一句话：“为天地立心，为生民立命，为往圣继绝学，为万世开太平。”这是一个知识分子应该永远铭记的。“学问就是人生，”张老师说，“在大学中，人文价值理念和知识理念的树立应该是同时的。我会把我自己的感受、自己的生命化作对学术的理解来教给我的学生们。”他还提到了前不久怀化学院那个带着妹妹上了12年学的学生，说：“虽然那个孩子所在学校的条件并不见得怎么样，但是那的确是在众多磨难中成长起来的一个好孩子，他对于人生的看法十分深刻，我们的大学就是应该多培养一些这样的孩子。”

张西平老师不仅是这样说的，也是这样做的，他用他的身体力行来向我们揭示知识分子是如何成为社会良心的。

张西平老师对于学术研究的态度是十分严肃的。他信守“君子谋道不谋食”的思想，提倡精心雕琢，反对在学术研究方面粗制滥造，赶写一些应景的文章，以获取名利，赚得噱头。作为一位在国内外都有影响力的学者，他在促进海外汉学研究中心对外交往方面起了很重要的作用。在他的领导下，海外汉学研究中心白手起家，在国内独树一帜，近几年先后成功地筹备召开了10多次重要的国际学术研讨会。比如1998年该中心与中外关系史学会、浙江大学历史系联合召开了“1500—1800中西文化交流史国际学术研讨会”；1999年11月与中外关系史学会、厦门大学、北京语言大学等联合召开了“海外汉学研讨会”；2001年5月与国际儒学联合举办了“国际二程学术研讨会”；2001年9月在教育部、国家汉办和大象出版社的协助下，海外汉学研究中心主办了“世界著名大学汉学系（所）主任（汉学家）国际学术研讨会”；2003年6月与北京外国语大学语言所合作举办“西洋汉语史国际学术研究会”；2003年7月与中外关系史学会、新疆社会科学院联合举办“中国与周边国家关系史研讨会”；2004年7月与澳门理工大学合作召开了第一届“世界汉语教育史国际学术研讨会”；2004年10月与意大利马可·波罗研究会合作在北京召开了“中西文化交流使者卫匡国学术研讨会”；2005年7月承办了“世界汉语大会海外汉学学术研讨会”；2005年8月召开了“莱布尼茨的政治哲学思想与《中国近事》学术研讨会”；2005年10月与北外法语系、社科院文学所、罗马大学等单位合作在北京召开了“意大利文学在中国研讨会”；2005年12月在北外召开了首届“德语区汉学史国际研讨会”等等。另外，中心的汉学家工作室每年邀请3至5名汉学家来华从事学术交流和学术研究，并为其提供必要条件。

张西平老师是将汉学作为关系到中国学术界学术重建和整个中国社会发展的大事来做的，他用“学术”这一表达方式表达着一份沉甸甸的“社会良心”。

三、党员，天下心

在最近的保持共产党员先进性教育活动中，张西平老师能够自觉投身其中，带头征求意见，带头撰写党性分析材料，带头开展批评和自我批评，带头进行整改。他说："这次保先教育对我是一次很难得的改进自己的机会，这就好比人每天都要自己检查自己，都要对着镜子洗洗脸、梳梳头，仅仅'每日三省'是不够的。有时候，你是看不到你的背后的，这就需要别人来检查你，帮助你。对于一个党来说也一样，她从一个革命党变成了一个执政党，在新的形势下掌管国家就需要有新的东西，需要不断地整肃自己的队伍。"

他认为，共产党员的先进性是品质、能力、行为的统一，行为是最直接、最直观、最现实的，因而最为人瞩目，最具有说服力、号召力和影响力。行为上的榜样和模范带头作用，是共产党员保持先进性的最好说明。从张西平老师的日常教学科研和生活中，从他对于学院学科建设的贡献中，处处都可以体现出一名共产党员的先进性和胸怀天下的开阔胸襟。

他用自己独特的视角向我们阐发了他对于汉学的历史发展和今后走向的一些看法。在谈到海外汉学中心的建立和发展时，他强调该中心的成立是有其学术方面的三个要求的："其一，从中国学术本身的发展来说，对汉学的重视是一种学术意识的觉醒，意识到中国的学问是天下共做的学问。此外更重要的就是中国学术界本身正在讨论一种学术的重建，最便利的还是汉学研究。其二，从北外来说，过去 50 年，北外承担的任务是把世界介绍给中国，今天北外将承担的新使命就是将中国介绍给世界。这个使命不仅是北外的，更是整个中国学术界的。我们学校的很多外语系的老师过去着重介绍对象国的语言和文化，现在还需要介绍对象国是如何介绍和研究中国的，同时将我们自己介绍出去。在这个意义上，中心对于全校的意义是战略性的，我们的工作和学校的工作是一体的。这也是为什么北外要将我们研究所变成现在北外的工作重点、新任的校领导班子在更高的意义上对中心寄予了希望的原因。其三，对于国际交流学院来说，长期以来对外汉语就是人家过来学汉语，现在国家要建立100所孔子学院，我们要走出去教汉语。我们面临的第一个问题就是要和当地的汉学家合作。所以应该把汉学作为对外汉语的学术背景来做。”

党员教育期间正赶上首届“德语区汉学史国别研讨会”在我校召开，这是由我校海外汉学研究中心、德国埃尔兰根—纽伦堡大学中东、远东语言文化学院、中国人民大学文学院联合主办的第一次地域性国际汉学研讨会。北京外国语大学副校长金莉教授、德国驻华大使史丹泽博士、瑞士驻华使馆文化教育新闻处官员及中外学者多人参加。此次会议出版了《德国汉学：历史、发展、人物及视角》一书，同时出版了中英文版的会议论文集，明年还要在德国出版该会议论文集的德文版。在张西平老师和筹备组的其他同志们的共同努力下，这次会议举行得十分成功。在保持共产党员先进性教育的关键阶段以及期末各项工作比较集中的时期，他为了不影响日常工作并保证会议顺利进行，在办公室度过了整整三个不眠之夜，受到了师生们的普遍好评。

张西平老师是国际交流学院（今中文学院）副院长，海外汉学研究中心、国际汉语教学信息研究中心、比较文学和比较文化研究中心主任，中国中外关系史学会副会长，中国社会科学院基督教研究中心副主任，《国际汉学》副主编、《国际汉学研究书系》执行主编、《世界汉学》编委、《基督教文化学刊》编委、《大航海丛书》主编，全国宗教学会理事、全国比较文学学会理事、清华大学道德与宗教研究中心研究员、华中师大近代史所教授，享受政府特殊津贴。他目前已完成国家汉办项目《西方早期对汉语的研究》，正在承担教育部人文社会科学项目《欧洲早期汉学史研究》、国家汉办十五规划项目《欧洲早期汉语学习专题研究》、《八国语言推广调查》、《国外语言推广师资培训调查》、《国外语言推广奖励调查》，并承担中国社会科学院基督教研究中心与美国旧金山大学利玛窦中西历史文化研究所合作项目《利玛窦全集》（11卷），以及海外汉学研究中心与意大利拿坡里大学汉学系合作项目《〈牡丹亭〉情感词汇研究》（英文版）。

张西平老师不仅将汉学视为一种学术研究的科目，更将其视为一种在对外汉语教学中的背景科目，一种经世致用、向外宣传推进中国文化发展、加强国际沟通交流的有利工具。这中间饱含着他对于学术发展、国家强盛的殷切希望。他在自己的学术研究中实践着他自己作为一名共产党员“先天下之忧而忧，后天下之乐而乐”的誓言。

附录

中国语言文学学院大事记（1998—2010）

1998 年

12 月，原国际交流学院与原中文学院合并，成立新的国际交流学院。两院合并，为北外中文教育体系的形成奠定了坚实的基础，同时整合了力量，扩大了北外留学生汉语教学规模。

2000 年

9 月，成立国际汉语教学信息中心，并创办学术刊物《国际汉语教学动态与研究》，2009 年更名为《国际汉语教育》。

9 月，成立欧盟部，承担欧盟青年经理首批培训项目，由此奠定了北外商务汉语及其他专门用途汉语教育基础。

2001 年

6 月，与美国宾夕法尼亚大学华顿—珞德学院合作，每年对该院的 MBA 学生进行为期 10 周的汉语强化培训。

6 月，与德国德意志学术交流中心（DAAD）合作，每年对该中心选派的经济、法律、工程、建筑等专业学位的德国专业人士进行为期一年的商务汉语培训。

9月，与日本冲绳县人才育成财团语学中心合作，为已获HSK8级或同等学力的日本留学生开设汉日同声传译培训班，该项目共举行了9年。

2002年

9月，与韩国又松大学合作，启动“2+2”联合培养汉语专业本科生项目。

2003年

2月，学院正式承办中欧法律汉语培训项目，为来自欧盟的律师、检察官等在中国的法律实践进行了专业语言和专业背景知识方面的汉语培训。

5月，启动与意大利罗马智慧大学合作的合作项目，学院每年对后者选派的本科三年级的学生及部分研究生进行为期一个学期的汉语强化培训。

12月15日，聘程裕祯为名誉院长。

2004年

5月25日上午，意大利罗马智慧大学校长朱赛佩·达山舟（Giuseppe D' ascenzo）教授一行5人，在教育部官员的陪同下访问了我校。达山舟一行首先到我院参观，看望了正在这里学习的30名罗马大学的学生，并饶有兴致地询问了同学们在北外的学习和生活情况。达山舟校长对北外的汉语教学和同学们取得的进步感到非常满意。

9月初，与日本关西大学外国语教育机构合作，启动远程网络教育项目。增设四年制“汉语言文学”本科专业。增设比较文学与世界文学硕士点。魏崇新被评为“北京市优秀教师”。

11月27日，中国—欧盟青年经理培训项目第五批B组学员毕业典礼在北京金台艺术馆隆重举行。欧盟驻华代表团副团长叶森先生、中国贸促会副会长于平先生、商务部项目官员吕宙翔女士、北京外国语大学校长陈乃芳教授、大众汽车亚太公司人力资源总监布里昂·罗宾逊先生、海尔集团北京代表处代表陈维加先生、应届和往届的学员、我院项目部部分教师以及各界来宾共200余人出席。中国—欧盟青年经理培训项目由中国对外贸易经济合作部与欧盟委员会共同创建，旨在培养熟悉中国商务环境的欧盟国家的经理。该项目于1997年9月启动，共培训出5批162名来自欧盟15个国家的管理人才，取得了巨大成功。

2005年

5月，魏崇新被评为"北京市先进工作者"。

6月6日，美国宾夕法尼亚大学华顿—珞德学院汉语培训项目启动仪式，在本院学术报告厅隆重举行，校长陈乃芳教授、美方项目负责人任长慧教授以及顾问陈国华教授等出席。

7月初，完成合作建设比利时布鲁塞尔孔子学院、意大利罗马大学孔子学院、德国纽伦堡—埃尔兰根孔子学院的申报工作。

7月4日下午，教育部部长周济，在国家汉办主任许琳的陪同下，在教育部会见了意大利教育、大学和研究部部长Letizia Moratti女士率领的意大利教育代表团一行。会见结束后，国家汉办与意大利罗马大学代表、东方学院院长马西尼签署了由北京外国语大学和罗马大学合作共建罗马大学孔子学院的框架协议。

7月20日，世界汉语大会开幕式在人民大会堂隆重举行，中国全国人大常委会副委员长许嘉璐、国务委员陈至立在开幕式上向首批20所孔子学院授牌。我院承办的比利时布鲁塞尔孔子学院和意大利罗马大学孔子学院同时在人民大会堂亮相。

9月，学院在外国语言文学一级下增设了比较文学与跨文化研究博士点。

2006年

6月30日，国际交流学院"海外汉学研究中心"更名为"中国海外汉学研究中心"。中心成立大会在学院学术报告厅隆重举行，国家图书馆馆长任继愈先生、北京大学汤一介教授、乐黛云教授、教育部国际合作司姜峰副司长、我校校长郝平、副校长金莉出席了大会并致辞祝贺中心的成立，国学大师季羡林先生、国务院发展中心、大象出版社等个人和单位特别发来贺电，对中心的成立表示祝贺。

7月，学院党总支被评为北京外国语大学“先进党组织”。

9月，增设中国古代文学硕士点。

受中国公安部委托，承担东盟十国及韩国、土耳其、厄瓜多尔、吉尔吉斯斯坦等国的警察、法官、移民局官员等执法联络员的长期培训项目。

11月，成功主办“中国外语类院校中文学科建设研讨会”。

2007年

1月，原国际交流学院更名为中国语言文学学院，简称“中文学院”。

学院承办的孔子学院正式划归大学管理。自2003年国家启动孔子学院建设计划以来，学院乘势而为，率先同意大利罗马智慧大学，德国纽伦堡—埃尔兰根大学、德国杜赛尔多夫大学、维也纳大学、比利时比中协会等七个单位达成协议，使北外成为全国高校中同国外合作建立孔子学院最早最多的大学之一。

3月，教育部副部长、校长郝平，全国政协委员、中国驻欧盟特命全权大使关呈远，中国驻比利时大使章启月，为布鲁塞尔孔子学院题词。郝平校长的题词是：“传华夏文明薪火，架中比友好桥梁”；关呈远大使的题词是：“架友谊之桥，铺交流之路”；章启月大使的题词是：“学而不厌，诲人不倦”。

4月2日，学院与日本国际交流教育后援会（NPO）签署了新的合作交流协议书。学校国际合作与交流处处长苑建华教授、中文学院副院长吴丽君教授、NPO理事长阿部等先生、日本大东文化大学高桥弥守彦教授等参加了签字仪式。

4月9日，学院选派60名同学担任北京孔子学院总部揭牌仪式的志愿者，为来自20多个国家的大使和其他外交官，以及来自国内外的400多位嘉宾，提供签到、接待、陪同、引领等服务，展现出良好的精神风貌、专业修养和沟通能力，赢得了国家汉办有关领导、学校党委书记和团委书记的高度评价。

7月，增设汉语国际教育硕士点。

7月12日，中国公安部和北京外国语大学的“执法联络员一期培训项目”结业式在外研社隆重举行。公安部国际合作局刘志强局长、警务合作处朱宇翔处长、北京外国语大学党委周烈副书记、中文学院党政领导、全体项目教师等出席了结业式。该项目从2006年9月启动至今已举办了五期。

10月10日，我校与马来西亚政府合作的首期汉语师资培训项目，启动仪式在外研社九层多功能厅举行。马来西亚驻中国大使馆大使诺尔扎曼先生、参赞蔡志明先生、北京外国语大学校长郝平教授、副校长彭龙教授出席并致辞。

12月28日，举行中文学院名誉院长礼聘仪式，我校党委书记杨学义教授、校长郝平教授出席，并向著名国学大师任继愈先生颁发聘书。

本年度，学院获北外科研成果先进集体二等奖。

2008年

4月21日，教育部本科教学质量评估专家组到我院考察和听课，中文学院在此次评估中获得“优秀”。

5月4日，学院团总支被评为北京外国语大学“红旗团总支”。

5月8日，经霍英东教育基金会评审，王继红老师获第十一届高等院校青年教师奖（社会科学）三等奖。

7月，中文学院与文学所合作，联合申报“比较文学与跨文化研究”为北京市重点学科，9月份正式获得批准。

9月22日，马来西亚教育部汉语师资培训项目开学典礼暨我校与玛拉集团汉语师资培训项目签约仪式在外研社九层多功能厅隆重举行。马来西亚驻华大使馆公使林锐仁先生、玛拉集团总裁Datuk Nam先生、高等教育部主任Mohd. Azemi先生、教育促进部副主任Mohd. Kamal先生、北京外国语大学书记杨学义教授出席了典礼并致辞。

10月，中文学院中国海外汉学研究中心改变隶属关系，成为大学研究所。该研究中心成立于1996年11月，原名为“海外汉学研究中心”，2006年6月30日更名为“中国海外汉学研究中心”。中心在学院历任党政领导和广大师生的大力支持下，依托北外的学科优势和广泛的国际联系，经过10年的精心打造，在学术出版、学术交流及学术活动等方面取得了令人瞩目的成绩，涌现出张西平、李雪涛等一批知名学者和研究人员，成为国内外有重要影响的国际汉学研究机构。

12月9日，应国家汉办和孔子学院总部的邀请，王祖嫘老师带领本班留学生，为来自世界各地的300多所孔子学院和孔子空中课堂的贵宾和中外方代表，演示《长城汉语》。12月11日下午2点，中共中央政治局委员、国务委员、孔子学院总部理事会主席刘延东，教育部部长周济、国家汉办主任许琳等领导，一起视察和观摩了《长城汉语》示范课堂。刘延东主席、许琳主任还亲切地用汉语与示范课的教师和留学生们进行亲切地交谈，并对我院的示范课堂给予了高度评价，其教学模式已被命名为长城汉语教学六大模式中的“北外模式”。

本年度，学院获北外科研成果先进集体三等奖。

2009年

2月6日，欧盟科技人才培训项目签约仪式在外研社多功能厅举行。学院从本年度4月至9月，为欧盟总部选送的、来自12个国家的30名科技人才提供语言培训。

5月，学院团总支被评为北京外国语大学“红旗团总支”。

6月，国家汉办批准，北外“汉语国际推广多语种基地”正式成立。学院始终参与了该基地的申请、筹建以及后期工作。

7月3日，经全国汉语国际教育硕士专业学位教育指导委员会专家组和兄弟院校观摩组中期检查评估，我院国际汉语教育硕士研究生培养获97.5分的好成绩。

7月至10月，2008级40名同学参加建国60周年检阅式奥运方队的演练和表演。

10月1日，中文学院教学楼的改扩建工程竣工。该项工程于2008年4月20日开工建设，总建筑面积9174平方米，总投资4000万元人民币。学院于1

月 11 日回迁新楼，同时原国际交流学院教学楼（小白楼）让与中国外语教育研究中心。

12 月 15—16 日，由我校中文学院、孔子学院工作处、中国海外汉学研究中心和世界汉语教育史研究学会联合主办、商务印书馆和外语教学与研究出版社协办的“国际汉语教育史研讨会”在我校召开。教育部语言信息司司长李宇明教授、我校金莉副校长、中国对外汉语教学研究中心主任张博教授、副主任王建勤教授、保加利亚驻华大使馆文化专员海丽娜等嘉宾，以及 200 余名中外专家学者应邀出席，收到论文 70 余篇。

12 月 24 日，举行中文学院名誉院长礼聘仪式，教育部副部长、校长郝平出席，并为国学大师汤一介先生颁发聘书。《教育报》、《新华时报》、《中国青年报》、“千龙网”等多家社会媒体出席并报道了此次活动。

2010 年

4 月，与日本关西大学外国语学部合作，对该校本科生进行“3+1”模式的联合培养。

5 月 29 日—30 日，承办国家汉办举办的孔子学院中方院长选拔考试。学院选派了 44 名学生作为此次考务的志愿者，党总支书记吕才任总协调人。参加此次选拔考试的考官，层级很高，包括国家汉办副主任赵国成、前驻英使馆公使衔参赞李旺荣、北外校长陈雨露等多位高校领导；208 名考生，来自全国 93 所高校。同学们着装整齐，主动热情和一丝不苟的工作态度，给考官和考生留下了极深的印象，也为学校、学院赢得了赞誉。国家汉办副主任赵国成在答谢宴会上赞扬说：“本次孔子学院中方院长选拔考试是有史以来规模最大的一次、也是组织得最好的一次。”

6 月，学院经过反复论证，向教育部提交了建设中国语言文学硕士学位一级学科授权点的书面申请。此项申请，经 2011 年 2 月 13 日召开的国务院学位委员会第 28 次会议审核，获得通过。

7 月 2 日上午，我校为马来西亚纳吉布总理公子努尔·阿斯曼先生举行了隆重的结业典礼。陈雨露校长、马来西亚总理夫人罗斯玛女士及马来西亚驻华使馆大使、公使等官员出席典礼。会上，阿斯曼先生用汉语发表演讲，说他是根据父亲纳吉布总理的建议，来北外修习汉语课程的。他在学习期间，结识了很多师长和同学，参与了语言实践活动，汉语水平有了极大的提高。马来西亚总理夫人罗斯玛女士，在致辞中对北外给予阿斯曼的帮助和指导表示衷心感谢，并鼓励儿子继续努力学习汉语，体验和了解中国的文化。此次培训为期一个月，中文学院选派蒋文燕老师和2010级硕士生曹青对其进行一对一的教学和辅导。

8月18日，在来自世界38个国家和地区近400名会员及论文作者参加的第十届国际汉语教学研讨会上，我院副院长丁安琪荣获“创新论文优秀奖”，2007级本科生王迪同学荣获“创新论文奖”，后者是所有论文代表中唯一的一名本科生。

吕才整理

2011年4月